JACOB LEVY MORENO
1889-1974

Dados Internacionais de Catalogação na Publicação (CIP)
(Câmara Brasileira do Livro, SP, Brasil)

Marineau, René F., 1942-
Jacob Levy Moreno, 1889-1974 : Pai do psicodrama, da sociometria e da psicoterapia de grupo / René F. Marineau ; [tradução de José de Souza Mello Werneck]. — São Paulo : Ágora, 1992.

Bibliografia.
ISBN 85-7183-401-6

1. Moreno, Jacob Levy, 1889-1974 2. Psicanálise 3. Psicoterapia de grupo I. Título.

CDD-616.8917
92-1898 NLM-WM 460

Índices para catálogo sistemático:

1. Psicanálise : Medicina 616.8917

# JACOB LEVY MORENO
# 1889-1974

## Pai do psicodrama, da sociometria e da psicoterapia de grupo

RENÉ F. MARINEAU

EDITORA
ÁGORA

Título original em inglês:
*JACOB LEVY MORENO, 1889-1974. FATHER OF PSYCHODRAMA, SOCIOMETRY AND GROUP PSYCOTHERAPY*

Editado originalmente pela Routledge, 1989


Tradução: **José de Souza e Mello Werneck**
Revisão técnica: **Moysés Aguiar**

EDITORA
ÁGORA

Departamento editorial:
Rua Itapicuru, 613 – 7º andar
05006-000 – São Paulo – SP
Fone: (11) 3872-3322
Fax: (11) 3872-7476
http://www.editoraagora.com.br
e-mail: agora@editoraagora.com.br

Atendimento ao consumidor:
Summus Editorial
Fone: (11) 3865-9890

Vendas por atacado:
Fone: (11) 3873-8638
Fax: (11) 3873-7085
e-mail: vendas@summus.com.br

Impresso no Brasil

# SUMÁRIO

# SUMÁRIO

# INTRODUÇÃO

Jacob L. Moreno, o principal co-fundador da psicoterapia de grupo, reivindicava ter sido ele o criador do termo psicoterapia de grupo. Antes mesmo da Primeira Grande Guerra organizou as prostitutas de Viena em grupos, por meio dos quais elas pudessem conseguir seus legítimos direitos como cidadãs e deixassem de ser tratadas como detritos de uma sociedade burguesa e aristocrática. Através de sua experiência como médico em estabelecimentos de refugiados, começou a reconhecer a dinâmica dos grupos e dos agrupamentos sociais, bem como a perceber que as tensões sociais se criam ou se reduzem conforme a maneira como as pessoas integram grupos sociais artificiais. Após a guerra, com sua entrada para o teatro, em Viena, começou a vislumbrar a possibilidade de o homem ser um ator no teatro de sua própria vida e, a partir daí, reconhecer e resolver alguns de seus conflitos. No psicodrama e na sociometria, ciência afim fundada por ele, encontrou canais para sua grande energia criadora e para ambas as inovações, ou seja, a arte do psicodrama e a ciência quantitativa da sociometria, contribuições eminentes para a psicoterapia e a psicologia social.

Qual é o lugar de Moreno no panteão da moderna psicoterapia, junto a outros criadores da psicoterapia de grupo?

O pioneiro americano Slavson, engenheiro e educador inspirado na psicanálise, fundador da Associação Americana de Psicoterapia de Grupo, que dirigiu durante muitos anos, abriu o caminho da atividade de psicoterapia de grupo para crianças e adolescentes e estimulou as primeiras gerações americanas de psicoterapia de grupo. Ele não está na primeira fila dos teóricos criativos, como seu parceiro teuto-britânico S. H. Foulkes, que deixou uma rica herança no campo de teoria e técnica de grupo analítico. Foulkes foi um psicanalista cuja formação em Viena, e mais tarde em Frankfurt, onde esteve em contato com os sociólogos marxistas desta cidade, levou-o a uma interação da sociodinâmica com a psicodinâmica, que continuariam a ser estudadas e desenvolvidas por ele.

Foulkes e Slavson viviam de maneira totalmente convencional, como profissionais e membros da classe média, mas Moreno era um boêmio. Quando jovem, viveu no mundo do teatro e da literatura, escrevendo panfletos e versos que lhe ocorriam em momentos de inspiração mística ou, talvez, maníaca. Foi um filho de seu tempo, caracterizado pela irrupção de novas formas de literatura, teatro e arte. Sua obra é parte deste movimento, legado de novas formas de expressão humana.

Em torno de pessoas extremamente criativas, rapidamente formam-se mitos. Para algumas delas, os mitos advêm de outras pessoas, seguidoras ou rivais. Para outros, a pessoa criativa é ela própria a origem principal de seu próprio mito. O estudo habitual da vida de Freud é um processo do exame do mito psicanalítico. A tarefa do historiador é penetrar o mito e colocar a pessoa e seus condicionamentos na perspectiva da história. Como resposta à pergunta "Quem sou eu", o filósofo espanhol Ortega y Gasset escreveu: "Eu sou eu mais as minhas circunstâncias". Neste livro, René F. Marineau começa a examinar o mito Moreno.

*Malcolm Pines*

# PREFÁCIO

Jacob Levy Moreno nasceu em Bucareste em 1889, e deveria tornar-se mundialmente famoso, ao elaborar a ciência da sociometria, o método do psicodrama e o trabalho pioneiro em psicoterapia de grupo.

Ainda que sua obra e seu legado sejam de grande importância, a história de Moreno não foi ainda contada adequadamente. Há muitas razões para isso: Moreno elaborou suas idéias em Viena, à sombra de Freud e da psicanálise; quando emigrou para os Estados Unidos, encontrou-se de novo, como na Europa, no centro de controvérsias; enquanto elaborava suas teorias mais importantes, também despendia energia e talento em projetos a elas relacionados, mas de valor secundário; por ser demasiado dissidente, não dedicou suficiente atenção para criar uma escola coesa que continuasse sua obra. Nenhuma dessas razões em si é suficiente para explicar a relativa falta de atenção concedida a seu método e à sua própria história imediatamente após sua morte. As razões se assentam muito nas dificuldades para apreender uma filosofia, da maneira como foi apresentada pelo próprio Moreno, por vezes carente de unidade e coerência. Além do mais, as implicações de algumas das idéias de Moreno eram desafiadoras para sua época e, nesse sentido, prematuras. Somente agora é que muitas das intuições e conceitos de Moreno estão sendo finalmente aceitos e compreendidos, enquanto outros precisam ainda ser comprovados e aplicados. Somente agora se pode dizer que os conceitos e técnicas que elaborou estão realmente ganhando terreno.

A filosofia e as teorias elaboradas por Moreno não são apenas fascinantes; são muito mais coerentes do que ele deixou transparecer. Muitos de seus conceitos e idéias sobreviveram a ele e agora fazem parte do vocabulário psicológico. Mas suas obras científicas são com freqüência misturadas com fragmentos autobiográficos e reivindicações pessoais, como ele próprio admite em *Preludes to the Sociometric Movement* (*Prelúdios ao movimento sociométrico*) (1953), onde conclui: "Não há controvérsias sobre nossas idéias, elas são universalmente aceitas. *Eu sou a controvérsia*. Os mais acalentados sonhos da minha juventude se realizaram, aquelas idéias já são usadas anonimamente em muitos lugares''. Enquanto Moreno está certo a respeito do uso de suas idéias e técnicas, a referência ao anonimato é um dos muitos lugares em que usa seu duplo sentido — de fato, longe de buscar o anonimato, lutou longa e duramente pelo reconhecimento, para estabelecer a paternidade de seu nome para cada palavra e conceito que inventou. Isso pode explicar o porquê de se ter tornado de tal modo, ele próprio, a controvérsia.

Moreno foi um gigante, um objeto de amor, de veneração e de ódio. Está quase esquecido como cientista ou psicoterapeuta. Sua vida pessoal, fascinante em cada aspecto, explica em grande parte a elaboração de seu pensamento científico e de suas técnicas terapêuticas. Suas raízes judias, romenas, turcas e vienenses precisam ser examinadas, tendo em vista reconciliar as aparentes contradições de sua personalidade e de seu comportamento. Um enfoque em seu círculo familiar imediato ajuda-nos a entender as origens de seu misticismo e de suas tendências megalomaníacas. Os aspectos intelectuais, políticos e médicos do clima de sua época foram também um importante fator em seu desenvolvimento: ele testemunhou a queda do império austro-húngaro; conheceu Freud, Adler, Reik, Buber, Werfel, Kokoschka e muitos outros intelectuais da Viena do pós-guerra. Foi contemporâneo da primeira escola psicanalítica de Viena e do movimento expressionista, participando de ambos, sem se engajar diretamente em qualquer escola ou grupo. Espero que esta biografia revele as semelhanças e diferenças entre Moreno e seus contemporâneos.

Com o centenário do nascimento de Moreno, chegou a época de reexaminar sua imagem e enfocá-lo adequadamente entre os que contribuíram para o bem-estar da humanidade e a história das ciências médicas e sociais. Essa contribuição vai além de suas inovações técnicas, por mais engenhosos e ousados que fossem seus métodos. Ele era um visionário e um criador, que ofereceu aos seres humanos uma nova senda para a auto-realização, uma senda que se origina na espontaneidade e na criatividade e culmina em encontros genuínos e significativos.

Este livro tem duas partes, que cobrem toda a vida de Moreno. Na primeira parte, dá-se uma atenção especial à vida de Moreno em seu período europeu (eu o chamo de ''O processo de aquecimento'', usando o conceito moreniano que significa ''preparação para as principais ações que estão por chegar''). No capítulo 1, dá-se ênfase especial aos ancestrais de Moreno, já que são eles parte significativa do que ele chama de sua verdade psicodramática. Esse capítulo trata também do nascimento de Moreno, em torno do qual se criaram tantos mitos, que é preciso abrir espaço para explicá-los e exorcizá-los. Para terminar, focaliza os outros membros de sua família. No capítulo 2, trato da infância e adolescência de Moreno, nas quais estão os importantes fundamentos do desenvolvimento de sua "megalomania" e o estabelecimento da base mística de seu caminho. O capítulo 3 enfoca sua época de estudante, dentro e fora da Universidade de Viena, período de intensa atividade, durante o qual pode-se detectar o surgimento de muitas das idéias e técnicas do futuro criador do psicodrama, da sociometria e da terapia de grupo. O capítulo 4 discute os anos passados em Bad Vöslau, com Marianne Lörnitzo, sem dúvida os mais criativos de sua vida na Europa, quando escreveu *Das Testament des Vaters* (*As palavras do pai*) *e Das Stegreiftheater* (*Teatro da espontaneidade**), ao mesmo tempo em que fazia experiências com os conceitos sobre os quais escrevia.

A denominada "Ação e compartilhamento", cobre a vida de Moreno nos Estados Unidos, onde pôde desenvolver e integrar, já como terapeuta e cientista maduro, a filosofia da saúde mental, um método alternativo de psicoterapia e uma metodologia para medir as relações interpessoais. O capítulo 5 focaliza os primeiros anos difíceis antes que pudesse realizar seu desejado "início virgem numa nova terra", que deveria propiciar um ambiente mais receptivo à "terceira revolução psiquiátrica". O capítulo 6 mostra Moreno procurando uma nova musa, até encontrar, afinal, uma parceira profissional e companheira de vida em Zerka Toeman: foi com sua ajuda que pôde enfim pôr em prática todo seu sistema filosófico. Mostrarei a elaboração das idéias de Moreno em dois capítulos separados: o 7, que trata da sociometria, e o 8, do psicodrama. Por volta de 1951, a conquista por Moreno da psiquiatria e da sociologia significou uma nova guinada, quando passou a girar pelo mundo para levar de volta sua mensagem e suas técnicas à Europa e outros continentes: esta é a matéria do capítulo 9. O capítulo 10 está centrado na morte de Moreno: o confronto com problemas de saúde e a diminuição da capacidade física, sua opção de morrer de acordo com sua filosofia, abandonando o palco quando sentia que não podia atuar por mais tempo, mas deixando suas idéias como legado para o mundo.

Escrever esta biografia não foi fácil, porque se conhece pouco do período europeu de Moreno, e o que é conhecido parece ser uma mistura composta de lenda e fatos, conforme a megalomania de Moreno. Como historiador, tive a difícil tarefa de examinar cada migalha de informação. Entretanto, ao fazê-lo, acabei por descobrir que muitas das estórias de Moreno são de fato verdadeiras e que, no caso de não serem histórias exatas, há freqüentemente alguma justificativa no uso que ele fez do que designou de verdade poética e psicodramática: esta verdade não visa nenhuma demonstração precisa dos fatos, mas uma representação subjetiva da realidade.

---

* Editado no Brasil pela Summus Editorial, 1978.

Levei mais de cinco anos, muitas entrevistas, repetidas leituras de seus livros e artigos, bem como muitas horas em diversos arquivos, no intento de entender Moreno, suas ações, seus *insights*. Precisei chegar muito perto dele, me identificar com seus companheiros e inimigos para depois tomar certa distância de todos eles e então adquirir perspectiva. Usando o próprio vocabulário de Moreno, poderia dizer que escrever sua biografia envolveu um prolongado exercício de *troca de papéis, dublando* com o próprio Moreno e muitas outras pessoas, na tentativa de *espelhar* sua vida e sua obra. Espero que, como resultado desse processo, esse livro que começa traga em si o retrato legítimo, verdadeiro, do homem chamado Jacob Levy Moreno.

# AGRADECIMENTOS

Para escrever esta biografia, tive que ir em peregrinação pela Europa e pela América, onde fiz amizades e recebi atenções tanto de estranhos como de pessoas com quem já mantinha um longo relacionamento.

Devo agradecer em especial à "família" moreniana, e em particular a Zerka Toeman Moreno, Regina e Jonathan Moreno, Florence Bridge, Merlyn Pitzele, Anne Ancelin-Schützenberger, Gretel Leutz, Jonathan Fox e muitos outros membros dessa família. Não esquecerei tão cedo sua dedicação, sinceridade e tolerância para com minhas repetidas solicitações de informação. Muitas das ilustrações deste livro foram reproduzidas com a amável permissão de Zerka Moreno. Richard Wolfe, dos arquivos de Harward, também mostrou uma generosidade renovada e sempre disponível.

Tenho uma imensa dívida para com muitas pessoas na Áustria, especialmente Maria e Veronika Andorfer, de quem fui hóspede: elas não só me providenciaram um lugar para trabalhar mas também a amizade necessária naqueles dias sombrios de minha pesquisa. Sem a constante orientação através dos arquivos de Viena e das ruas da cidade, feita por Manfred Stelzig, Ernst Schwager, Andrea Heubel, Walter Reichelt, Rikki Scherr, Murray Hall e Brigitte Marschall, eu ainda estaria procurando o caminho para entrar na Biblioteca Nacional. Comprovei a proverbial hospitalidade austríaca além dos limites do racional e nunca fiquei sabendo de qualquer sentimento de impaciência por parte dos que me hospedaram. Quero também agradecer o duradouro apoio e estímulo que recebi de Karoline e Willi Hochreiter.

Muitas pessoas apresentaram-se voluntariamente para entrevistas e para fornecer material de arquivo. Entre outros, em Bucareste, George Bratescu, Monica Ionescu, Ada Alistar, Theodore Blumenfeld e Panait Panait; em Budapeste, Maria Hari; na França, Juliette Favez-Boutonier, George Stoetzel, Didier Anzieu, Serge Lebovici, Yves Pélicier e Claude Ouzilou; em Londres, Elisabeth Bergner, Lana Sutton, Marcia Karp, Malcolm Pines e Ken Sprague; e ainda colegas dos Estados Unidos, Rússia, Dinamarca, Finlândia, Suécia, Alemanha, Grécia, Japão, Brasil, Argentina e Canadá.

Desejaria também agradecer a muitos assistentes e críticos, Francine Provencher, Christine L. Johnson, Johanne Doyon, Lucie Lafrenière, Esther Beloch, Sophie Painchard, Jean-Marc Ménard e Richard Desgagné, com um especial agradecimento aos fotógrafos Veronika Andorfer e Claude Demers. Esta pesquisa foi feita com o inteiro apoio do meu departamento na universidade: desejo agradecer a ajuda técnica e financeira que me deram André Pellerin e o estímulo do chanceler Jacques Parent e do vice-chanceler, Paul André Quintin. Este livro não teria sido publicado sem a colaboração de meus editores canadense e inglês. Sou especialmente grato a Richard Vézina, o editor das Editions St. Martin, Quebec, por me estimular na publicação desta versão reduzida em inglês da minha biografia completa de Moreno, cujos direitos autorais ele retém.

Dirijo um agradecimento especial à minha esposa Kristine Macchi, que me apoiou numa jornada que foi às vezes difícil, e que, com freqüência, agiu como uma valiosa colaboradora; agradeço também a meus dois filhos, Sébastien e Christophe, que nunca me negaram seu estímulo. Um último agradecimento a meus professores de história: primeiro, meus pais, Wilfrid Marineau e Alice Carle, por me darem o significado das raízes; em segundo lugar, Antunas Paplouskas Ramunas, que me deu a honra de ter-me escolhido como assistente para ensinar História da Psicologia e que foi um exemplo de vida criativa, procriativa e recreativa.

# Primeira Parte

# O processo de aquecimento: vida na Europa

Capítulo 1

# OS ANCESTRAIS E A FAMÍLIA: O NASCIMENTO DE UM MITO

20 de maio de 1892. Num navio não identificado, no Mar Negro, nasceu Jacob Levy Moreno. É o que diz a lenda...

Quatrocentos anos antes, a 30 de março de 1492, um édito foi proclamado no palácio de Alhambra, em Granada, por Isabel de Castela e Fernando de Aragão, os Reis Católicos da Espanha, ordenando a todos os judeus que se convertessem ao catolicismo ou deixassem o país. Fernando e Isabel tinham entrado em Granada, a capital muçulmana, alguns meses antes e estavam agora decididos a tornar seu país um baluarte totalmente católico.

O édito foi devastador para a comunidade judaica. Conta a história que Isabel e Fernando estavam quase persuadidos a revogá-lo em troca de uma substancial soma em dinheiro e devido a apelos emocionados de judeus mais velhos e influentes, mas que Torquemada, prior do convento de Santa Cruz, entrou de repente na câmara real com o crucifixo erguido e trovejou: "Judas Iscariotes vendeu seu mestre por trinta moedas de prata. Sua Majestade o venderia de novo por trinta mil. Aqui está ele, tome-o e venda-o de uma vez para sempre". Fernando foi obrigado a ouvir, e nada mais restou aos judeus senão converter-se ao catolicismo ou se prepararem para o êxodo.

> No mesmo mês em que Suas Majestades proclamaram o édito segundo o qual todos os judeus deveriam ser expulsos do Reino e de seus territórios, ordenaram-me que iniciasse minha expedição com homens suficientes para a descoberta das Índias.

Assim começa o diário de Cristóvão Colombo.

Alguns meses mais tarde, Colombo, que foi amplamente ajudado pela comunidade judaica, com recursos financeiros e humanos, preparou a viagem. Deixou o porto de Palos, na Espanha, a 3 de agosto de 1492, o último dia determinado pelas autoridades para que os judeus deixassem o país. Um terço da tripulação do Niña, do Pinta e do Santa Maria era composta de judeus (ainda existe uma controvérsia acirrada sobre o fato de ser o próprio Colombo judeu); mas, em comparação com o que ainda aconteceria a outros membros de sua crença, esses homens tinham sorte em embarcar.

Mais de 200 mil outros judeus se preparavam para deixar seu lar e seu país. Os que viviam no Sul velejaram para os portos do norte da África. Vinte navios atingiram a costa de Fez e deram de encontro com piratas; enquanto negociavam o resgate, decidiram dar um giro: três navios se perderam numa tempestade, outros foram capturados pelos espanhóis e, entre os que finalmente chegaram a Fez, 20 mil morreram num grande incêndio, seguido de um surto de febre.

Outros fizeram o caminho da Itália. Saíram navios de Gênova para apanhá-los e um grande número de judeus foi roubado, surrado e morto. Permitiram-lhes aí permanecer somente após receberem o batismo. Alguns se estabeleceram em Corfu, Cândia (Creta) e em outras ilhas gregas: foram vendidos como escravos, com freqüência a outros judeus que conseguiram libertá-los.

Alguns tomaram o rumo da Turquia. Durante o percurso, muitos foram mortos, atirados ao mar após terem seus corpos estripados e revistados em busca de ouro, e também enfrentarem muitas tempestades. Os mais afortunados, finalmente, chegaram ao território otomano, onde foram recebidos hospitaleiramente pelo sultão Bayazid II, que lhes emprestou dinheiro e deu-lhes propriedades e campos para trabalhar. Entre estes, ao que parece, estavam os ancestrais de Jacob Levy Moreno, que paulatinamente se encaminharam para Constantinopla, Plevna e, finalmente, Bucareste.

Essa história foi muitas vezes repetida para o jovem Moreno e deve ter exercido uma grande influência sobre ele. Para os judeus sefardins, essa longa e rude viagem jamais seria esquecida pelos séculos afora. Na mente de muitos, a viagem ficou associada à de Cristóvão Colombo. Seu êxodo foi o começo e a descoberta de um novo mundo.[1]

Os ancestrais de Moreno se estabeleceram na Turquia, em Constantinopla, por volta de 1492, com o sobrenome Levy; o nome Moreno, que Jacob usou mais tarde, era um dos prenomes de seu pai. Entre eles havia médicos e comerciantes, e consta que alguns dos Levy se converteram ao islamismo, pois sabemos que um tio-avô de Moreno se casou com a filha de um prefeito de Constantinopla e herdou um harém.[2]

Sabemos também que o avô de Moreno se chamava Buchis[3] e que se mudou de Constantinopla para Plevna (atualmente, Pleven, na Bulgária) e daí para Bucareste, provavelmente durante a guerra entre a Turquia e a Rússia. Essa guerra, que restauraria a autonomia da Bulgária e a independência da Romênia, provocou a imigração de muitos cidadãos judeus turcos para cidades mais hospitaleiras. Os Levy se tornaram membros da comunidade sefardim, tendo acompanhado o rabino Haim Bejarano, de Plevna. Como comerciantes, conservaram seus vínculos com outros países e não se envolveram em política: os Levy sempre tiveram reputação de viver em bons termos com todos.

O pai de Moreno, Moreno Nissim Levy, nasceu provavelmente em 1856, em Plevna. Essa cidade fazia então parte da Turquia, o que explica sua nacionalidade turca, nacionalidade que passou para os filhos. Posteriormente, adquiriu cidadania romena. Moreno Nissim era comerciante e trabalhava como autônomo, como seu pai, conquanto por algum tempo tivesse trabalhado para parentes por afinidade em negócios de cereais e na indústria de petróleo, recentemente desenvolvida na Romênia. A data de seu nascimento o fez contemporâneo de Sigmund Freud.[4]

A mãe de Moreno, Paulina, era também de ascendência sefardim, mas seu nome de família é desconhecido. Na Romênia, a família usou o nome romeno Iancu, e parece ter estado bem estabelecida aí, mas é muito provável que, como outras famílias sefarditas, tivessem seguido a mesma rota dos Levy e, de início, tivessem se fixado na Turquia ou na Grécia. Com a abertura dos portos ao longo da costa do Mar Negro e do baixo Danúbio ao comércio internacional, em 1829, é mais que provável que a família Iancu chegasse a Calarasi através da rota de Constanta. Os pais de Paulina tornaram-se ricos negociantes de cereais e eram da comunidade sefardita de Cacomeanca, uma pequena cidade próxima de Calarasi. Paulina Iancu nasceu em 14 de novembro de 1873.[5] Seu pai morreu quando ainda era menina e seus dois irmãos mais velhos, Marcos e Jancu, se encarregaram dos negócios da família e da educação das três irmãs menores. Paulina foi enviada a um convento católico em Bucareste, onde ficou sob a influência da cultura e da língua francesas e quase se converteu ao catolicismo. Entretanto, os dois irmãos tiraram-na do pensionato antes dos quinze anos e começaram a procurar um marido adequado para ela.

O casamento de Moreno Nissim Levy e Paulina Iancu teve lugar em alguma data de 1886[6] e o casal se mudou para uma área de Bucareste onde alguns dos parentes de Moreno Nissim já estavam vivendo. Seu primeiro apartamento estava situado na rua Serban Voda, mas eles iriam mudar todos os anos seguintes, prova de sua relativa instabilidade e pobreza.[7]

A vida na Romênia nessa época não era fácil. Depois do impulso decorrente da proclamação de autonomia, o país tinha que ser reconstruído. Aplicou-se uma grande soma em investimentos, fez-se progresso, principalmente desenvolvendo-se o transporte por via férrea e por mar, mas essa relativa prosperidade não deveria durar e, no final do século XIX, o país foi sacudido por uma violenta crise econômica. A situação era especialmente difícil para os judeus, que ainda tinham que lutar pela igualdade de direitos, a despeito do tratado de Berlim, que garantia justiça e igualdade da fé religiosa. Foi nesse contexto difícil que Moreno Nissim Levy e Paulina Iancu se casaram.

Foi, sob muitos aspectos, um casamento de conveniência. Moreno Nissim Levy tinha 32 anos e era um homem de negócios, viajante e relativamente pobre. Tinha atingido a fase da vida em que era importante para um homem estabelecer-se e ter uma família. Paulina não teve nada a dizer sobre o assunto, obrigada que foi a aceitar a escolha dos irmãos mais velhos. Na idade de 14 anos, um dia era aluna num convento católico e, no seguinte, uma esposa que vivia por sua conta, cujo marido viajava pelos Bálcãs. O casamento foi o começo de uma relação difícil, que deveria ter um efeito de grande projeção sobre seu filho Jacob Levy Moreno.

Logo depois do casamento, Moreno Nissim partiu de novo pelas estradas, viajando pela Sérvia, Grécia e Turquia vendendo "artigos turcos". Deixou a esposa grávida. Paulina deu à luz seu primeiro filho, Jacob, em maio de 1889. Mal completara 15 anos e meio. Falaremos mais tarde sobre o mito em torno da data do nascimento de Jacob, por muito tempo apregoada como 1892. Por enquanto, continuemos com a verdade histórica.

A criança nasceu à 4 horas da tarde de 18 de maio de 1889, na casa de seus pais, na rua Serban Voda. Seu pai não estava presente na hora do nascimento. O registro oficial do nascimento foi assinado por amigos da família e membros da comunidade sefardim, Abran Mitram, Salomon Alseh e Salomon Athias.

A ausência do nome do pai na certidão de nascimento é simbolicamente importante. Esta ausência iria tornar fácil para Jacob sustentar, anos mais tarde, que ele literalmente começara uma nova dinastia, sendo pai e filho ao mesmo tempo. Na certidão, sua mãe afirma ter 18 anos, e nos anos subseqüentes mudaria sua idade e seu nome, aprendendo, como muitos judeus, a ser cuidadosa para não revelar em demasia sua identidade em documentos oficiais.

Mas o maior interesse, para nós, é o mito que cerca o lugar e a data de nascimento de Jacob Levy Moreno, que se tornou universalmente aceito como o Mar Negro, em 1892.

> Nasci numa noite tempestuosa, num navio que singrava o Mar Negro, do Bósforo a Constanta, na Romênia. Foi na madrugada do Santo Sabath e o parto teve lugar logo antes da oração inicial. O fato de ter nascido num navio foi devido a um honroso erro, sendo que a desculpa foi que minha mãe tinha apenas dezesseis anos e pouca experiência matemática da gravidez. Ninguém sabia a bandeira do navio. Seria um navio grego, turco, romeno ou espanhol? O anonimato do navio deu início ao anonimato do meu nome e ao anonimato da minha cidadania. Quando estourou a Primeira Guerra Mundial, em 1914, ninguém sabia se eu era turco, grego, romeno, italiano ou espanhol, porque eu não tinha certidão de nascimento. Quando ofereci meus serviços à monarquia austro-húngara, de início não me aceitaram porque eu não tinha comprovante de nacionalidade. Nasci como um cidadão do mundo, um marinheiro que se mudava de mar para mar, de país para país, destinado a desembarcar um dia no porto de Nova York.
>
> (*Autobiography*, 1985: cap. 1:6)

Há muitas versões dessa história, com algumas pequenas variações, mas a mensagem é a mesma em todas. O que podemos dizer da "estória" do nascimento de Moreno?

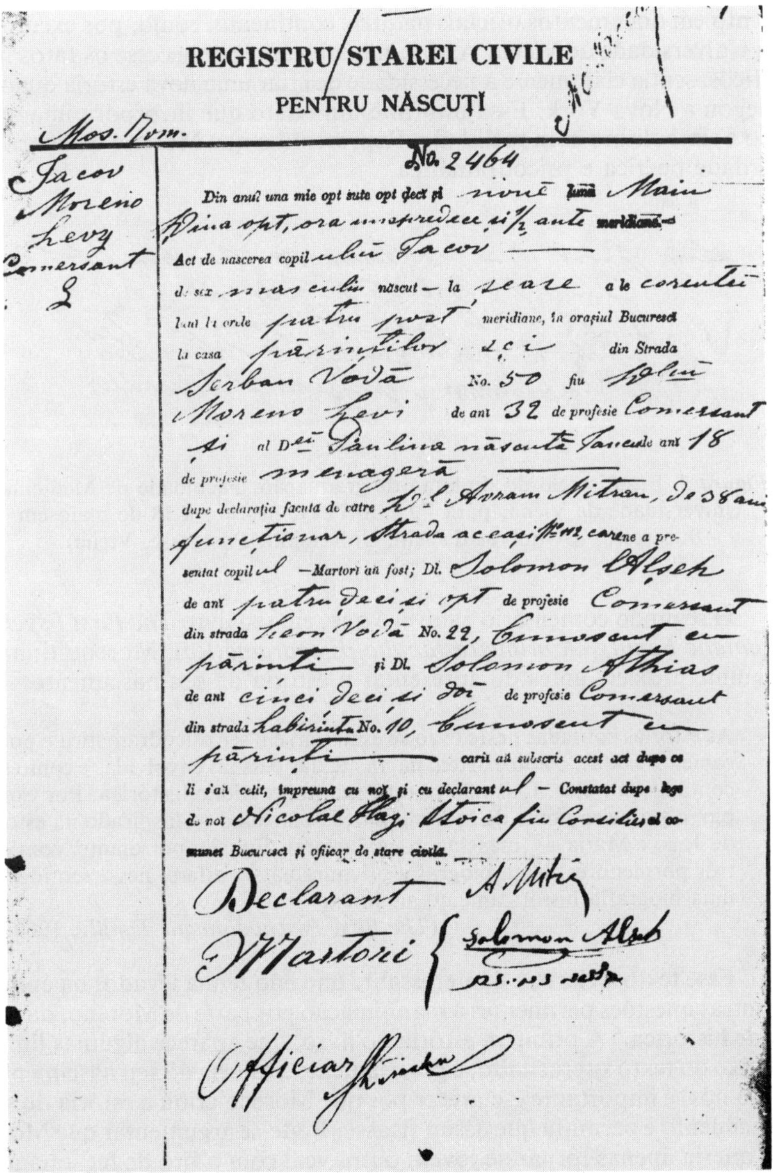
REGISTRU STAREI CIVILE

PENTRU NĂSCUŢI

Mos. Rom.

Iacov Moreno Levy Comersant

No. 2464

Din anul una mie opt sute opt deci şi nouă luna Maiu ziua opt, ora unsprezece şi ½ ante meridiane.

Act de nascerea copilului Iacov de sex masculin născut la seara a le curentei luni la orele patru post meridiane, în oraşiul Bucuresci la casa părinţilor săi din Strada Şerban Vodă No. 50 fiu Dlui Moreno Levi de ani 32 de profesie Comersant şi al D-nei Paulina născută Iancu de ani 18 de profesie menageră după declaraţia facută de catre Dl. Avram Mitran, de 38 ani funcţionar, Strada aceaşi No. 112, care ne a presentat copilul —Martori au fost; Dl. Solomon Alsech de ani patru deci şi opt de profesie Comersant din strada Leon Vodă No. 22, cunoscut cu părinţi şi Dl. Solomon Athias de ani cinci deci şi doi de profesie Comersant din strada Labirint No. 10, cunoscut cu părinţi carii au subscris acest act după ce li s'au citit, împreună cu noi şi cu declarantul — Constatat după lege de noi Nicolae Hagi Stoica fiu Consiliului comunei Bucuresci şi oficiar de stare civilă.

Declarant A Mitran

Martori { Solomon Alsech

Officiar

*Figura 1.* Certidão de nascimento de J. L. Moreno (Registru Starei Civile, Bucareste).[8]

O primeiro comentário a ser feito é que o mito foi criado após a emigração para os Estados Unidos. Os registros na Europa indicam que Jacob Levy (Moreno) sempre usou seu verdadeiro lugar e data de nascimento em documentos oficiais naquele continente, como, por exemplo, na Universidade de Viena. Assim, não obstante conhecesse os fatos históricos, sentia claramente a necessidade de criar uma nova estória quando chegou a Nova York. Essa estória é um relato que incorpora imaginação e simbolismo com realidade. Representa o que Moreno chamará de verdade poética e psicodramática.

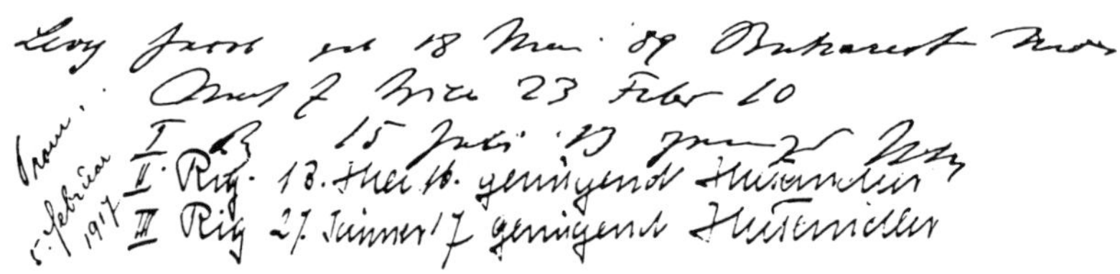

*Figura 2.* Frontispício do diploma de graduação, Faculdade de Medicina, Universidade de Viena, para "Jacob Levy, nascido a 18 de maio em Bucareste" (Arquivos da Alte Universität, Postgasse, Viena).

O segundo comentário cabível é que, em seu livro *The First Psychodramatic Family* (*A primeira família psicodramática*), Moreno tinha o seguinte a dizer, antes de apresentar a estória de seu nascimento:

> As estórias contadas neste livro se esmeram em ser psicodramática e poeticamente exatas, como existem na mente das pessoas envolvidas e como são contadas por elas. Elas não se esmeram na exatidão histórica. Por exemplo, o primeiro nome de Moreno não é Joãozinho — inspirado na estória de João e Maria —, mas Jacob ou Jacques. E assim por diante, com outros pormenores. Uma biografia psicodramática difere, nesse sentido, de uma biografia historicamente analítica.
>
> (*The First Psychodramatic Family*, 1964: 7)

Esse texto é claro, e é interessante que não tenha levado, na época, a outras questões pertinentes à manipulação por parte de Moreno, da verdade histórica.[9] A primeira estória do livro, que aparece algumas linhas abaixo do texto supracitado, é precisamente a estória do seu nascimento. Para nós, é importante esclarecer por que Moreno criou a estória do seu nascimento e permitiu que assim ficasse. Pode-se argumentar que Moreno queria apenas tornar-se jovem outra vez, com o fito de ter uma melhor oportunidade de ser admitido como imigrante nos Estados Unidos e agradar às mulheres mais jovens na América. Mas se é assim, por que escolheu 1892? Penso que esta data em especial foi superdeterminada por ele.

Em criança, Moreno recebeu instrução religiosa em Bucareste, do rabino Bejarano. Suas aulas começaram em 1892, época da comemoração do 4º centenário de ambos os eventos: o êxodo dos judeus da Espanha e a descoberta da América por Cristóvão Colombo. Os dois fatos, como vimos, estavam intimamente ligados para muitas pessoas da comunidade sefardita, e especialmente para o historiador Haim Bejarano, diretor da Escola Judaica de Bucareste.[10] O jovem Jacob ficou, sem dúvida, marcado pelo ensino que recebeu. Que escolhesse mais tarde, em 1925, navegar para a América como um outro Colombo não nos surpreende. Deveria também sonhar com isso, um sonho a que nos referiremos no capítulo seguinte. A data de 1892 é também a data de nascimento de seu irmão preferido, William — uma figura de identificação, mas também um rival. Jacob Levy, fiel a um ancestral bíblico, bem que poderia ter tomado emprestada ou roubado a data de nascimento do irmão. A rivalidade e ambivalência de Jacob para com seu irmão William e vice-versa é um dos aspectos interessantes da dinâmica familiar.

Além da estória sobre a data, a estória do lugar do nascimento de Moreno é de primordial importância. Podem-se atribuir diferentes significados a elas, mas ambas são surpreendentes. A estória do navio que veio da Espanha e estava a caminho da Romênia pode ser vista como uma recapitulação dos 400 anos da história da comunidade e da família. Não viajamos apenas através de tempestades e do sofrimento de sua mãe ao dar à luz seu primeiro filho, mas somos também convidados a compartilhar as misérias e a incerteza de um grupo mais amplo. Quatrocentos anos antes os ancestrais de Moreno tiveram que agüentar a dor de deixar a pátria e enfrentar o desafio de partir de novo. Mais tarde, um dos momentos mais emocionantes que Moreno experimentaria seria receber um doutorado honorário da Universidade de Barcelona, como se, representando todos os judeus sefardins, presenciasse a história sendo reescrita, e a justiça sendo restaurada. Desta perspectiva, o mito de seu nascimento fala-nos de sua profunda identificação com os judeus sefardins.

A estória de seu nascimento num navio pode também conter um significado bem diferente. O fato de que o navio fosse "sem bandeira" permite a Moreno reivindicar o anonimato de nacionalidade, abstenção de pertencer a um país definido, fazendo dele um cidadão do mundo. Este significado simbólico será mais tarde importante para entender a filosofia e as teorias de Moreno. A estória do nascimento de Moreno torna-se um dos mais perfeitos exemplos do que ele próprio chamava verdade poética e psicodramática. O mito faz sentido, não para um pesquisador empenhado em fatos históricos, mas para uma análise das motivações de Moreno. Com o fito de entender isso de forma mais cabal, pode-se interpretar muitos outros detalhes da estória: a ausência do pai, real e simbólica, que permitirá a Moreno reivindicar e criar uma nova dinastia; o papel da mãe, que irá apoiar a interpretação subjetiva da estória do seu nascimento, e daí sua megalomania; a hora do nascimento (a aurora do Santo Sabbath), que enriquecerá o papel profético de Jacob; o próprio nome escolhido para a criança, que é para ele próprio prenhe de simbolismo (comentarei nos capítulos 2 e 3 o importante significado dos nomes na vida de Moreno).

O mito do nascimento de Jacob Levy Moreno é tão cheio de significado que nos surpreendemos de que tão pouca atenção tenha sido dada ao fato de ser essa uma maneira simbólica de falar e um caminho muito rico para tomarmos contato com sua personalidade. Quando a verdade histórica foi descoberta em 1975, pelo professor Bratescu, da Romênia,[11] muita gente ficou escandalizada e se sentiu lograda. Muito poucos tentaram pôr a lenda do nascimento de Moreno na perspectiva do simbolismo e da *realidade suplementar*.

Para mim, a exploração desse mito, a relação entre a verdade histórica e a poético-psicodramática, sua reação aos seguidores e inimigos, foram oportunidades de tentar compreender a real personalidade do futuro criador do psicodrama. Moreno não mentiu: usou um outro canal para falar a verdade, de um modo que era simultaneamente simbólico e conducente a gratificações fincadas na realidade, dando-lhe, por exemplo, todas as vantagens de fazê-lo parecer mais jovem do que era. Naturalmente, essa forma dual de verdades cria problemas para os outros. Torna-se um problema, especialmente para quem não ousa perguntar. O que é certo é que Moreno, como contador de estórias, tinha grande prazer em deixar as pessoas adivinharem e usarem a imaginação.

Jacob Levy Moreno teve cinco irmãos, entre homens e mulheres. Nasceram durante os nove anos seguintes ao seu nascimento.

• Rahel, mais conhecida como Vittoria ou Victoria, nasceu a 29 de março de 1891, em Bucareste. Seria de grande auxílio financeiro para a mãe após a separação dos pais. Casou-se em Viena e abandonou a cidade quando Hitler entrou na Áustria, em 1938.

• Volf-Valerian, mais conhecido como Vily ou William, nasceu a 2 de dezembro de 1892, em Bucareste. Foi o primeiro Levy a emigrar para os Estados Unidos. Grande admirador de Jacob, ajudou-o financeiramente em Viena e depois em Nova York. É interessante notar que o nome Volf é também usado pela mãe de Moreno como nome de família.

• Scharloti, mais conhecida como Charlotte, nasceu a 26 de novembro de 1893, em Bucareste. Foi o único membro da família a permanecer na Europa. Mudou-se de Viena de volta para Bucareste depois de seu casamento com um primo, George Rosenfeld. Este homem era filho de Elisabetha, irmã da mãe de Charlotte, Paulina. Charlotte continuou a viver em Bucareste até a morte. Seu pai, Moreno Nissim, também mudou-se de volta para Bucareste depois de sua separação de Paulina. Charlotte, como o restante da família, teve pouco contato com ele.

• Clara, afetuosamente chamada Lala, nasceu a 7 de fevereiro de 1898. Os primeiros quatro irmãos nasceram em Bucareste. Clara foi a primeira a nascer em Viena. Emigrou para os Estados Unidos com o marido e a irmã, Victoria, em 1938.
• Norbert, usualmente mencionado como Buby, também nasceu em Viena, a 10 de outubro de 1899. A estória familiar conta que casou com uma princesa polonesa, que se recusou a acompanhá-lo aos Estados Unidos em 1938. Ele se estabeleceu na Flórida e possivelmente tornou a se casar.

Dois últimos pontos devem ser ressaltados aqui: a influência francesa da mãe, dando origem aos nomes das crianças (por exemplo, Jacob foi sempre chamado de Jacques em família) e o fato de o sobrenome ter sido gradualmente substituído pelo sobrenome Moreno. Jacob foi o primeiro a usar Moreno como sobrenome e quase todos, exceto o pai e a irmã Charlotte, seguiram seu exemplo. Moreno, é importante lembrar, foi o primeiro nome do pai de Jacob. De uma certa maneira, ao se apropriar do primeiro nome do pai, Jacob de fato estabeleceu uma nova dinastia.

Capítulo 2

# UMA CRIANÇA VALENTE E UM ADOLESCENTE REBELDE

Os pais de J. L. Moreno eram muito diferentes. Moreno Nissim Levy, quando não estava viajando, levava uma vida social muito ativa longe de casa, da mulher e dos filhos. Falava pouco, mas mantinha a autoridade. Ficava fora da cidade um bocado e era um mistério para os filhos que o temiam tanto quanto o admiravam. Como homem de negócios, era bom para começar projetos, mas eles rapidamente fracassavam. Basicamente gentil, não conseguia cobrar os devedores, que freqüentemente o prejudicavam financeiramente. Estava sempre em atividade na comunidade sefardim, ajudando amigos e vizinhos.[1]

Paulina Iancu era calorosa, afetuosa e socialmente ativa. Tinha prestígio na comunidade, como mulher poliglota e bem educada para a época e, de certo modo, até refinada. Embora fosse judia sefardim, estava muito próxima dos valores cristãos por leituras do Novo Testamento e pela influência das freiras da escola católica. Seu herói, que deveria tornar-se o modelo de Moreno, era Jesus Cristo. Ao mesmo tempo, era supersticiosa: consultava ciganas com freqüência, acreditava em adivinhação de sonhos e na sorte. Predizia catástrofes, casamentos e fortunas pelo café deixado no fundo das xícaras, folhas de chá, quiromancia e cartas de tarô. Mais que tudo, tinha um tremendo senso de humor, força na adversidade e uma incansável energia. Coube-lhe a responsabilidade de educar os seis filhos.[2]

A relação do casal parece ter sido difícil logo de início — não se deve esquecer que o casamento se realizou sob a pressão dos irmãos de Paulina. Quando marido e mulher estavam juntos, parecia haver tensões e mal-estar para ambos. Não está claro se o pai de Moreno decidiu viajar muito em razão da infelicidade no lar. Mas de qualquer forma o casal ficava separado a maior parte do tempo. Foi nesse ambiente que o pequeno Jacob nasceu e foi educado.[3]

O primeiro filho de Paulina seria seu preferido. Além de ser o mais velho, o fato de estar freqüentemente só com ele, nos primeiros meses, com certeza contribuiu para criar um laço muito especial. Esse laço foi reforçado quando, com apenas um ano, Jacob sofreu um sério ataque

*Figura 3*. Paulina Iancu aos catorze anos e meio, trajando um vestido de acordo com as normas do convento de freiras, pouco antes de deixar a escola para se casar (Zerka Moreno, coleção particular).

de raquitismo: não tinha apetite, perdeu peso e não era capaz de andar. Parecia que nenhum médico poderia ajudá-lo, e talvez o menino viesse a morrer. Sua jovem mãe chorava constantemente, tornando-se deprimida e desesperada. Um dia, quando estava levando a criança para o pátio, passou por ela uma cigana. Parou, disse a Paulina que parasse de chorar e que usasse o seguinte tratamento: "Vá buscar um pouco de areia fina. Ao meio-dia, quando o sol estiver escaldante, ponha a criança na areia. O sol curará a criança". Apontando o dedo para a criança, acrescentou a seguinte profecia: "Chegará um dia em que esta criança se tornará um grande homem. Chegará gente de todo o mundo para vêlo. Ele será homem sábio e bondoso".

Essa história é importante, porque criou na mente da mãe a idéia de que o filho não era uma criança comum. Desde aquele dia, ela acreditou que Deus tinha lhe dado a importante missão de recuperar a saúde da criança e prepará-la para sua futura jornada. Começou a dar a Jacob uma atenção especial e, sem perceber, assentou os fundamentos de seu futuro sonho megalomaníaco. Contou a estória da profecia às pessoas e, em conseqüência disso, o jovem Jacob desenvolveu uma relação muito especial com aqueles que o cercavam.[4] Tendo seguido o conselho da cigana, Paulina viu o filho curado em poucos meses, saudável e capaz de andar. A primeira parte da profecia se cumprira; a segunda estava por se realizar.

O despertar religioso de Moreno foi uma mistura de crenças judaicas e de valores cristãos. Quando ainda era pequeno, foi instruído pelo rabino Bejarano, figura impressionante da comunidade judaica;[5] mas foi Jesus quem se tornaria o modelo de identificação para o jovem judeu sefardim. Também presenciava as solenes procissões que se realizavam na vizinha basílica greco-ortodoxa de Santo Espiridião, ficando por elas visualmente impressionado. Foi a combinação dessas diversas influências que compôs a futura configuração religiosa de J. L. Moreno.

Em criança, Moreno brincava de uma maneira que não só refletia suas crenças religiosas, mas também dava idéia de como já tinha introjetado a percepção de um destino especial. Seu brinquedo favorito era fazer o papel de Deus. Fazia-o com freqüência, construindo com outras crianças um palco que representava o céu — e sempre quebrava os móveis: era preciso chamar um marceneiro regularmente, para consertar mesas e cadeiras após essas brincadeiras. Um episódio de representar Deus se gravou de forma especial na lembrança do menino:

> Quando eu tinha quatro anos e meio, meus pais viviam numa casa perto do rio Danúbio. Certo domingo, eles tinham saído de casa para fazer uma visita, deixando-me sozinho no porão com as crianças dos vizinhos. O tamanho deste porão era cerca de três vezes o de uma sala média. As crianças disseram: "Vamos brincar". Uma criança me perguntou: "De quê?". "Eu sei", disse eu, "vamos brincar de Deus com seus anjos". As crianças perguntaram: "Mas quem é Deus?". Retruquei: "Eu sou Deus e vocês são

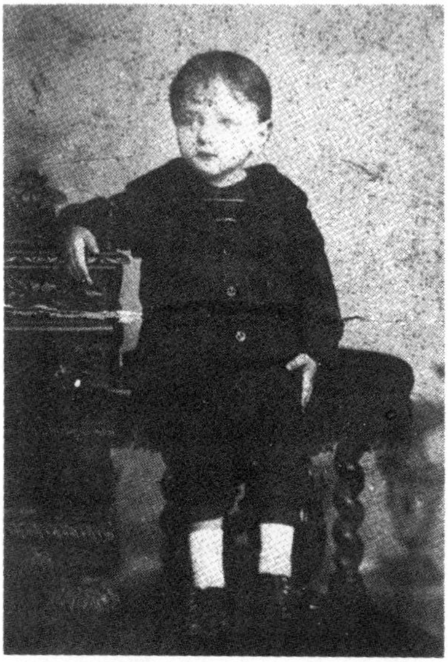

*Figura 4.* Jacob Levy Moreno, aos quatro anos (Zerka Moreno, coleção particular: reprodução de fotografia de Claude Demers).

meus anjos''. As crianças concordaram. Todas declararam: ''Precisamos primeiro construir o céu''. Levamos as cadeiras de todos os cômodos da casa para o porão, pusemos em cima da mesa grande e começamos a construir um céu após o outro, amarrando várias cadeiras juntas num nível e pondo mais cadeiras em cima delas, até alcançar o teto. Daí, todas as crianças me ajudaram a trepar nelas, até que eu alcançasse a última e nela me sentasse. Eu me sentei lá muito à vontade. As crianças começaram a circular, cantando. De repente, ouvi uma criança me perguntar: ''Por que você não voa?''. Estiquei meus braços para tentar. Um segundo depois, caí e me vi no chão, com meu braço direito quebrado.

(*Psychodrama*, vol. I, 1946: 2)

Essa estória virou uma lenda entre os alunos de Moreno e foi contada em diferentes versões. Segundo uma delas, a mãe de Moreno foi procurar a cigana para pedir-lhe que olhasse o braço do filho. A cigana renovou a profecia sobre a importante missão futura do menino para o mundo e recomendou a ele que não quebrasse o braço esquerdo, porque isso seria mau presságio.

Mais tarde, Moreno teceu comentários sobre o processo de aprendizagem daquele domingo especial: reconheceu que foi ao mesmo tempo diretor e protagonista no primeiro psicodrama privado; fez uma conexão entre o futuro palco psicodramático e os céus; viu os diferentes papéis desempenhados pelas outras crianças como de futuros egos auxiliares. Acima de tudo, reconheceu sua necessidade de representar Deus.

Eu gostaria de acrescentar aqui alguns comentários meus. Primeiro, descobri com minha pesquisa que este brinquedo de fazer-se de Deus era repetitivo e sistematicamente apoiado pela mãe de Moreno.[6] Segundo, este papel era, para Moreno, um "aquecimento" para a futura missão: por meio dele estava se preparando para ser uma importante pessoa cósmica, que iria associar seu nome ao de Deus Criador. Terceiro, este tema — fazer-se de Deus, todo-poderoso, tornando-se Pai — deve ser compreendido não somente em relação à crença religiosa, mas também assegura-lhe lugar como criador de uma nova dinastia terrestre: em sua mente infantil, ele é seu próprio Deus e seu próprio pai. Este primeiro psicodrama (Moreno com freqüência chamava-o "O psicodrama da queda de Deus") pode também ser visto como o momento formador da megalomania infantil, seu primeiro episódio megalomaníaco. Deixaria dúvidas em sua jovem mente quanto a ser um Deus indestrutível e o levaria a questionar suas própria força.

Voltemo-nos agora para os primeiros anos da vida de Moreno. Vamos ampliar o tema das primeiras influências, pois Moreno não pode ser entendido se não se compreende sua relação tanto com seus pais como com Deus. De fato, deve-se considerar seus laços com seu ambiente em dois níveis: o da família e da relação com o pai, a mãe, os irmãos e as irmãs e o religioso, que pode ser visto como uma espécie de metasistema.

A mais importante relação na vida de Moreno parece ter sido com seu pai. Embora ele estivesse constantemente fora, fosse mal-sucedido em seus projetos e infeliz em família, o jovem Jacob, ainda assim, o amava e idealizava. Idealizava-o a ponto de fazer dele um Deus.

Tomava seu partido contra a mãe e os tios e, como o mais velho da família, introjetava os comportamentos esperados de um jovem numa família respeitável. Mas esta relação com o pai não estava baseada na realidade da vida diária: ocasionalmente, viajava com o pai e apreciava muito estes momentos, mas com mais freqüência seria através de sua vida imaginária que poderia se identificar com ele. O mais interessante disso tudo é a maneira como o jovem Jacob *incorporou* o pai: e penso que a palavra incorporar, usada no sentido psicanalítico, é o melhor termo para descrever a internalização que Jacob Levy Moreno fez do pai, Moreno Nissim Levy. Parece que o processo quase-físico e simbólico de "introduzir o pai" aconteceu muito cedo em sua vida. Provavelmente devido à crença da mãe na profecia da cigana, de que o "filho" teria uma missão especial como profeta ou messias, reforçando a tendência à megalomania na criança. A representação interna do "pai" passou a ter um aspecto místico e mais tarde se confundiria com a de Deus.

A mãe também reforçou as díades Paulina/Jacob, Maria/Jesus. Na segunda díade, o pai, José, era secundário, assim como mais tarde Moreno Nissim pareceria quase um ancestral na vida de Jacob. Jacob chamaria a si mesmo pai de uma nova dinastia, e isso evidencia como Jacob se relacionava com seu pai real, ao apagá-lo de sua vida, colocando-se como o novo "chefe da tribo", expressão que usou posteriormente para descrever sua relação com Freud. Havia uma confusão entre paternidade, criação e Deus em sua mente. Isso começou com a estória do nascimento e nunca haveria de acabar.[7]

Logo após entrar para a escola, o jovem Jacob confirmava essa identificação com Deus-Pai, recusando-se a ser chamado por seu nome, mesmo pelos irmãos e irmãs: ninguém, dizia ele, chama Deus pelo nome.

É evidente que desde muito cedo Jacob Levy Moreno decidiu vivenciar sua família de origem em dois níveis: um, concreto e terreno, e o outro simbólico, reforçando sua representação interna de messias ou profeta.

Quando, mais tarde, tomar emprestado o nome do pai, Moreno, vendo-se como o criador de uma nova dinastia, Jacob Levy Moreno terá fechado o círculo, tornando-se a criança travestida em seu próprio pai. O significado real disto ficará claro mais adiante.[8]

A saúde do pequeno Jacob aumentava e a mãe lhe dava atenção especial, mas o casal ainda estava passando por problemas financeiros. À época, Jacob tinha cinco anos, três irmãos e sua família se mudara quatro vezes. A situação econômica era difícil em Bucareste e, em 1895 ou 1896, Moreno Nissim aproveitou a oportunidade para se mudar para a Áustria, a fim de trabalhar numa companhia cujos escritórios tinham sede em Viena. Isto quando Jacob tinha seis ou sete anos.[9]

A mudança foi um bênção confusa para a família. O pai não achou fácil imigrar para um país de fala germânica. Não aprendia línguas com facilidade e não se sentiu à vontade com o estilo de vida vienense. Nunca se sentiria realmente em casa na Áustria ou na Alemanha, e aproveitou cada oportunidade para viajar pelos Bálcãs, aos quais de fato sentia pertencer. A mãe de Moreno, por outro lado, adaptou-se à vida no "segundo bairro" de Viena, entre judeus e outros refugiados, muito mais facilmente que o marido, embora continuasse a se sentir uma refugiada ao lidar com os vienenses. Rapidamente aprendeu alemão e levava a família ao parque mais próximo, o Augarten ou o Prater. Depois de quatro anos sem gravidez, deu à luz seus dois últimos filhos, em 1898 a 1899.

Jacob rapidamente se ajustou ao novo ambiente. Viena era uma cidade da qual haveria de desfrutar, embora também sempre se sentisse um refugiado entre os vienenses. Não se deve esquecer o ocorrido em Bucareste e como a principal direção da personalidade de Moreno estava já configurada e se tornara manifesta.

Jacob ou Jacques, como sua mãe o chamava, entrou na escola em Viena. Habituou-se a se sentar na primeira fileira: deste modo podia ouvir mais facilmente o professor mas também ser escolhido como auxiliar. Conservou esse hábito durante seus estudos e, rapidamente, tornou-se um aluno predileto por sua curiosidade e inteligência: saiu-se bem na escola, tornando-se o orgulho dos pais. Sua mãe não sabia ainda o que fazer, na prática, com a velha profecia da cigana. Seu pai, mais pragmático, sugeriu ao filho que fosse médico, seguindo as pegadas de um tio que acabara de morrer em Constantinopla. Daí em diante, o jovem Jacques passou a ser chamado constantemente de "Doutor", forma de tratamento usada por seus pacientes, alunos e colegas em toda sua carreira.

Sua relação era muito diferente com os irmãos. Não queria ser chamado por seu primeiro nome. Se um deles usasse Jacob ou Jacques, simplesmente ignorava. Esperava para responder, até que fosse chamado de "você". Esse foi o começo do anonimato ao qual deu tanta importância. Esse anonimato tinha raízes, como vimos, num sentimento de ser um caso especial de Deus. Posteriormente, passou a ter outro significado, quando estendeu sua recusa de ser chamado pelo nome pelos companheiros de brinquedo.[10]

O menino Jacques tinha uma relação muito especial com seus irmãos, e nisso era auxiliado pela mãe, que o via como uma criança diferente. Ainda que brincasse com seus irmãos, permanecia sempre um tanto distante. Quando sugeria brinquedos, estes seriam sempre altamente simbólicos e significativos. Uma noite, por exemplo, levantou-se com o irmão William e criou todo um universo em massa de farinha. Esta foi uma alternativa para seu primitivo representar Deus: aqui podia ser criador. Muitos anos mais tarde, escreveria *As palavras do pai*, e basearia sua filosofia na responsabilidade de continuar as obras do Criador. Iria privilegiar a ação frente às palavras, lembrando que criara um universo em massa de farinha antes de falar dela.[11]

A infância de Moreno foi, nas suas próprias palavras, o tempo mais feliz de sua vida. Estudava e brincava ignorando o drama de seus pais à sua volta. Tinha também a chance de viajar só com o pai, o que era um prazer especial. Fez duas viagens, uma a Calarasi, onde os irmãos de sua mãe tinham negócios, e outra a Constantinopla. Esta segunda viagem deveria ser uma das mais belas lembranças de sua vida. A viagem a Calarasi deu-lhe a oportunidade de fazer uma última visita à sua terra natal e a retomar o contato com sua língua materna, o romeno. Deu-lhe também a oportunidade de estar só com o pai e experimentá-lo como um homem diferente do que estava acostumado a ver em casa. Ficava ouvindo o pai a contar estórias durante horas e se impressionava enquanto o trem seguia através das montanhas da Transilvânia e das planícies da Romênia. Infelizmente, durante a visita, contraiu malária e teve que voltar a Viena com febre, pálido.

Poucos meses mais tarde, seu pai levou-o a Constantinopla. Os Levy tinham lá muitos parentes e seus antepassados tinham vivido na cidade por muitas gerações. Foi nessa ocasião que Jacob teve a oportunidade de visitar o harém que pertencia a seu tio. Ficou fascinado pelas jovens nuas, tomando banho e sendo massageadas. Ficou também impressionado com a arquitetura do prédio, a estrutura da organização e o papel dos eunucos. Era um conto de fadas adolescente adquirindo vida. Passou também tempo considerável no bazar, onde ficou assombrado com a quantidade de gente, a infinita variedade de mercadorias e o sistema bem organizado sob uma aparente falta de estrutura. Acima de tudo, o que mais o impressionou foi o profundo conhecimento que seu pai mostrou da natureza humana, com os diversos estilos de vida. Jacob não teve muitas oportunidades de estar com o pai, mas quando surgia alguma, descobria um homem que tinha as dimensões de um deus: tinha experiência, conhecimento e sabedoria. Secretamente, invejava-o. Mais tarde, após a morte do pai, quando Jacob emigrou para os Estados Unidos, lembraria que Moreno Nissim era o "verdadeiro Moreno, aquele que tinha todas as idéias".[12]

Por volta de 1905, a família mudou-se para Berlim. Parece que Moreno Nissim começara um novo empreendimento comercial com um parceiro: tratava-se ainda de artigos turcos, ornamentos para comemorações religiosas e funerais e, possivelmente, manufatura e venda de caixões. O início desse empreendimento foi um novo desafio, e as coisas pareciam promissoras. Talvez agora seu pai tivesse êxito.[13]

Jacob estava com 14 anos, muito ocupado com seus próprios projetos e amigos. Mudou-se para Berlim apenas para descobrir, depois de três semanas, que não suportava afastar-se de Viena. Depois de uma discussão com os pais, teve permissão para voltar a viver com amigos da família. Nunca mais tornaria a viver com os pais. Voltou para a escola, mas, como veremos, logo tornou-se rebelde. Enquanto isso, por alguma razão misteriosa, o pai de Moreno teve encrencas com a polícia em Berlim: foi obrigado a deixar a cidade e a estabelecer-se em Chemnitz.

Por essa época, Jacob fez uma outra viagem, desta vez com um de seus tios maternos. Viajaram longamente, por toda a Itália. Seu tio chamava-o de "Doutor" o tempo todo e estava muito orgulhoso do sobrinho. Tentou ensinar-lhe o valor e a lidar com o dinheiro, mas descobriu que Jacob apenas ria dele. Houve dois pontos altos nesta viagem. Primeiro, Moreno encontrou uma jovem e bela mulher em Florença, chamada Pia, por quem imediatamente se apaixonou; durante dias seu coração bateu somente por ela, nos belíssimos arredores da cidade. Jacob já tinha tido relações físicas e sexuais com muitas garotas em sua vida, mas Pia foi a primeira a tornar-se sua "musa", substituindo a mãe como a pessoa que o motivaria a ir além de si mesmo.[14] Além disso, encontrou um grupo de estudantes no trem, com quem teve longos debates filosóficos e existenciais. Como conseqüência, pela primeira vez teve o sentimento de algumas das direções que desejava tomar na vida.

Esta viagem deixou-o cheio de perguntas, deprimido pela separação de Pia e preocupado com seu futuro. Foi visitar seus pais em Chemnitz, mas a situação foi ainda mais difícil do que antes: o relacionamento estava a ponto de romper-se. Tentou aproximar os pais, para fazer com que se comunicassem, mas sem proveito algum. O jovem terapeuta, cheio de idealismo, defrontou-se com seu primeiro fracasso. A separação final iria dar-se em breve. Tomaria então o partido do pai, que iria literalmente desaparecer de sua vida de criança. A lenda familiar conta que Moreno Nissim voltou a Constantinopla, onde foi pai de muitos outros filhos, antes de voltar para a Romênia. O certo é que voltou para Bucareste, onde morreu em 1925, completamente esquecido da família.[15]

Para Moreno, foi difícil lidar com a separação dos pais. Ficou muito zangado com a mãe e tornou-se muito cínico em relação ao casamento. Como filho mais velho, sentiu a responsabilidade de assumir o papel de "pai", mas não conseguia ver-se carregando o fardo diário de criar sua família.

O ressentimento e desapontamento com a perda do pai encontrou várias saídas. Antes um aluno bem-comportado, Jacob agora começava a discutir com os professores e a faltar às aulas. Deveria posteriormente abandonar o ginásio sem completar sua "matura". Sentiu a injustiça da situação como um sinal de que Deus o tinha abandonado. Desafiou o próprio Deus. Eis o monólogo que, segundo o jovem adolescente, emergiu desta situação:

> Por que você criou o Universo em primeiro lugar? Poderia ter-nos poupado a todos de viver.
> Por que separou a luz das trevas? Poderia haver apenas luz.
> Por que criou rochas e vulcões, oceanos e estrelas?
> Bastaria ter havido apenas chão firme...
> Por que não começou tudo por mim? E por que enfim me criou? Eu não me sinto bem. Não gosto de mim.
> Devo comer. Mas as melhores iguarias saem pelo traseiro. Devo andar, mas posso escorregar e cair. Devo crescer, adoecer e morrer. Por quê? Você deveria me ter criado quando você estivesse doente e velho, quando sua energia já estivesse gasta.
> Por que me dividiu ao meio? Eu sei que sou um ser imperfeito e indigno. Quando viu que eu era imperfeito, partiu-me em pedaços e fez aparecer um outro ser, a mulher.
> Eu já me sentia totalmente inferior, mas ela era pior ainda.
> Este foi o início dessa miséria e futilidade sem fim, a corrente que liga o nascimento com a morte...
>
> (*Autobiography*, 1985, cap. 2: 7-9)

Esse grito de dor e sofrimento ilustra os profundos sentimentos de depressão e desespero do jovem Moreno, os primeiros indícios dos motivos de sua participação no movimento expressionista. Sua rebeldia contra Deus teve seu paralelo na rebelião contra a escola, o sistema político, a autoridade em geral. Deus tinha que ser morto e a sociedade destruída, para fazer aparecer uma nova ordem das coisas, um novo mundo. Moreno era um fervoroso leitor de Nietzsche, Dostoievski, Kierkegaard e Whitman. Não sendo nem um pouco sistemático em suas leituras, estava à procura de uma resposta para suas perguntas metafísicas sobre a vida e seu próprio papel no universo. Haveria de ler e reler o Velho e o Novo Testamento, os escritos de São Paulo, Santo Agostinho, São Francisco, Pascal... Identificou sua vida com a de Buda e de Swedenborg. O profeta adormecido nele nos primeiros anos ressurgiu de repente buscando um novo caminho.[16]

Um dia Jacob teve uma visão:

> Foi aos 14 anos que cheguei à minha epifania, numa noite em que andava sem destino pelas ruas de Chemnitz, a provinciana cidade alemã em que eu vivia. Lembro que era no fim de minhas férias escolares. Uma época em que olhamos para a frente, para as mudanças que estão se aproximando, em termos da vida de rotina e de responsabilidades. Enquanto caminhava pelas ruas escuras e vazias, tentei pôr em ordem meus pensamentos e sentimentos desencontrados, como é natural em pessoas inteligentes e jovens. Procurando enxergar onde estava, percebi que estava num parque, diante de uma estátua de Jesus Cristo iluminada pela pálida luz da lua. Aquilo atraiu meu olhar. Fiquei paralisado. Na intensidade desse momento estranho procurei com o máximo esforço que a estátua adquirisse vida para falar comigo. Queria que Jesus saísse da pedra para me falar. Queria que se movesse dali e adquirisse vida, naquele parque, para todas as pessoas de Chemnitz. Nesse momento pareceu-me que a estátua iria falar e eu ouviria com atenção.
>
> Parado ali diante dela, sabia que tinha que tomar uma resolução que haveria de determinar o curso futuro de minha vida. Acredito que todos os homens devam tomar tal resolução na juventude. Este era o momento da minha decisão. O que haveria eu de escolher: minha identidade com o Universo, com a família particular ou com o clã do qual eu provinha? Resolvi-me pelo Universo, não porque minha família fosse inferior a qualquer outra, mas porque desejava viver como representante de um cenário mais amplo do que aquele a que pertenciam os membros da minha família e ao qual desejaria que voltassem.
>
> Minha resolução implicava em que todos os homens e mulheres fossem meus irmãos e irmãs, todas as mães e pais fossem minhas mães e meus pais, todas as crianças — quaisquer que fossem seus pais — fossem meus filhos, que todas as mulheres fossem minhas esposas, todas as propriedades pelo mundo afora fossem minha propriedade e, inversamente, toda propriedade minha fosse propriedade do mundo.
>
> A pequena estátua diante de mim assinalava que Jesus tinha tomado o caminho do Universo e aceito todas as conseqüências que isto envolvia. Significava para mim um objetivo que me impulsionaria e que, daí por diante, todas as minhas ações, decisões e encontros teriam que ser pautados em conformidade com esta visão de vida. Minha mãe, meu pai, minhas ir-

mãs, meus irmãos, meus parentes, meus amigos nunca poderiam entender isso, mas eu seguiria meu caminho e ninguém seria capaz de me afastar dele.

Parado ali, diante de Cristo, em Chemnitz, comecei a acreditar que eu era uma pessoa extraordinária, que eu estava no planeta para cumprir uma extraordinária missão. Esse estado de espírito é usualmente chamado megalomania. É um nome sórdido, de fato um xingamento. Na verdade, porém, a megalomania é um estado natural do ser humano, desde o nascimento. A megalomania nada tem de excepcional. Tem, como outros estados naturais, formas normais e patológicas. A megalomania normal é tão fundamental para o homem de natureza espiritual como o são os pulmões para a respiração e os vasos sangüíneos para alimentar as células do organismo, de acordo com sua natureza física. Todos os homens estão imbuídos da idéia da grandeza. O problema não é a megalomania. A questão é: por que nós, em nossa cultura, tratamos de suprimi-la e saudamos os que praticam a modéstia? Por que desaprovamos os homens que apregoam que foram escolhidos para fatos extraordinários?

Daquela época em diante houve uma pletora de significado em tudo que eu fazia e em tudo que acontecia em torno de mim. Havia um excesso de sentimento, de alegria ou de depressão, amor ou ódio. Era como os amantes se sentem em seu primeiro arroubo, ao se encontrarem. O sol, as estrelas, o céu, as árvores, tudo parecia maior. As cores pareciam mais brilhantes. Todos os acontecimentos me pareciam mais dinâmicos do que para as outras pessoas. Se nascesse uma criança, um homem morresse, grassasse um incêndio ou um estranho viesse bater à porta, tudo isso pareceria enormemente significativo, explodindo de mistérios e interrogações, e um desafio a meu mais secreto juízo de valores.

(*Autobiography*, 1985, cap. I: 1-3)[17]

Esta visão, como o episódio da infância de representar Deus, pode ser encarado como o momento formador do segundo período de megalomania de Moreno. Tendo desejado destruir o mundo no período de revolta e depressão, desejava agora construir um outro, novo. Moreno carregou consigo esta nova visão pelos anos subseqüentes.

## Capítulo 3

# O PERÍODO UNIVERSITÁRIO

Por volta de 1906, Moreno vivia em Viena e seus pais tinham mudado de Berlim para Chemnitz. O pai era criticado por todo tipo de problemas: não podia manter a família financeiramente e estabeleceu relações com outras mulheres durante as viagens pelos Bálcãs. Finalmente, os pais se separaram e o pai saiu a vagar sem destino.

Na mesma época, Jacob Moreno também completou sua separação da família: deixou seu círculo mais íntimo para ficar mais disponível para os outros. A separação não foi fácil. A família e, especialmente, a mãe tinham necessidade dele; ele se sentia mal por ser incapaz de substituir o pai, mas, ao mesmo tempo, zangado com a mãe: era ela a responsável pela separação. Passou então por um período de revolta, acusando até os tios, que ajudavam financeiramente, de interferirem nos assuntos da família.[1] Mas a separação foi também uma oportunidade para uma revolta maior ainda: o sistema escolar estava cheio de hipócritas, a sociedade perdera o sentido de justiça e de ética elementar. Do mesmo modo para Deus, a criação é uma confusão e não reflete a sua Beleza e Justiça. O jovem adolescente não teve outra alternativa senão tomar seu futuro e o futuro da humanidade em suas próprias mãos.

Além de revoltado, Jacob passou por um período de depressão. Sabia, a partir de então, que precisaria se conectar de novo com sua missão. Mas estava só e sem forças. Abandonou a escola e despendeu tempo considerável meditando e refletindo. Para manter-se economicamente e sobreviver em Viena, trabalhava um pouco como professor particular. Sua mãe mudou-se de novo para a cidade, mas ele se recusou a ir viver com ela e a família. Recusava também ajuda financeira dos dois tios, determinado que estava a levar uma vida independente.

Moreno agia às vezes de forma estranha, e as pessoas se espantavam com ele: alguns julgavam que fosse doente mental. A mãe parecia não entender o problema, quando lhe falavam do comportamento do filho. Um dia, por exemplo, ele apareceu nu diante da família com quem vivia, aproximando-se da porta que dava para a rua. Talvez quisesse testar a estória das roupas do imperador, de Hans Christian Andersen. É claro que tinha um forte desejo de provocar, algo que iria tornar-se marca registrada de sua vida. Talvez quisesse também testar a estória sobre a volta de Jesus Cristo. Falaremos mais disso posteriormente. Além do comportamento provocativo, parou, nessa época, de ter relação com mulheres, após um período de intensa atividade sexual.[2]

Moreno passou agora a ler autores místicos. Estava especialmente interessado na noção de céu, comparando o conceito de céu de Dante com o de Swedenborg, enquanto procurava compreender a noção da alma. Achou fácil identificar-se com os místicos, e Swedenborg, um cientista que se tornou teólogo, foi um bom modelo para este papel. Mais tarde, Moreno como médico, ao escrever sua primeira grande obra *As palavras do pai*,[3] haveria de lembrar-se do caso de Swedenborg, cientista escolhido por Deus para transmitir sua mensagem ao mundo.

Seguiu-se um período de dois anos de intensa busca espiritual — anos devotados ao plano de vir a ser o próprio Deus ou de compreender a missão que Deus supostamente queria que realizasse. O jovem adolescente não sabia quem era Deus, se existia ou o que alguém poderia fazer em seu nome. Para encontrar a resposta, Jacob fez todo tipo de leitura, sem supervisão alguma: um dia via-se como servo de Deus, no dia seguinte, como uma réplica do Altíssimo e, depois, como o próprio Deus. A visão afastou-o de todos, mas não o aproximou de religião alguma. Tornou-se absolutamente convencido de que a ação era mais importante do que as palavras, que a experiência era a melhor mestra, se comparada aos livros.[4]

Lentamente, começou a retomar o contato com o mundo. Costumava ir passear perto da universidade e ouvia grupos de estudantes de direita ou de esquerda ou que confrontavam movimentos cristãos e judeus. Ele, porém, mantinha-se à distância de todas as facções, lembrando-se de que sua família agora era o mundo, e seu reino, o Universo. Foi durante este período que se decidiu a entrar para a universidade e fez amizade com Chaim Kellmer, homem que deveria ter uma influência duradoura sobre ele.

Moreno entrou para a Universidade de Viena em 1909. Tinha sido visto por perto da faculdade durante algum tempo, sempre numa capa esverdeada, do tipo usado pelos camponeses austríacos. Ia sem chapéu, algo incomum na época, e tinha deixado crescer uma barba comprida e desalinhada. Circulava anônimo entre os estudantes, sendo notado por todos. Um estudante de filosofia, que o andara observando por algum tempo, aproximou-se dele certa manhã. Era Chaim Kellmer. Os dois sentiram afinidade imediata. Juntos, fundaram um culto chamado "A Religião do Encontro" e formaram uma comunidade baseada em seus princípios.

Chaim Kellmer, alto e espadaúdo, parecia ter mais idade do que na realidade. Nascera dois anos antes de Moreno e, em muitos sentidos, era o oposto dele. Judeu, criado na tradição hassídica, estava estudando filosofia na expectativa de encontrar respostas para questões existenciais, mas a meditação constante levava-o a novas perguntas: não se sentia fundamentalmente atraído pela ação. Por outro lado, o jovem Moreno não apenas fazia pregações pela ação, mas chegaria também a dizer que nada era digno de discussão sem antes ter sido posto à prova: sua vida era um testemunho de suas crenças.

Uma amizade duradoura estabeleceu-se entre os dois. Chaim Kellmer tomaria Moreno como modelo de sua vida e tornar-se-ia seu seguidor e discípulo, enquanto Moreno admirava a ingenuidade, idealismo e pureza da filosofia de Chaim. Três outros estudantes, simpatizantes dos ideais de Moreno e Kellmer — Andras Petö, Hans Feda e Hans Brauchbar —, juntaram-se a eles para fundar a "Casa do Encontro", para novos imigrantes e refugiados. Numa placa estava escrito: "Vinde a nós, vós de todas as nações. Aqui vos daremos abrigo". Os recém-chegados eram ajudados a preencher os papéis, a pôr em ordem os documentos oficiais e a encontrar empregos temporários ou permanentes. Mas a casa funcionava também como comunidade. Todas as noites havia discussão sobre problemas práticos encontrados dentro e fora da casa, cantava-se um bocado e fazia-se outro tanto de brincadeiras. A reputação do grupo espalhou-se rapidamente e cada vez mais gente vinha se juntar à comunidade.

A fundação da Casa do Encontro envolveu mais do que a rotina cotidiana de uma pequena instituição. Todo o grupo adotou a política do anonimato. Sabemos que Moreno já tinha adotado tal filosofia em relação a seu próprio nome. Aproveitou esta oportunidade para dar um passo adiante: todos deveriam abandonar seu próprio nome, tendência que não era exclusiva deste grupo. É claro que esta forma de ação achava-se na esteira da velha tradição cristã e tinha o sentido de tudo partilhar em nome da caridade.[5] Outra característica da Casa do Encontro era a liderança espontânea de Moreno. Ainda que ninguém tivesse lhe pedido que fosse o diretor da casa, ele simplesmente assumiu esse papel. Mas, talvez, o mais importante traço do grupo estivesse em suas crenças e discussões sobre coisas espirituais. Os associados freqüentemente se encontravam para falar sobre temas tais como a volta de Cristo, e cada um tinha suas conjeturas. Moreno apregoava que Jesus haveria de voltar nu, ou saltar de uma árvore, e ele próprio tratava de testar essa hipótese. É bem possível que tivesse acreditado, nesse período, que ele próprio era Jesus Cristo.

Os cinco fundadores da casa, um estudante de filosofia e quatro de medicina, conviviam a contento, mas o preferido de Moreno continuava sendo Chaim. Seria Chaim quem visitaria a família de Moreno, atuando como intermediário entre Jacob e a mãe. Chaim acompanharia Moreno ao parque e juntar-se-ia a ele para brincar com as crianças.

Ao findar seus estudos,[6] Chaim estava em conflito entre ensinar filosofia ou mudar-se para Israel, para organizar povoamentos. Após discutir com Moreno, decidiu permanecer na Áustria e trabalhar na terra, com um velho camponês em Kagran. Ao fazer esta opção, estaria seguindo a filosofia da ação de Moreno. Decidiu também ser judeu entre os gentios, opção que Moreno tinha feito anteriormente. Não há exagero em dizer que os dois homens "dublavam" um ao outro e eram quase *alter ego* reciprocamente. Sob a influência de Moreno, Kellmer virou fazendeiro, enquanto Moreno, futuro médico de família, deveria por fim tornar-se "professor" de uma nova filosofia.

A Casa do Encontro foi fechada no começo da guerra e os cinco membros do grupo seguiram caminhos separados. Chaim Kellmer, com quem Moreno se manteve em estreito contato, morreu de tuberculose durante a guerra, em conseqüência de excesso de trabalho, perdendo Moreno seu aliado e discípulo mais chegado. Em conseqüência disso, Moreno teve um outro ataque de revolta e depressão. Nesse entretempo, porém, terminou seus estudos de medicina e começou a empreender outras atividades.

A entrada de Moreno na Universidade de Viena em 1909 foi complicada, pois tinha abandonado a escola antes de obter o diploma, o "matura", e por isso não podia ingressar na faculdade de medicina. Em vez disso, foi admitido na filosofia, em caráter provisório. Antes de se tornar aluno em tempo integral teve que passar por exames orais e escritos, relativos ao diploma da escola secundária. Fez a parte escrita antes de entrar na universidade, no outono de 1909, e o exame oral teve lugar durante o primeiro semestre.

O programa de estudos de Moreno foi bem tradicional. A partir de 1909-1910 estudou história da filosofia com Stöhr, além de fazer cursos, de metafísica, cosmologia e idealismo filosófico de Kant. Contudo, estava também inscrito nas aulas de anatomia, bacteriologia e biologia. Quando conseguiu regularizar a situação em 1910, transferiu-se para a faculdade de medicina para começar o primeiro dos dez semestres.

Neste curso clássico assistiu a seminários básicos de anatomia e biologia, ministrados pelos professores Hochstetter e Tandler e foi assistente deste último, tornando-se "pára-raio" entre o professor e a classe rebelde. Novamente encontrou-se no papel de liderança, a defender o estudante, comparativamente sem força, contra o professor. Fez o aprendizado de cirurgia com o professor Eiselberg, e de ginecologia com o professor Wertheim, conhecido mundialmente por criar técnicas usadas até hoje. Ironicamente, Moreno sempre teve dificuldade em partejar bebês, fazendo arranjos especiais com os colegas para deixar com eles essa parte da prática médica. Por causa disso, quase fracassou no exame de ingresso quando se apresentou para revalidar seu diploma em medicina ao se transferir para os Estados Unidos em 1927.[7]

O curso oficial de psiquiatria era limitado. Estudou diagnóstico e patologia básicos com os professores Stransky, Berze e Redlich, fazendo também um seminário de duas horas semanais durante um semestre com o professor Pötzl. Pötzl era, na época, assistente de Wagner von Jauregg, futuro ganhador do prêmio Nobel devido a seu trabalho na cura da sífilis, mas que foi também inimigo de Freud e hostil à psicanálise. Pötzl era mais aberto à nova ciência, tendo assistentes de pesquisa tais como Paul Schilder e Helene Deutsch. Apesar de os registros escolares não o mencionarem, parece que Moreno também trabalhou como assistente de pesquisa para Pötzl. As lembranças de Moreno sobre vários projetos são tão claras que parece não haver quase dúvida sobre isto. Trabalhou especialmente na pesquisa voltada para os sonhos, com Deutsch e Schilder. Isso deu-lhe destreza numa questão que estava no âmago dos escritos psicanalíticos.[8]

Segundo Moreno, sua relação com Pötzl, filho do editor-chefe do jornal *Freie Presse*, foi muito estimulante. Achou-o refinado, caloroso, bem-humorado e sociável. Pötzl era especialista em neuropatologia e galgou os degraus na universidade com muita rapidez. Embora estivesse muito próximo das perspectivas de Wagner von Jauregg, conservou uma mente independente, aberta a novas idéias, e durante algum tempo foi atuante nos círculos psicanalíticos.

A associação com Pötzl deu a Moreno a oportunidade de trabalhar na clínica da universidade na Lazarettgasse e no Hospital Psiquiátrico Steinhof, sua primeira experiência em instituições de doentes mentais. Não gostou nem um pouco do que viu: os pacientes que entravam nas alas do hospital ficavam lá até morrer. Eram objeto de uso e abuso nas pesquisas, injetavam-lhes vírus e álcool. Não havia terapia alguma. Moreno fez suas observações sem comentários. Esse não era seu estilo habitual, mas achou que era a única maneira de sobreviver ao torniquete, naquele tempo poderoso e tirânico, de Wagner von Jauregg. Lembremonos de que, em 1931, Moreno não tinha a menor idéia de que um dia ele próprio haveria de trabalhar no campo da saúde mental. Fundamentalmente, estava trabalhando para vir a ser médico de família.

Foi nesse tempo que Moreno teve um encontro casual com Freud e a psicanálise. Segundo Moreno, isto ocorreu em 1912, embora 1914 pareça ser uma data mais exata, se se considerar sua carreira universitária. Não temos nenhum relato do encontro a não ser por parte do próprio Moreno, já que em nenhum lugar de seus escritos Freud faz referência ao futuro criador do psicodrama. Não penso que se deva duvidar de que tenha havido tal encontro, mas os detalhes dados por Moreno podem abarcar sua própria verdade e experiência psicodramáticas. Devemos lembrar que Moreno era um aluno nada ortodoxo, que tentava firmar-se como um novo profeta e salvador. Além de dedicar-se ao estudo da medicina, passava um tempo na casa de refugiados, e, como veremos, ficaria muito envolvido simultaneamente com crianças e a atividade de escrever. Estava familiarizado com as idéias de Freud e utilizou-as no trabalho com Otto Pötzl, Paul Schilder e Helene Deutsch.

Nessa época Freud já obtivera reconhecimento e aplausos internacionais. Tinha visitado os Estados Unidos com Jung e Ferenczi; *A Interpretação dos Sonhos* estava na quarta edição; a Associação Internacional de Psicanálise era muito ativa, embora infestada de dissenções: Adler tinha saído dela e Jung faria o mesmo em breve. A psicanálise estava se tornando popular entre os intelectuais de Viena, mas seu fundador sentia diariamente as dores associadas com seu crescimento.

Voltemo-nos ao relato de Moreno sobre seu encontro com Freud:

> Enquanto eu trabalhava na clínica psiquiátrica da Universidade de Viena, assisti a uma das conferências do dr. Sigmund Freud. O dr. Freud tinha acabado de fazer a análise de um sonho telepático. Enquanto os estudantes se alinhavam, ele me perguntou qual era a minha atividade. Respondi-lhe: "Bem, Dr. Freud, comecei no ponto em que o senhor desistiu. O senhor atende as pessoas no ambiente artificial de seu consultório. Eu as encontro nas ruas, em suas casas, no seu ambiente natural. O senhor analisa seus sonhos e eu tento estimulá-las a sonhar de novo. Eu ensino às pessoas a representar Deus"... O dr. Freud olhou para mim como se estivesse perplexo e sorriu.
>
> (*The First Psychodramatic Family*, 1964: 16-17)[9]

A evidente arrogância do jovem estudante para com Freud, assinalada por ele, está inteiramente de acordo com a maneira de Moreno acercar-se das pessoas durante toda sua vida. Entretanto, é digno de nota que Moreno, provavelmente, não tenha sido tão notado por Freud quanto se fez notar pela maneira excêntrica de se vestir. É claro que nesse período Moreno estava tentando definir seu próprio terreno revolucionário. Freud estava ocupando uma boa parte de um campo inexplorado e, através de seus discípulos, era um novo Moisés descendo com as novas tábuas da lei. Que Moreno se opusesse a ele não causa surpresa alguma, principalmente porque via em Freud um tradicionalista disfarçado, que usava um vocabulário revolucionário.

É interessante ver os comentários que Moreno faz, em sua autobiografia, a respeito desse encontro. Vê Freud como o rei de um amplo território e a si mesmo como chefe de uma tribo. "Nesse sentido", diz ele, "somos ambos 'pais'". E acrescenta Moreno: "Exceto por minha filiação biológica, nunca fui capaz de ser 'filho' de ninguém. No início de minha vida tentei ter êxito como 'pai' muito cedo". Este comentário nos fala muitíssimo do desejo sempre presente em Moreno de ser o primeiro, mesmo no campo da psiquiatria.

Moreno fez também um comentário muito legítimo, coerente com suas teorias sobre psicoterapia, sobre os temores que Freud nutria em relação à atuação. Moreno achava que as pessoas encarregadas de tratar deviam sentir-se completamente à vontade para viver entre seus pacientes e haveria de providenciar um espaço em que os pacientes iriam atuar seus conflitos. Na verdade, não defendeu a atuação, senão no palco. O palco, nessa época, em especial, era a comunidade, as ruas, os parques. Isto é positivamente um afastamento da clássica atitude de Freud com respeito à atuação. Não surpreende que Freud tenha ficado a um tempo perplexo e tenha se divertido com o jovem estudante, principalmente porque não houve oportunidade para elaboração ou explanação dessas idéias por parte de Moreno.

O encontro com Freud compôs o cenário para sua posterior atitude perante a psicanálise. Provavelmente, sofreu um bocado nessa época, por não ter tido espaço para desenvolver suas próprias idéias e, certamente, teve inveja de Freud, tanto quanto Jacó na Bíblia invejava seu irmão gêmeo nascido primeiro. Sua visão da psicoterapia e a visão de Freud da psicanálise eram de tal maneira diferentes que para ele era difícil discutir a psicanálise do ponto de partida de Freud. Moreno estava mais interessado nos processos conscientes, no aqui e agora, na criatividade da pessoa do que nos processos inconscientes, no passado e nas resistências do "paciente".

Um último ponto a ser notado neste encontro concerne ao conteúdo da conferência de Freud. Sabemos do magistério de Freud na Universidade de Viena, através de sua publicação *Conferências introdutórias sobre a Psicanálise*, de 1916. Sabemos também que o conceito de transferência e os sonhos telepáticos não estavam nessa época entre as preocupações de Freud. Mais tarde, ficou muito interessado nesse assunto, mas permaneceu pouco à vontade com eles. Deve ter feito uma referência de passagem sobre essa matéria, em 1912 ou 1914, mas mesmo isso permanece duvidoso. É interessante notar que o homem que posteriormente desenvolveu as noções de *tele* e *co-inconsciente* lembrasse apenas do tópico dos sonhos telepáticos quando se recordasse o encontro com Freud. Isto poderia falar a favor de um caso de identificação com Freud, por meio de um assunto, o sonho telepático, que evidentemente tinha mais significado para o jovem estudante do que para o mestre.[10]

O breve encontro de Moreno com Freud nunca foi além disso, mas posteriormente Moreno se tornou amigo de Theodor Reick, e através dele tratou sem sucesso de retomar o contato com Freud.[11] "Manteve também uma duradoura relação com Alfred Adler, baseada, em parte, e isso é quase certo, na competição e no desafeto para com Freud."[12]

A posição agressiva de Moreno contra a psicanálise tinha raízes em diferenças epistemológicas. Relacionava-se também com uma experiência imediata, decorrente do encontro com Freud. Moreno nunca foi capaz de confronto direto com Freud, assim como nunca foi capaz de voltar à Romênia para um confronto com o pai. Entretanto, haveria de combater alguns discípulos de Freud com uma energia que dá provas de um problema mais antigo, não resolvido, com outro mestre, outro pai.

Moreno foi muito competente no estudo da medicina. Como cada estudante desta área, tinha que se preparar para três cansativos exames, os "rigorosos". Passou no primeiro em 15 de julho de 1913. Não foi recrutado durante a guerra por causa de sua nacionalidade ambígua. Em conseqüência, estava em condições de apresentar-se à junta de exame para o segundo "rigoroso", a 13 de fevereiro de 1916, e o terceiro, a 27 de janeiro de 1917. Nos três exames recebeu a nota de aprovação e obteve o título de médico a 5 de fevereiro de 1917.

Quando se olha para seus registros escolares, nada se vê de especial, mas durante seus estudos Moreno não se antevia como especialista em medicina: estava se preparando para sua própria "missão". Suas razões para estudar medicina, provavelmente, se assentavam no duplo desejo de cumprir o anelo de seu pai e no seu próprio, de ser alguém que lida com curas.

Voltemos agora a 1909, para olhar de novo para Moreno enquanto jovem aluno engajado em todo o tipo de atividades paralelas durante seus estudos.

Como já sabemos, Moreno começou a reunir um grupo de amigos e discípulos à sua volta em 1908. Juntos criaram a "religião" centrada em criatividade, encontros e anonimato. Ajudavam pobres e refugiados, deixavam crescer a barba e dedicavam um bocado de tempo a discutir questões teológicas e filosóficas. É interessante ver como isso aconteceu, como o jovem Moreno começou a se desfazer de seu comportamento narcisista egocêntrico e, após o embate íntimo do final da adolescência, começou a tomar providências para cumprir a velha profecia da cigana.

> Tornar-me profeta não foi algo repentino. Foi um crescimento lento, gradual e cujos determinantes podiam ser rastreados até minha tenra infância. Isto pode explicar a firmeza e estabilidade da minha conduta e por que nunca resultou em aberrações mentais com proporções grotescas.
>
> Comecei a desempenhar o papel. Não queria apenas tornar-me profeta, mas também parecê-lo. Que aparecesse barba era inevitável para um adolescente próximo dos 18 anos, mas o fato de não querer me barbear era um sinal importante de desvios das normas. Por meio da barba eu deixei claro que ninguém poderia intervir na saudável espontaneidade do corpo. Dever-se-ia permitir à natureza seguir seu curso. Minha barba era ruiva e rala. No correr dos tempos, adquiriu um formato que alguns pintores medievais atribuíam a Cristo. Inconscientemente, devo ter estado à altura

de sua aparência e do efeito que a barba tinha sobre pessoas que viviam numa cultura cristológica. Parecer paternal e sábio, antecipando a velhice, era isso exatamente o que um jovem Deus desejaria...

Meus olhos são azuis. Disseram-me que eram muito grandes e que sorriam com ternura e amor. Olhando para meus olhos, as pessoas sentiriam que eu poderia ler tudo que estivesse em suas mentes. Minha tolerância afetuosa e bondade manifesta pareciam estar profundamente relacionadas...

Eu trajava um manto verde-escuro que caía quase até meus tornozelos. Todos começaram a me identificar com ele, "O Manto do Profeta". Vestia-o no verão e no inverno, talvez com a intenção de tornar-me facilmente identificável, como um ator que traja a mesma roupa em cada apresentação. Às vezes, parecia-me que eu estava criando um tipo, um papel que, uma vez encontrado, não poderia ser mais abandonado.

Eu tinha a idéia fixa de que um único indivíduo não possuía autoridade, de que devia tornar-se a voz de um grupo. Deve ser um grupo, o novo mundo deve sair de um grupo. Portanto, saí por aí, para encontrar amigos, seguidores, gente boa. Minha nova religião era a religião do ser, da própria perfeição. Era a religião da ajuda e da cura, pois ajudar era mais importante do que falar. Era a religião do silêncio. Era a religião do fazer alguma coisa por ela mesma, sem recompensa, sem reconhecimento. Era a religião do anonimato.

Sentia que mesmo que meu modesto esforço permanecesse inteiramente sem efeito, teria sido importante, do ponto de vista da eternidade, que tivesse tentado essas coisas e que elas tivessem tido existência, que tais coisas fossem cultivadas e que tal pureza fosse mantida, sem a preocupação de terem ou não sido pagas. A nova religião exigia uma disposição de resignação, de apenas ser e ter as manifestações imediatas de tal estado. Se o amor e o companheirismo surgissem, seriam desfrutados e conservados no momento, sem calcular possíveis retornos e sem expectativas de qualquer compensação.

(*Autobiography*, 1985, cap. 2: 13-17)

Nessa citação da autobiografia encontramos uma boa indicação da orientação do pensamento de Moreno. Começa agora a abrir-se aos outros de uma forma à qual incorporou tanto a idéia de anonimato quanto de responsabilidade coletiva. Teremos mais adiante a oportunidade de ver como essas duas idéias se desenvolveram durante a vida de Moreno. Entretanto, buscar tornar-se profeta não foi nem tão fácil nem tão puro em sua motivação quanto Moreno quer fazer crer. Ele era ainda impelido a estar sob os holofotes, a ser o primeiro e o melhor. Dizia que desejava ser anônimo, mas sempre procurava maneiras de alcançar aquilo que elevasse sua posição. Essa inconsistência sintomática de conflito interno era evidente para observadores, e acabamos por nos perguntar se, de fato, não estava fazendo um jogo.

Durante toda a vida teve dificuldade para convencer algumas pessoas de sua sinceridade. Sua ambivalência íntima entre ser uma estrela ou permanecer anônimo fez com que cada um de seus movimentos acabasse sendo um paradoxo. Seus companheiros mais próximos, porém, tinham fé nele e entraram no seu mundo. O grupo tornou-se ativo em Viena e, como no caso de Andras Petö,[13] sua reputação se espalhou além de seu círculo imediato.

Enquanto isso, Moreno e seus amigos continuavam ainda debatendo a identidade do Messias, a volta de Cristo. Perguntavam-se se ele não seria o próprio Moreno:

> Os adolescentes estão mais próximos de Cristo do que os homens maduros ou mais velhos. Cristo é um símbolo de juventude. Ele veio para as crianças e para os jovens. Nós (o grupo dos cinco) olhávamos com curiosidade e desconfiança para cada homem que passava. Daí então olhávamos para nossos próprios reflexos, para nossas sombras. Quem poderia falar? Poderia ser um de nós. Uma vez, quando estávamos especulando sobre a vinda de Cristo, Kellmer e Feda olharam de repente para mim com uma expressão de espanto e reverência. Esperavam que a coisa viesse de mim. Empurraram-me para diante, para o grande feito, a transformação.
> (*Autobiography*, 1985, cap. 2: 19)

Nesse período, Moreno foi absorvido pelo misticismo, mas, ao mesmo tempo, ficou interessado pelo mundo das crianças. Havia duas razões para isso: uma, mais mística, estava relacionada com o interesse de Cristo pelas crianças e com a crença de Moreno de que a revolução precisava se iniciar com a juventude; a outra era mais prática: sua mãe tinha dívidas com uma família chamada Bergner. Para pagar-lhe, pediram que Moreno fosse professor particular das três crianças da família. Eis o relato de Moreno sobre a estória:

> Um dia, uma mãe perturbada veio me ver. Profundamente preocupada com uma filha que era uma mentirosa patológica e baderneira. Despejou sua história e rogou-me que trabalhasse com sua filha, Liesel. A menina estava a ponto de ser expulsa da escola, na qual estava sempre causando distúrbios. Tinha contado ao pai mentiras fantásticas a respeito da mãe, causando com isso cenas terríveis no lar. O pai, o sr. Bergner, era alfaiate e a família era pobre. O boato da minha santidade e da minha aparência de profeta tinha se espalhado pela vizinhança. E embora eu fosse muito jovem, as pessoas aflitas se voltavam para mim.
>
> Liesel fez progressos sob a minha orientação. Descobri que tinha um incrível talento dramático e incentivei sua mãe a lhe propiciar o aprendizado de teatro, o que foi feito. Liesel se tornou Elisabeth Bergner, uma das mais famosas atrizes do teatro alemão do século XX.
> (*Autobiography*, 1985, cap. 2: 15)

Temos muitos relatos desta estória. Temos também o relato da própria Elisabeth Bergner, que corrobora a versão de Moreno.[14] É, contudo, importante notar que Moreno suscitou sentimentos diversos entre as crianças: embora Liesel respondesse bem à maneira de Moreno ensinar, seu irmão e sua irmã não conseguiram nada com ele. Haveria de existir muitos outros casos de crianças ou que foram hipnotizadas ou desviadas por Moreno. Vejamos como trabalhou com Elisabeth por volta dos 10 anos. Isso nos dará alguma compreensão de sua filosofia e trabalho futuros:

> Jacob Moreno, estudante de medicina na Universidade de Viena, tinha aproximadamente 20 e no máximo 23 anos. Para mim mais parecia que tivesse 100, pois usava barba. Naquele tempo só homens muito velhos usavam barba. Meu pai tinha bigode. Moreno tinha uma barba de Nazareno, como pude reconhecer mais tarde. Ele era alto e esbelto, tinha olhos azuis dominadoramente belos, que estavam sempre sorrindo; seus cabelos eram pretos, seu sorriso, um fascínio. Havia nele uma mistura de desdém e bondade. Eu estava ao mesmo tempo amando e me divertindo. Era indescritível...
>
> Dessa maneira, com Moreno, uma nova era começou. A facilidade e rapidez com que foi cumprida a escolaridade logo já não eram a coisa mais importante. Ele me dava poemas para aprender. E não apenas "O sino" e "O refém", e todas essas coisas que se lêem na escola, mas também os poemas "desconhecidos", mais violentos, mais bonitos: "A lua surgiu, as pequeninas estrelas de ouro resplandecem"; "Cavalga, cavalga o dia todo, a noite toda, o dia todo"; "Certamente muitos hão de morrer no lugar em que fazem sulcos os pesados lemes dos navios"; "Tantas coisas se acham tão longe que podemos olhá-las sorrindo e confiantes: nossos olhos sequer as vêem". Ah! isso era um novo mundo!
>
> Quando Moreno ia conosco a Prater, não íamos ao "Wurschtel", mas bem mais ao fundo, bem longe, na alameda principal onde há lindas e grandes campinas.
>
> "Mas você não precisa de uma cordinha para pular. Vamos dá-la a uma criança pobre que nunca teve uma."
>
> "Mas você não precisa de uma bola para jogar! Venha, eu jogo o sol para você, apanhe-o!"; "Ai, eu me queimei"; "Venha, venha, eu vou fazer um curativo para refrescar a queimadura do sol."
>
> (Bergner, 1978: 11-17)

Os resultados da instrução de Liesel foram admiráveis. Ela começou a gostar da escola, dar atenção às outras crianças, abrir espaço à sua imaginação. Estava no primeiro grupo de atores e atrizes do teatro infantil de Moreno. Foi também por recomendação de Moreno que entrou na escola de teatro, pelo que lhe foi sempre muito agradecida. Uma interessante nota de rodapé na história de Elisabeth Bergner é o fato de que ela haveria de conhecer Freud também de forma muito íntima, especialmente através de seu futuro marido, Paul Czinner. Comparando Moreno a Freud, elogia o primeiro por lhe dar oportunidade de desenvolver a criatividade e o segundo, por deixar sua cabeça em ordem. Era também relacionada com Alfred Adler, que foi por algum tempo seu terapeuta, mas não gostava nem um pouco dele.[15]

Como professor, Moreno era muito aberto e tolerante. Apelava para criatividade, imaginação e espontaneidade do aluno. O processo de aprendizagem tinha que ser para ele uma experiência global e altamente motivadora.

*Figura 5.* Elisabeth Bergner como "Senhorita Júlia", na peça de Strindberg do mesmo nome (René F. Marineau, coleção particular. Reprodução de fotografia de Claude Demers).

Teve êxito com certos tipos de estudantes, mas tinha dificuldades com outros: isto seria mais tarde transposto para sua vida profissional. Para trabalhar com ele as pessoas teriam que ou utilizar ou reaver sua espontaneidade, ou, como diríamos atualmente, estar em contato com a criança dentro delas. O episódio com Elisabeth Bergner se repetiu com muitos outros estudantes e é uma boa introdução para se conhecer a obra de Moreno com as crianças.

Ele sempre gostou de passar o tempo no Augarten, um grande parque público onde brincava quando sua família se mudou para Viena. Por volta de 1908, Moreno começou a se encontrar aí com crianças, contando-lhes estórias e brincando com elas de um modo que nos fornece uma idéia das bases do que seria sua filosofia mais tarde:

> Um dia eu estava passeando pelo Augarten, perto do palácio do Arquiduque, onde vi um grupo de crianças a vadiar. Parei e comecei a lhes contar uma estória. Para minha surpresa, outras crianças interromperam seus brinquedos e vieram juntar-se a nós, bem como babás com seus carrinhos, pais e mães e também policiais a cavalo.
>
> Daí em diante, meu passatempo favorito era sentar-me ao pé de uma grande árvore nos jardins de Viena e deixar que as crianças viessem ouvir contos de fada. A parte mais importante da estória é que eu estava sentado ao pé de uma árvore como um ser saído de um conto de fadas e que as crianças tivessem sido arrastadas a mim por uma flauta mágica, e sido removidas corporalmente de seu ambiente insípido para o mundo das fadas. Não era tanto o que lhes contava, o conto propriamente dito, era o ato, a atmosfera de mistério, de paradoxo, o irreal virando real. Eu ficava no centro, constantemente saía do pé da árvore e me sentava mais alto, num galho. As crianças formavam um círculo, um segundo círculo atrás do primeiro, um terceiro atrás do segundo, muitos círculos concêntricos. O céu era o limite.
>
> *(Who Shall Survive?** 1953: XVIII)

Fica muito claro do excerto de *Quem sobreviverá?* de que maneira Moreno apelava para a imaginação das crianças. É também interessante perceber a referência à situação de "céu-aparente" ou "palco", o que nos leva de volta ao palco psicodramático. Note-se como Moreno ocupa o lugar central como contador de estórias, um lugar próprio de Deus. Reconhece isso quando conclui: "A única maneira de livrar-se da 'síndrome de Deus' é atuar como tal".[16]

Moreno não só contava estórias. Brincava com as crianças utilizando jogos que não só faziam apelo à sua espontaneidade, mas também desafiavam valores herdados dos pais e professores. Levava-as a inventar contos ou encontrar novos nomes para elas próprias, e até mesmo ou-

---

*Esta obra é mais conhecida do leitor brasileiro através da edição argentina, como *Fundamentos de la sociometria* (Paidós). (N. T.)

tros pais. Em poucas semanas, a pessoa de Moreno foi cercada pelas crianças.

Começaram a se espalhar estórias sobre sua origem, sua residência: ele era um rei, vivia numa árvore, não precisava comer como as pessoas comuns. O estudante de medicina tinha êxito em capturar a imaginação das crianças. Às vezes, seus amigos iam ao seu encontro. Um dia, por exemplo, quando sugeria às crianças que deveriam dar uma volta no parque para encontrar "novos pais", seu amigo Chaim Kellmer tomou parte na busca e escolheu Moreno como novo pai. Esses jogos eram revolucionários e com eles Moreno desafiava tanto pais como professores. Numa ocasião, as crianças de uma certa escola se recusaram a assistir a um filme. O professor ficou surpreso e não pôde entender por quê. Em vez disso, as crianças pediam para sair para o exterior, para a natureza "real": a influência de Moreno estava atrás do fato. As crianças não sabiam o nome de seu mentor, mas fizeram com que o professor soubesse que jogar no parque era muito mais educativo do que ir ver um filme sobre os Alpes suiços. A administração da escola e a polícia começaram a procurar o homem que exercia tão poderosa influência. Começou a circular um boato de que devia ser até um pederasta. Nesse ponto, Moreno entendeu que era melhor deixar o mundo das crianças, não por causa delas, mas porque os adultos se mostravam muito inseguros em relação ao que estava ensinando.[17]

Nesse ínterim, Moreno tinha também criado um teatro para crianças. Tinha um grupo regular de atores, que incluía Elisabeth Bergner. Inventavam e improvisavam peças como *Assim falou Zaratustra* e apresentavam até mesmo clássicos como *O doente imaginário*, de Molière. As apresentações tiveram lugar ou no parque ou numa pequena sala transformada temporariamente em teatro.[18]

Tanto a experiência de fazer jogos com as crianças como a do grupo de teatro tiveram um fim abrupto, este por causa da guerra, aquele por causa das atitudes dos pais e professores. Sobre o assunto, Moreno conclui:

> Atrás do disfarce de contar estórias de fadas às crianças eu estava tentando plantar as sementes de uma pequena revolução criadora...
>
> Aos poucos, foi ficando claro para mim que deveria deixar o reino das crianças e passar-me para o mundo, o vasto mundo, mas, é claro, sempre conservando a visão que o trabalho com as crianças tinha me dado. Entretanto, sempre que eu estava numa nova dimensão da vida, as formas que eu tinha visto com os meus olhos naquele mundo virginal permaneciam diante de mim. As crianças eram meus modelos, tentasse eu prever uma nova ordem das coisas ou criar uma nova forma. Quando entrava numa família, numa escola, numa igreja, num edifício do Parlamento ou em qualquer outra instituição social eu me rebelava. Sabia quão distorcidas nossas instituições tinham se tornado, mas tinha um modelo pronto para substituir os velhos: o modelo da espontaneidade e da criatividade, aprendido com a proximidade que tive com as crianças.
>
> (*Autobiography*, 1985, cap. 2: 34)[19]

Um outro passatempo favorito durante seus estudos de medicina era ir aos julgamentos e assistir aos depoimentos das testemunhas nos tribunais. Voltava então para casa e, com os amigos ou a família, reconstituía os acontecimentos e o julgamento. Desempenhava os diversos papéis, inclusive o de juiz e júri, e com base nisso previa o desenlace do julgamento, dando as razões pelas quais o advogado perderia, quanto a testemunha era convincente, e assim por diante. As pessoas esperavam pelos resultados do julgamento e se divertiam com a alta porcentagem de acerto das predições que Moreno tinha feito.[20] Aqui tem-se um primeiro lampejo de duas das futuras técnicas do psicodrama duplo e inversão de papéis. Podemos ver já por aí, além da intuição de Moreno, uma tremenda habilidade diagnóstica e capacidade para observação e identificação.

Mais ou menos nessa época, houve um acontecimento que levou Moreno a apreciar uma outra dimensão da obra de um terapeuta:

> Numa tarde, depois do almoço, eu andava pela Paterstrasse, quando encontrei uma linda garota que sorria para mim. Usava uma saia vermelha muito chamativa e uma blusa com fitas vermelhas para combinar. Eu mal tinha começado a conversar com ela, quando chegou um policial que se interpôs entre nós e levou-a embora. Segui-os e os vi entrar no posto policial. Depois de alguns instantes, ela saiu e eu lhe perguntei o que tinha havido. "Bem", disse ela, "disseram-me que não nos é permitido usar roupas chamativas como estas durante o dia, a fim de atrair fregueses. Só após o crepúsculo é permitido fazê-lo.
>
> Viena tinha nessa época um bairro de luz vermelha, um gueto de prostitutas, no primeiro distrito situado no famoso Am Spittelberg. Ali havia toda uma classe de pessoas segregadas do resto da sociedade, não por seu aspecto religioso ou étnico, mas por causa de seu tipo de ocupação. Não eram aceitas nem pelos burgueses, nem pelos marxistas, e nem mesmo pelos criminosos. Os criminosos, depois de terem cumprido a sentença de prisão, podiam de novo agir livremente: mas essas mulheres estavam para sempre perdidas, não tinham direitos, não havia leis estabelecidas para proteger seus interesses. Em 1913, comecei a visitar as casas delas acompanhado por um médico, o dr. Wilhelm Gruen, especialista em doenças venéreas, e Carl Colbert, editor do jornal vienense *Der Morgen*. Essas visitas não eram motivadas pelo desejo de "reformar" as garotas, nem de "analisá-las". Suspeitavam logo disso, porque as associações católicas de caridade em Viena tinham freqüentes vezes tentado intervir em suas vidas. Também não estava eu procurando encontrar entre elas o que se poderia chamar de "prostituta carismática". Tinha em mente o que La Salle e Marx tinham feito pela classe trabalhadora (pondo de lado o aspecto revolucionário do movimento operário), que era fazer com que os trabalhadores se tornassem respeitados, dar dignidade ao homem que trabalha, organizá-los em sindicatos operários para melhorar a condição de toda a classe. À parte as realizações econômicas previstas acompanharam-se as realizações éticas. Eu tinha em mente que algo semelhante podia ser feito pela prostituta. Imaginava que, no caso, começar com o aspecto terapêutico era de longe mui-

to mais importante do que com o econômico, porque as prostitutas tinham sido estigmatizadas como pecadoras desprezíveis e gente indigna durante tanto tempo, em nossa civilização, que acabaram por aceitar isso como um fato inelutável. Era mais fácil ajudar a classe trabalhadora. Embora a atividade manual tenha sido e ainda seja considerada por algumas pessoas como sinal de vulgaridade, é ainda comparativamente mais fácil dar-lhe, com a ajuda de uma propaganda hábil, a chancela de trabalho e de dignidade.

Nós, contudo, éramos otimistas e reuníamos grupos de oito a dez garotas, duas a três vezes por semana, em suas casas. Era após o almoço, quando os vienenses têm o que se chama *jauze*. É correspondente ao chá das cinco dos ingleses. Serviam café e bolo em torno de uma mesa. A princípio, as conversas tratavam apenas de incidentes diários com que as garotas se deparavam: terem sido apanhadas por um policial porque estavam usando roupas provocativas demais; serem postas na cadeia por falsas acusações de um cliente; terem contraído uma doença venérea sem encontrar um hospital que as aceitasse; terem engravidado e dado à luz um bebê, mas terem que escondê-lo do mundo sob um nome diferente e disfarçar sua identidade como mãe da criança. No início, se entusiasmaram muito lentamente, com medo de perseguição. Mas quando perceberam quais eram os propósitos das reuniões e alguns benefícios decorrentes delas, começaram a se abrir mais. Primeiro notaram resultados superficiais; por exemplo, conseguimos um advogado para representá-las no tribunal, um médico para tratar delas e um hospital que as admitisse. Mas, paulatinamente, reconheceram o valor mais profundo das reuniões, visto que podiam ajudar-se mutuamente. As garotas se dispuseram a pagar uma pequena quantia por semana, para despesas com essas reuniões, bem como para fazer uma poupança para emergências como doenças, desemprego ou velhice. Vista de fora, parecia um "sindicato" de prostitutas. Começamos a ver então que "um indivíduo poderia vir a ser um agente terapêutico para o outro" e as potencialidades de uma psicoterapia de grupo em nível de realidade cristalizavam-se em nossa mente.

Quatro aspectos da psicoterapia de grupo já então me impressionaram, os quais se tornaram mais tarde pedras angulares de todas as formas de psicoterapia de grupo: 1) a autonomia do grupo; 2) a existência de uma estrutura grupal e a necessidade de saber mais a respeito dela; o diagnóstico grupal é preliminar à psicoterapia de grupo; 3) o problema da coletividade; a prostituição representa uma ordem coletiva com padrões de comportamento, papéis e hábitos que dão colorido à situação, independente dos participantes particulares e do grupo local; 4) o problema do anonimato: quando o cliente é tratado num quadro de terapia individual, fica só com seu médico e seu ego é o único a estar em foco, ele tem um nome, sua psique é uma propriedade privada altamente valorizada. Mas na psicoterapia de grupo há uma tendência ao anonimato dos membros, os limites entre os egos se enfraquecem, o grupo como um todo torna-se a coisa importante.

(*Who Shall Survive?*, 1953, XXVIII-XXX)[21]

Esta foi mais uma experiência formativa para o futuro fundador da psicoterapia de grupo. Ela ensinou a Moreno muitas lições, ainda que pareça que seu papel tenha sido de menor importância nessas reuniões. Em termos de seu desenvolvimento pessoal, deve ter contribuído para afastá-lo de sua posição autocentrada, egoísta. Pela primeira vez deixou outras pessoas assumirem o comando e ocuparem a melhor posição no palco. Não é por acaso que coincidiu, como veremos, com a publicação de *Convite a um encontro* (1914-15). Encontramos aqui um Moreno mais humilde. Era, contudo, o mesmo homem que na época mantinha um confronto com Freud.

Outro episódio deve ser apresentado agora. Gira em torno do trabalho médico que Moreno realizou durante o período 1915-18. Moreno não podia servir às forças armadas em razão da indefinição de sua nacionalidade. Do pai tinha herdado a dupla nacionalidade de romeno e turco, e parece que a família, que chegou à Áustria na condição de refugiada, jamais obteve a cidadania austríaca. Por essa razão, Moreno não foi convocado para a guerra.

Entretanto, por volta de 1915, primeiro como estudante de medicina adiantado em fim de curso e depois como jovem médico, trabalhou num campo de refugiados. Na verdade, trabalhou em dois campos, um na Áustria e outro na Hungria. Seu trabalho no campo austríaco de Mittendorf é de especial interesse e pode ser visto como um prelúdio ao desenvolvimento da sociometria.

Mittendorf era um campo para refugiados que tiveram que abandonar o Tirol do Sul por causa da invasão de seu território pelos italianos. Milhares de pessoas deixaram suas casas e precisavam ser temporariamente reinstaladas. Eram aquarteladas em barracas, cada uma acomodando até uma centena de pessoas; quando chegava mais gente, era indicada para ocupar a barraca vazia seguinte. Havia muitos problemas nos campos, principalmente porque nenhum esforço era feito para levar em consideração, entre os refugiados, afinidades de religião, estilo de vida, posição social e assim por diante.

Moreno foi designado para o hospital infantil no campo, e pôde aí observar as condições de vida das pessoas nas barracas. Também fez amizade com um psicólogo clínico italiano, Ferruccio Bannizone, que foi administrador do campo desde sua abertura em 1914. Moreno fez observações concernentes a cada barraca individualmente, às interações entre as barracas, às fábricas locais criadas dentro do campo, aos processos de associação das pessoas em grupos religiosos e políticos. Iniciou também muitas discussões, boa parte delas com Bannizone. Depois de um certo tempo, Moreno percebeu a importância de levar em consideração as preferências e afinidades das pessoas, se deveriam ser mais felizes em situações cuja dificuldade lhes fosse inerente. Começou a dar sugestões às autoridades do campo e até escreveu uma carta ao ministro do interior. Conserva-se um rascunho desta carta, podendo-se apreciar nela a primeira iniciativa para a criação formal da ciência da sociometria. O rascunho dessa carta foi escrito a 6 de fevereiro de 1916. Começa assim:

> Ao ministro do interior austro-húngaro:
> Os sentimentos positivos e negativos que emergem de cada casa, entre as diversas casas, de cada fábrica e dos grupos nacionais e políticos dentro da comunidade podem ser explorados através da análise sociométrica.
> Recomenda-se com isto uma nova ordem, mediante o uso de métodos sociométricos...
>
> (*Who Shall Survive?*, 1953, capa)[22]

Ninguém foi capaz de dizer até agora se esta carta foi de fato enviada ao ministro. Entretanto, esse aspecto é secundário. Mais interessante é que a experiência de Mittendorf foi o fundamento para o trabalho de Moreno, que haveria de começar no princípio de 1930, nos Estados Unidos. Moreno estava apresentando pela primeira vez sua capacidade de observar grandes grupos e de sugerir remédios para problemas sociais num nível micro. Foi nisto ajudado pelo psicólogo Bennizone, cuja contribuição não deve ser ignorada.

Para o jovem médico, este confronto precoce com a miséria e o sofrimento diários foi um bom aquecimento para sua obra futura, não só como médico de família, mas também como sociodramatista.

Sua tarefa seguinte num campo em Znolnok, na Hungria, parece ter-lhe dado oportunidade de praticar diariamente a medicina. O campo recebia refugiados da Transilvânia, território pertencente ao império Austro-Húngaro, e então sitiado pela Romênia e do qual viria a fazer parte. Moreno era assistente de um "cirurgião do cérebro", o dr. Wragasy, e tinha também a responsabilidade de cerca de trinta soldados convalescentes. Trabalhou nesse campo até o fim da guerra.

## Notas sobre as publicações de Moreno

Moreno valorizou mais a experiência do que os livros; a ação, mais do que as palavras, e tinha uma antipatia pelo que designou *conserva cultural*. Que ele tenha escrito é, de qualquer modo, apenas uma outra de suas contradições. Antes de fazer uma conferência, meditava e se aquecia para chegar a um estado de espontaneidade, esperando encontrar algo novo para dizer, algo que nunca tivesse falado antes para um público. Mas não era espontâneo nos seus escritos. Repetia-se com freqüência e usava parte de uma publicação em outra, posterior. Por este motivo, esta não é uma das formas para se estar melhor familiarizado com ele.

Foi um pensador prolífico, impelido a usar palavras para transmitir suas idéias, mas sempre preferindo escrever sobre uma experiência após tê-la realmente posto em prática.

No período de 1908 a 1917, Moreno escreveu alguns ensaios e brochuras. Todos acerca de filosofia e veiculando experiências "efetivas". Por exemplo, sobre sua experiência com crianças, após ter tentado todos os tipos de jogos com elas, publicou "A divindade como comediante", após ter-se defrontado com um ator (ver adiante).

Durante o período que estamos focalizando, foi publicada uma série de três brochuras, sob o título *Convite a um encontro*, assinadas por Jacob Levy. Outros ensaios, como "Homo Juvenis", "O reino das crianças" e "A Divindade como comediante", aparentemente, foram publicadas pela primeira vez sem o nome do autor, entre 1908 e 1911, mas nunca foram encontrados: tornaram a aparecer como partes de outras publicações, em data posterior.

As primeiras publicações de Moreno são simples, quase contos ingênuos, mas neles pode-se já antever os temas dominantes futuros. Se tomamos, por exemplo, o texto "A divindade como comediante ou ator", percebemos nele as origens do que Moreno chamaria de *axiodrama*. Neste livro, um ator defrontado consigo mesmo tem que desistir do papel que está desempenhando. Pois, além do choque imediato sentido pelo ator, está o conceito total de teatro que Moreno está questionando, no caso. O axiodrama é, na verdade, um estágio preliminar no desenvolvimento do sociodrama e do psicodrama.[23] Através da crítica dos valores geralmente aceitos pela sociedade, que leva à abolição das *conservas culturais* nos campos da religião, da política e das artes, a meta é voltar a um estágio mais espontâneo de expressão. Finalmente Moreno escreveu uma trilogia axiodramática, acrescentando-lhe "A divindade como orador ou pregador" e "A divindade como autor".

Em 1911, Moreno estava num período muito ativo de sua vida. Dava duro nos estudos de medicina, muitíssimo envolvido — ele e seus amigos — com o grupo Religião do Encontro e despendendo bom tempo com as crianças nos parques de Viena. Seu contato direto, seu confronto com a vida, levou-o a maior atividade e, em troca, maior desenvolvimento de seu pensamento. Certo dia, entrou num teatro com um amigo: a peça que estavam levando era *Assim falou Zaratustra*, baseada no livro de mesmo nome, de Nietzsche.

Moreno e seu amigo fizeram parar o ator que estava para interpretar Zaratustra e objetaram que ninguém, senão o próprio Zaratustra, poderia fazer o papel. O diretor da peça e o autor apressaram-se em vir em defesa do ator. Por fim, Moreno anunciou que ele estava presenciando o fim do teatro tradicional e que o tempo estava pronto para o nascimento do único teatro verdadeiro, no qual cada ator haveria de representar a si próprio, não um papel. A polícia foi chamada, Moreno e o amigo foram levados diante de um juiz, tendo que prometer que não mais iriam interferir nas peças de outras pessoas. Esta é uma das versões da estória. Outra versão é menos dramática, conta que este incidente ocorreu numa peça encenada pelo próprio Moreno, para crianças, no Augarten, mas o enredo básico é o mesmo. Foi esta estória que formou a base do artigo "A divindade como comediante", publicado inicialmente talvez em 1911, mas com toda segurança em 1919, no jornal *Daimon*. O artigo é interessante, tanto na apresentação quanto no conteúdo, e nos fornece algo do pensamento básico de Moreno. Este queria acabar com os papéis artificiais que as pessoas desempenham. Confrontava-as com elas mesmas, insistindo em que abandonassem suas máscaras e apresentassem seu verdadeiro "eu". Fez isso com o ator da peça como uma metáfora de um problema social mais amplo a ser resolvido.

Demorou mais para fazer a mesma abordagem com outros representantes da hierarquia social e religiosa.[24] O axiodrama nascera como idéia e passou pela experiência. Seria instrumento favorito do movimento expressionista, no sentido de que velhos meios deviam ser abandonados para criar uma nova sociedade, um novo mundo.

Há dois comentários a serem feitos aqui. Moreno era estudioso e admirador de Sócrates, e nesses artigos usa o método socrático de discussão. Até nos lembra da história de Sócrates ao dirigir-se ao teatro pa-

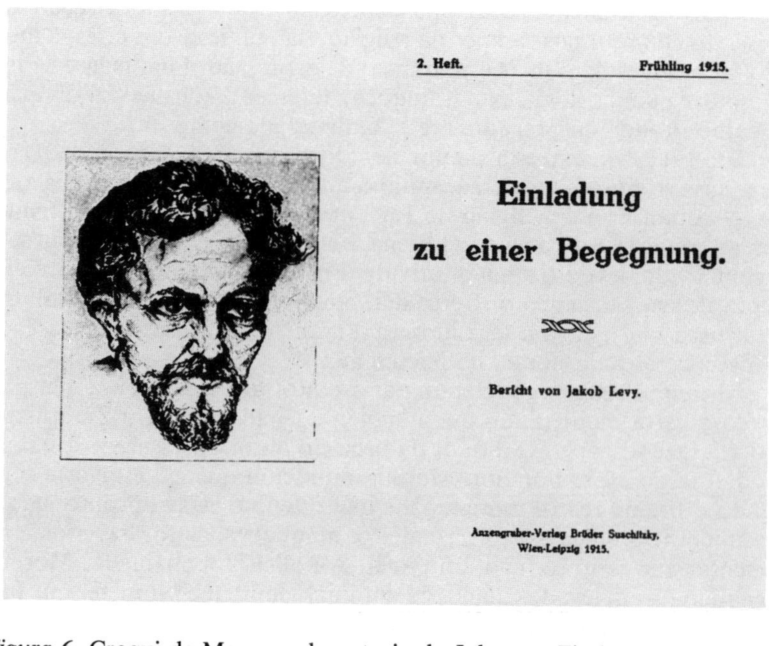


*Figura 6.* Croqui de Moreno, da autoria de Johannes Fischer, no cabeço da página da edição de 1915 de *Convite a um Encontro*, 2ª parte (fotografia de Claude Demers).

ra confrontar a pessoa que estava fazendo o seu papel. Lemos no artigo "A divindade como comediante" um exemplo soberbo de como o jovem Moreno adaptou o método socrático de ensinar e de como já era capaz de usar um pouco a *inversão de papéis*, colocando-se, ele mesmo, no papel do "eu" de Zaratustra.[25]

Deveríamos talvez comparar a maneira de Moreno tratar o ator que desempenhava o papel de alguém, com o tratamento dado a Freud: em ambos os casos houve a mesma atitude crítica, o mesmo confronto. Moreno haveria de criticar Freud por sua incapacidade de deixar seu verdadeiro "eu" em aberto.[26]

Chegamos agora a uma outra publicação: *Convite a um Encontro*, publicada em três partes, de 1914 a 1915.

Essas três pequenas brochuras representam a totalidade da filosofia de Moreno até 1915. Publicou a primeira na primavera de 1914, a segunda na primavera de 1915 e a terceira no outono do mesmo ano. Contêm certo número de ensaios e poemas, incluindo "O reino das crianças" e "Homo Juvenis", um texto filosófico que apresenta um ciclo que vai do nascimento à velhice. Encontramos também um texto sobre "Silêncio" e "A filosofia do silêncio". É na segunda brochura que encontramos o poema que haveria de tornar-se o *motto* de Moreno, e também haveria de originar sua controvérsia com Martin Buber:

Mais importante do que a ciência, é o que ela produz,
Uma resposta provoca uma centena de perguntas.

Mais importante do que a poesia, é o que ela produz,
Um poema invoca uma centena de atos heróicos.

Mais importante do que o reconhecimento, é o que ele produz,
produz dor e culpa.

Mais importante do que a procriação é a criança.
Mais importante do que a evolução da criação,
é a evolução do criador.

Em lugar dos passos imperiais, o imperador.
Em lugar dos passos criativos, o criador.
Um encontro de dois: olhos nos olhos, face a face,
e quando você estiver perto arrancarei seus olhos
e os colocarei no lugar dos meus;
arrancarei meus olhos
e os colocarei no lugar dos seus;
então verei você com seus olhos
e você me verá com meus olhos.

Então até a coisa mais comum servirá ao silêncio e
nosso encontro permanecerá meta sem cadeias.
Um lugar indeterminado, num tempo indeterminado.
Uma palavra indeterminada para um homem indeterminado.

(*Invitation to an Encounter*, Parte 2, 1915: 2)

Este poema é uma boa ilustração de três idéias importantes para Moreno. A primeira é que a pessoa é mais importante do que aquilo que produz. Moreno repetirá constantemente que o criador é mais importante do que sua criação. Com essa perspectiva, irá discordar de Henri Bergson, que tinha publicado *L'Evolution Créatrice* (*A evolução criadora*), em 1906.[27]

A segunda idéia se relaciona com uma vívida representação do que será a mais importante técnica terapêutica de Moreno: a inversão de papéis. Em parte alguma, parece-me, ela foi mais bem expressa do que aqui: trocar de olhos, de tal maneira que se possa ver o mundo do ponto de vista do outro. É claro, podemos objetar que este processo é ainda por demais racional e faz apelo a apenas um dos sentidos, a vista. Seria muito mais forte dizer: "Cortarei fora suas orelhas, seu nariz, sua pele, seus intestinos..." e assim por diante. Mas temos que nos ater aqui ao sentido do processo. Para entrar no mundo de alguém, temos que trocar de lugar num sentido bem físico.

A terceira idéia é de "reunião", de "encontro". Moreno sustentou que Martin Buber, que escreveu um artigo na revista *Der Neue Daimon* em 1919, foi influenciado pelo seu conceito de *Begegnung* (encontro), de 1914. Seria bastante interessante estabelecer a natureza precisa da relação entre estes dois autores e esclarecer a extensão de sua influência mútua. Parece não haver base histórica para colocar demasiada ênfase nas influências diretas. O pensamento de Buber se desenvolveu paulatinamente, mas pode ser rastreado até sua infância. Sua contribuição ao jornal *Daimon* foi mínima, mas Moreno e Buber tiveram de fato amigos comuns e parentesco nas pessoas de Max Brod e Franz Werfel.

Os dois homens tiveram também várias outras coisas em comum. Ambos leram Sócrates, Dante, Kierkegaard e Nietzsche. Ambos reconheceram a primazia do "encontro" original: Moreno diz que no princípio era a ação e o grupo, enquanto Buber diz que no princípio era a relação. Ambos salientavam a necessidade de alterar a forma adquirida pela cultura para chegar a um caos mais frutífero. Ambos também sublinham a importância de "experimentar" a realidade como recurso para a mudança, mais do que apenas falar sobre ela. Ambos eram pessoas extremamente emotivas e davam importância primordial ao corpo: Buber, sofrendo ainda com a perda de seu amigo e companheiro Landauer, quarenta e cinco anos após seu assassinato, contou a Carl Rogers: "Agora, uma vez mais fui impelido a imaginar esta morte, não só com a vista, mas com meu corpo". Moreno, igualmente sensível à experiência corporal, elaborou o conceito de *tele*.[28]

Neste ponto concluímos nossa discussão sobre os nove anos de Moreno como estudante, período vital para a formação do futuro sociometrista e psicoterapeuta.

## Capítulo 4

# MARIANNE, BAD VÖSLAU E AS PRIMEIRAS PROMESSAS

O fim da guerra deixou Moreno deprimido e sem coragem. Enfim, se tornara médico do tipo tradicional: tinha cortado a barba, estava ganhando bem nos campos de refugiados e praticando sua profissão. Ao mesmo tempo, à medida que a guerra chegava ao fim, como a maioria de seus compatriotas, ia ficando desorientado: a Áustria fora desmantelada, o futuro do país era incerto e todos tratavam de tirar vantagem de qualquer situação política. Do ponto de vista pessoal, havia a partida de Kellmer e, com ele, do idealismo de 1909. Os outros membros da Religião do Encontro tinham se espalhado. O ano de 1918 deu a Moreno a oportunidade de vislumbrar seu próprio futuro. Essa depressão não durou muito — o homem de ação logo se recompôs. Mas, antes de falar disso, voltemos à Viena em que Moreno cresceu.

## Vienna 1880 — 1925

A Viena que Moreno conheceu era um mosaico de contradições. Ele nasceu no longo reinado do imperador Francisco José I (1848-1916), que durou mais tempo do que o de qualquer outro monarca europeu. Através dos anos, Francisco José tornou-se símbolo de longevidade, mas também de imobilidade. Sua vida foi uma sucessão de tragédias, embora o senso de dever para com o povo escondesse isso: sua mulher foi assassinada, seu filho suicidou-se e, finalmente, o assassinato de seu sobrinho em Sarajevo deu pretexto à Primeira Guerra Mundial.

Francisco José era tradicionalista, mas, por ser politicamente oportunista, não era inteiramente avesso ao progresso. Em muitos sentidos era um monarca "Maria vai com as outras", correspondendo a qualquer facção política que estivesse de plantão num dado momento. Desta maneira, era capaz de manter-se no poder, adorado pelo povo mas atacado pelos políticos. Sempre encontrou espaço para os compromissos e acomodações superficiais. Esta habilidade para governar em tempos difíceis era elogiada por muitos, mas observadores mais sensíveis do cenário político, como Robert Musil e Stefan Zweig, previram que a desintegração do Império não estaria longe.

As contradições na personalidade do imperador refletiam-se em todos os níveis, políticos e culturais. Por exemplo: ao mesmo tempo que mudanças políticas permitiam maior liberdade aos cidadãos judeus, uma nova classe social começou a praticar o anti-semitismo. Facções de todos os matizes forçaram confrontos entre posições políticas e crenças religiosas. Mas os líderes políticos do tempo, e o próprio Francisco José, não tinham vontade para enfrentar esta realidade perturbadora. Enquanto o tecido social do país estava lentamente se desmanchando, era ainda possível ao pintor vienense Makart organizar reconstruções históricas e desfiles sem fim de carros alegóricos. Mesmo quando os ressentimentos políticos fizeram chegar os conflitos de comunistas ou nacionalistas ao interior de seus palácios, a aristocracia continuou dançando as valsas dos Strauss, pai e filho.

O império, com suas numerosas nacionalidades e línguas, podia ainda fingir uma aparente unidade em torno de um líder, mas o descontentamento e a crítica estavam perto da superfície. Isto não era expresso abertamente, já que todos tendiam a proteger sua própria posição e sofriam do mal-estar nacional, muitas vez chamado *Protektion*: as pessoas tinham aprendido a perpetuar um sistema que, através do uso e abuso da influência pessoal, servia a seus fins e garantia sua sobrevivência. O importante não era o que alguém fazia pelo país ou pela cidade, mas quem alguém conhecia e podia ajudá-lo a continuar a tirar vantagem da leniência social e política. Nesse contexto, a degeneração generalizada das instituições austríacas era apenas uma questão de tempo, desde que o descontentamento estava já assomando à superfície de uma forma ou de outra. O novo projeto da Ringstrasse de Viena e outros importantes projetos arquitetônicos trouxeram apenas alívio temporário à situação.[1]

Nesse sistema, a população judaica tinha um lugar muito especial. Era quase impossível aos cidadãos judeus exercerem uma influência política direta, já que não lhes era permitido desempenhar funções militares ou serem designados para cargos políticos de alto nível. Na verdade, porém, tinham considerável influência através do jornalismo, das artes, da medicina e do comércio. Chefes políticos e muitos cidadãos tinham raiva dos judeus devido a seu relativo sucesso e poder. Conquanto os judeus fossem oficialmente cidadãos livres, eram freqüentemente molestados. A dedicação e a força de vontade tinham guindado os judeus ao cimo do cenário cultural, social e musical. As profissões liberais eram o seu território. Na cidade de Viena, em que representavam menos de 10% da população, mais da metade dos estudantes de medicina eram judeus. A influência judaica era também sensível no campo do direito, no jornalismo e no comércio.

O jovem Jacob Levy Moreno cresceu no segundo distrito de Viena, o bairro judeu: foi, conseqüentemente, identificado como judeu, ainda que por razões filosóficas sempre se esforçasse por negligenciar isso. Sua família não era muito ativa na comunidade sefardim, que representava apenas cerca de 5% dos judeus de Viena, pequena se comparada com a comunidade asquenaze,[2] muito maior.

Enquanto se preparava para ser médico, Moreno não teve um modelo profissional e iniciou seus estudos sem expectativas sobre sua futura carreira em Viena. Seu futuro método e seu futuro local de trabalho estariam mais de acordo com sua criação de filho de negociante, oferecendo seus serviços à gente "comum". Durante a adolescência, Moreno também se interessara muito por filosofia, arte e teatro: aqui igualmente não pertencia a nenhuma escola específica de pensamento, mas circulava dentro e fora dos grupos, forjando sua identidade no correr dos encontros que mantinha.

Quanto à vida, nesta época, em Viena, duas áreas são para nós de particular interesse: a arte e a psiquiatria.

No campo da arte, eram pessoas como Otto Wagner e Gustav Klimt que haveriam de criar um novo nascimento voltado à regeneração da cultura na Áustria e que trariam Viena para o círculo do *art nouveau*. O movimento se chamou "Secessão" e Josef Olbrich desenhou para ele um edifício usando a forma de um templo modernizado para sugerir a função da arte como uma religião substituta, para a elite intelectual secular de Viena. O mote do grupo era: "Para a época a sua arte, para a arte a liberdade". O grupo conseguiu que o imperador inaugurasse a casa oficialmente e presidisse sua primeira exposição. A criação do movimento foi um ponto decisivo no desenvolvimento das artes em Viena e o edifício de Olbrich se tornou um lugar de badalação dos artistas, junto com o Café do Museu, não longe dali.[3]

Já houvera iniciativas semelhantes em outras áreas. Na arena política, no final de 1870, o nome "Jung-Wien" fora escolhido pelos rebeldes da nova esquerda. "Jung Wien" também foi o nome escolhido para um novo movimento literário, fundado para desafiar os valores moralistas do século XIX: o movimento exigia adesão às verdades psicológicas e sociológicas em sua autenticidade e uma grande abertura na vida social, especialmente na área dos costumes sexuais. Acima de tudo, parece que o movimento exigia a "morte" e a substituição dos "pais" por "filhos rebeldes". Peças de Schnitzler, Wedekind e Strindberg faziam eco a esses temas.

A revolta veio mais tarde, no campo da arquitetura e da pintura, provavelmente por causa dos inúmeros projetos relativos à reconstrução da Ringstrasse. Esses projetos tomaram muito do tempo e energia dos artistas, mas por volta da metade da década de 1890 nasceu o movimento Secessão. O pôster que anunciava a primeira exposição foi desenhado por Klimt: mostrava Teseu, símbolo da juventude, matando o Minotauro. Aqui, novamente, o tema é a destruição de uma figura do passado e, indiretamente, parricida. No campo musical, o movimento tinha também um protagonista em Gustav Mahler.

A primeira geração do "Jung-Wien" originou-se de ideais estrangeiros, tais como os expressos por Nietzsche, Dostoievski, a escola impressionista e Rodin. O movimento talvez já tivesse sido por demais institucionalizado. Para os extremistas, já estava muito comprometido com a tradição, mas para os classicistas tinha ido longe demais no rompimento com ela.

Mais radicalismo ainda se seguiria. Na pintura e na arquitetura, os líderes eram Oskar Kokoschka, Egon Schiele e Adolf Loos; na música, Arnold Schoenberg, Anton von Webern e Alban Berg; na literatura e na poesia, Franz Kafka, Franz Werfel, Peter Alternberg e Heinrich Mann. Acima de todos, Karl Kraus era a síntese do crítico que não queria se comprometer com ninguém. Esse novo movimento abraçava o credo do subjetivismo e exigia que a vida se apresentasse como é experimentada no "aqui e agora", o que mais freqüentemente é designado como expressionismo. Esse termo cobre um largo espectro do trabalho artístico. Foi uma chamada para uma nova época e uma nova estética, para projetar a visão de um novo mundo que iria compreender as necessidades de cada pessoa.[4]

Embora o jovem Moreno sempre se rebelasse contra classificações, é claro que estava próximo de muitos dos que propunham essa nova ordem das coisas. Tinha muitos amigos que deveriam participar do movimento expressionista.

Voltemo-nos agora para a psiquiatria. A revolução neste campo começou com a obra de Philippe Pinel (1745-1826), que pela primeira vez atribuiu status apropriado à doença mental e foi pioneiro no tratamento humanitário dos insanos. Isto só poderia ter acontecido num espaço aberto a uma mentalidade reformadora, que logo se difundiu por toda a parte. O paciente mental já não mais era classificado como criminoso, havendo muito para entender de seu mundo interior.

Em Viena, muito do trabalho de pesquisa foi realizado por neurologistas. Theodore Meynert (1833-1892), um expoente europeu da histopatologia, identificou muitas das estruturas profundas subjacentes ao cérebro e propôs uma classificação sistemática de doenças mentais baseadas em seus estudos. Ele foi mais tarde criticado e acusado de ter criado a "mitologia do cérebro". Foi também um dos professores de Freud. Outro professor do futuro fundador da psicanálise foi Richard von Krafft-Ebing (1840-1902), que descreveu as aberrações do impulso sexual em seu livro *Psycopathia Sexualis* (1886). Com o inglês Havelok Ellis (1859-1939) e o suíço Auguste Forel (1848-1931), Krafft-Ebing contribuiu para o crescente conhecimento da vida emocional e instintiva do homem.

Enquanto isso, na Alemanha, Emil Kraepelin (1856-1926), aluno de Wundt, tinha começado a tarefa urgente de classificar as doenças mentais. Juntou milhares de históricos de casos e, a partir daí, elaborou um sistema de psiquiatria descritiva. Seu tratado (*Lehrbuch*) foi publicado pela primeira vez em 1833 e teve nove edições até 1927, quando apareceu em dois volumes, num total de 2.500 páginas. A classificação de Kraepelin não tratava da questão do desenvolvimento psicodinâmico da doença mental. Entretanto, tornou-se uma bíblia para gerações de psiquiatras, inclusive professores de Moreno.

Em Paris, Jean-Martin Charcot (1825-1893) estudou o hipnotismo e a histeria. Embora Charcot sustentasse que a histeria fosse causada por uma debilidade do sistema nervoso, era capaz de demonstrar que podia ser curada através de meios psicológicos. Esta foi uma ruptura que mais tarde seria acolhida e desenvolvida por Freud.

A psiquiatria ensinada na Universidade de Viena na década de 1880 nada tinha de revolucionária. Ainda tinha raízes na neurologia. Até o contemporâneo de Freud, Julius Wagner von Jauregg (1857-1940), usava uma abordagem essencialmente ancorada na pesquisa neurológica e voltada para o desaparecimento dos sintomas. A Sigmund Freud (1856-1939) foi deixada a tarefa de efetuar uma segunda revolução psiquiátrica, ao devolver ao paciente o direito de falar. A conceituação do inconsciente habilitou-o a interpretar os processos do pensamento e o comportamento a partir de uma perspectiva dinâmica, baseada na compreensão da repressão e de outros mecanismos de defesa.

A elaboração da psicanálise estendeu-se por um período de cerca de trinta anos, e levou décadas para ser aceita em Viena, mas as teorias de Freud não estavam desligadas do mundo em que vivia. Viena, o mundo de gente como Robert Musil, Arthur Schnitzler, Stefan Zweig e Gustav Klimt, era um mundo de valores vitorianos, em que a fachada ainda predominava. Como os escritores e artistas à sua volta, Freud procurou, de acordo com seus recursos, realizar uma representação muito mais real do eu. A importância que deu à interpretação dos sonhos e a ênfase dada ao desenvolvimento psicossexual constituíram um divisor de águas no tratamento da doença mental e na compreensão do comportamento humano. As descobertas da psicanálise chegaram como um choque e uma ameaça, até para os colegas mais chegados a Freud. Os professores da faculdade de medicina, com poucas exceções, como Otto Pötzl, ridicularizaram-no e ignoravam a psicanálise. Finalmente, porém, as teorias psicanalíticas começaram a ganhar terreno e não é de surpreender que Freud tivesse se tornado popular entre os filósofos, artistas e escritores, que liam avidamente *A interpretação dos sonhos* muito antes dos profissionais da medicina. Na qualidade de estudante de medicina em 1910, Moreno não tinha ouvido falar muito bem da psicanálise. Contudo, fez amigos entre muitos psicanalistas, incluindo Helene Deutsch, Paul Schilder, Theodor Reik e o dissidente Alfred Adler.[5]

## O *Daimon*

Durante a guerra Moreno tomou interesse por literatura e, em função disso, freqüentava alguns cafés famosos aos quais acorriam os jovens intelectuais da época. Na Café Herrenhof encontrava-se com um grupo de escritores que, como ele, precisavam de um fórum para expressar sua visão do mundo. O grupo reunia poetas, filósofos e sociólogos. Estavam todos desanimados com a guerra e suas conseqüências, e também desesperados, à procura de alternativas para sua sociedade, que se desintegrava. Foi nesse contexto que tomou forma a idéia de um novo jornal. O grupo não tinha um líder. A maior parte dos participantes, todos homens, entravam e saíam, em parte porque tinham outros compromissos, mas também por causa de seu amplo círculo de interesses e dispersão geográfica. Vinham da Tchecoslováquia, da Hungria e da Áustria. O jornal criado por eles chamou-se *Daimon*.

Não havia um grupo nuclear no círculo do *Daimon*, conquanto alguns indivíduos devessem cooperar em projetos variados. Franz Werfel, o escritor, freqüentes vezes associou-se a Blei, o poeta; Fritz Lampl era um amigo próximo de Friedrich Kiesler; Max Brod era íntimo de Franz Kafka; Emil Reinhardt era constantemente visto com Arthur Schnitzler; Alfred Adler, então membro ativo do partido socialista, estava associado com o outrora professor de Moreno, Julius Tandler. Cada membro do grupo do *Daimon* tinha seu próprio círculo social, ou, para usar a terminologia de Moreno, seu *átomo social*. Constituíam uma rede de quase todos os intelectuais da Áustria de então.

O próprio Moreno estava em contato com a maioria dos que contribuíam para a fermentação das idéias durante e depois da guerra. Contudo, embora fizesse parte do círculo intelectual de Viena, sob alguns aspectos continuava sendo um estranho nele. Havia duas razões para isso: primeira, durante a guerra passou bom tempo na prática da medicina e, quando não estava trabalhando, tratava de esquecer a guerra e se distrair; segunda, Moreno nunca se sentiu muito à vontade nos círculo intelectuais — era um homem de ação, que logo ficava impaciente com as pessoas que levavam muito tempo discutindo idéias. Isto era um paradoxo para alguém que estava para criar um jornal que nada tinha a ver com ação concreta. Mas o paradoxo era parte essencial de Moreno.

A primeira edição do jornal saiu em fevereiro de 1918. O título, *Daimon*, foi tirado de Sócrates. A palavra grega *daimon* pode significar tanto um bom como um mau espírito. Refere-se também ao gênio do indivíduo. O daimon é o "duplo interior" de cada indivíduo, sua inspiração e conselheiro secreto. O daimon, associado à força criadora do indivíduo, permite à pessoa transcender normas, habilitando-a a alcançar maior conhecimento e instituir uma nova ordem no mundo. O título escolhido para o novo jornal expressava assim, sucintamente, as aspirações de seus fundadores.

Qual foi exatamente o papel de Moreno na fundação deste jornal?

Ele era editor e, com sua capacidade, fez muito do "vaivém" necessário entre editoras e autores. De muitas maneiras era ele a força organizadora por detrás do projeto. Parece contudo que nenhuma liderança intelectual foi assumida, por Moreno ou por qualquer outro colaborador. Houve dois centros dos quais os artigos se originavam, Viena e Praga (Max Brod viveu em Praga naquele tempo, bem como Franz Werfel).

O jornal foi publicado durante cinco anos e apareceu sob diferentes nomes: em 1918 era *Daimon*, em 1919 *Der Neue Daimon* e, a partir de 1920, *Die Gefährten*. A estrutura foi mudada em 1919, quando o jornal se tornou um "coletivo" de seis proprietários: Jacob Levy Moreno, Alfred Adler, Fritz Lampl, Albert Ehrenstein, Hugo Sonnenschein e Franz Werfel. Durante o período de sua existência, conseguiu obter contribuições dos mais conhecidos escritores da Áustria e da Europa. A lista é impressionante e inclui Max Brod, Gütersloh, Emil Rheinhardt, Friedrich Schnack, Jacob Wassermann, Franz Werfel, Franz Blei, Paul Claudel, Blaise Pascal, Ivan Goll, Egon Wellesz, André Suarès, Martin Buber, Ernst Bloch, Fritz Lampl, Ernst Weiss, Oskar Kokoschka, Heinrich Mann.[6]

Moreno esteve intensamente comprometido com a fundação do jornal e com os seus dois primeiros anos. Durante aquele tempo, esteve direta e indiretamente em contato com os intelectuais de proa de Viena e da Europa. A despeito disso, permanecia como observador do cenário literário, nunca se sentindo à vontade num mundo que logo haveria de deixar.

Em que Moreno contribuiu para o jornal?

Por volta de 1918, publicou uns poucos artigos e estava então procurando um veículo para suas idéias. De fato, a publicação do *Daimon* não fez aparecer nenhuma obra nova importante de Moreno, excetuando *As palavras do pai*, em 1920. Mas o jornal deu-lhe um público e uma platéia que antes jamais tivera. Publicou, por exemplo, os três artigos: "A divindade como autor", "A divindade como pregador" e "A divindade como comediante". Esses três textos iniciais são clássicos e ótimas ilustrações de artigos axiodramáticos. Produziu também parte de "Convite a um encontro", "*Homo juvenis*" e "O reino das crianças". Olhando as publicações de Moreno na época, constatamos que estava restabelecendo contato com o aspecto místico de sua personalidade.

Esse período é muito importante: é o período da clarificação, da consolidação. O jovem médico poderia ter, facilmente, escolhido entrar no mundo dos poetas e dos escritores permanentemente. Suas ligações com Wellesz aproximaram-no de Schoenberg, seu relacionamento com Kokoschka e Werfel poderia fazê-lo ser apresentado a Alma Mahler. Moreno, porém, sentia-se pouco à vontade no mundo dos intelectuais e artistas e, lentamente, fugiu dele. Algumas controvérsias iriam contribuir para sua partida e acelerá-la.

Antes de voltar à carreira médica de Moreno, devemos levantar dois pontos. Primeiro, Moreno usava então o nome de Jacob Moreno Levy integrando o nome paterno, Moreno, com o seu próprio. Segundo, fundar o *Daimon* foi apenas um exemplo das atividades desenvolvidas por Moreno como criador e empreendedor nesta época: tinha já fundado a Casa do Encontro e, no futuro, deveria criar editoras, jornais, associações profissionais, um hospital, dois teatros, institutos para a formação. Moreno era como o regente de orquestra que pode tocar todos os instrumentos à sua disposição, mas, como veremos, faltava-lhe paciência para se tornar um virtuose na maioria deles.

## Bad Vöslau e Marianne

Depois da guerra, Moreno estava livre para a prática médica. Não mostrou nenhuma inclinação especial, até então, para o campo da psiquiatria e da psicoterapia. Sua curta experiência no hospital Steinhof, de doentes mentais, foi desapontadora. Os pacientes eram tratados com medicamentos e nenhuma atenção era dada ao que sentiam — o Steinhof não era um lugar para tratamento, mas para "confinamento". Mesmo o encontro com Freud não conseguiu despertar seu interesse pela psicanálise.[7] De um ponto de vista filosófico, os interesses de Moreno como médico nessa época se baseavam no trabalho de médico de família. Estava, como vimos, ao mesmo tempo comprometido com artistas e escritores, como um praticante de tempo parcial em duas áreas distintas.

Seu primeiro posto como médico foi na administração de saúde pública em Kottingbrunn. Depois de alguns meses, transferiu-se para Bad Vöslau, novamente na condição de administrador de saúde pública, e foi designado pelo prefeito para médico-chefe da indústria têxtil local, a Kammgarkfabric. Bad Vöslau se localiza a cerca de 40 quilômetros ao sul de Viena. Moreno ali alugou uma casa pertencente à câmara municipal, na rua Maithal, da qual podia ver o belo vale do Vöslau. O porão estava ligado à adega da companhia Schlumberger, e uma placa assinala que foi neste lugar que se produziu a primeira garrafa de champanhe austríaco.

Os banhos, de que a cidade toma o nome e que são famosos em toda a Europa, estavam a alguns passos da casa de Moreno. Foi aí que a mulher de Mozart, Constanze, foi fazer tratamento de águas e buscar descanso mental.

Moreno assumiu o posto na cidade de Vöslau a 17 de outubro de 1919. O prefeito, Franz Pexa, era um social-democrata e sua amizade com socialistas, tais como Franz Werfel e Alfred Adler, pode ter sido um fator que influenciou na nomeação. A princípio, Moreno teve um período tranqüilo com a Câmara Municipal, mas Franz Pexa logo deixou o cargo e o novo prefeito mostrou-se menos cooperativo.

Em Bad Vöslau, Moreno voltou a desempenhar seu papel de homem extraordinário. Recebia um salário das fábricas têxteis e da cidade e, já que estava muito bem de dinheiro, resolveu não cobrar pelos serviços prestados às pessoas da cidade. Visitava-as em suas casas, pondo-se à sua disposição, principalmente dos pobres, a todo instante. Em breve, criou a fama de fazer milagres. Sorte e dedicação ajudaram-no a ter muito êxito de início; com o passar do tempo, começou a chegar gente a Vöslau vinda de muito longe, para ver o "*Wunderdoctor*" (o médico maravilhoso).

Entretanto, as habilidades de Moreno não se estendiam ao parto. Em relação a esse aspecto de sua prática médica, teve que fazer um arranjo especial com outro médico da cidade. Também não teve êxito na tentativa de introduzir a radioterapia em suas atividades, para o que havia comprado uma máquina de raio X muito cara. Foi-lhe recusada a permissão para usar o equipamento, sendo-lhe dito que não tinha suficiente perícia para utilizar esse tipo de tratamento. A atividade de médico de família começava a lhe parecer menos atraente. Voltemos, contudo, aos primeiros meses de Moreno em Bad Vöslau.

Pouco tempo depois de chegar, um fato importante aconteceu: seu encontro com uma jovem chamada Marianne Lörnitzo. Ela era católica, dedicada à família e noiva de um jovem de Bad Vöslau. Era também uma professora dinâmica. Quando Moreno a viu na rua, apaixonou-se à primeira vista. Quando, algumas semanas mais tarde, ela foi consultá-lo por causa de um problema de saúde, ambos se sentiram fortemente atraídos. Ela logo se tornou sua assistente, secretária, amante e, sobretudo, musa. Desde sua paixão pela mãe e seu romance platônico com Pia, Moreno não tinha sentido esse tipo de amor.

Marianne, como a Beatriz, de Dante, tornou-se a razão de viver de Moreno. Ela mudou-se para o nº 4 da rua Maithal e por um tempo os dois ficaram completamente ligados. Moreno não ia com freqüência a Viena e desgarrou-se do grupo do *Daimon*. O ano de 1920 presenciou-o a desfrutar Vöslau e seu romance com Marianne. A relação não foi um caso amoroso típico. Eis como Moreno o descreve:

> Quando fui para Vöslau, tornei-me de novo celibatário. O "Deus-encenado" estava de novo em ascensão. A intensa sexualidade que senti e experimentei durante a guerra foi deixada para trás. Todas as jovens adoráveis e agradáveis com que me relacionei nunca entraram na minha real e complicadíssima vida amorosa. Não tocaram de fato na minha vida de "Deus-encenado". Eu tinha passado por períodos de intensa atividade sexual, seguidos por períodos de abstinência. Mas o que realmente desejava era uma mulher que acolhesse minhas fantásticas e utópicas idéias, que me amasse tanto física como espiritualmente — uma musa.
>
> A maioria das mulheres não aceitava o amante carnal junto com o "Deus-encenado". Para algumas eu era um amante confuso. Para outras, era confuso como "Deus-encenado". Gradualmente, comecei a perceber que eu não era um caso único. Deve ter havido muitos homens antes de mim que tentaram fazer um jogo duplo, que passaram por semelhantes comédias e tragédias amorosas. Ouvi falar de muitos homens excepcionais (embora não pretenda me comparar com eles), que procuravam mulheres que pode-

*Figura 7.* Fotografia da casa da rua Maithal, n.º 4. Na parte inferior, vê-se a entrada da adega, em que o primeiro champanhe austríaco foi produzido (Fotografia de Veronika Andorfer).

*Figura 8*. Marianne Lörnitzo. Fotografia tirada na entrada do nº 4 da rua Maithal (Coleção particular de Gertrude e Veronika Selb. Reprodução de fotografia, por Peter Selb e Claude Demers).

riam preencher para eles as duas funções ao mesmo tempo, de amante humana e amante de um "Deus-encenado", dar-lhe filhos como todas as mulheres desejam e ajudá-los a produzir filhos de outra natureza, como pinturas, esculturas, poemas, livros, invenções. E ouvi também que o nome dado a tais mulheres era Musa, a deusa ou o poder visto como fonte de inspiração para o poeta. Ouvi falar da Beatriz, de Dante; da Princesa de Tasso, rica e bonita, jovem e infeliz, nascida em Florença e que se sentia feliz em ajudá-lo a escrever aqueles grandes poemas da eternidade. Ouvi falar da Laura, de Petrarca, e de muitas outras, geralmente mulheres nobres por nascimento ou por caráter, que estavam talvez, elas também, confusas, desempenhando dois papéis. O "Deus-encenado" faz dois pedidos à sua Musa: que faça amor com ele fisicamente e que faça amor com ele espiritualmente. Ela deve ser mulher e deusa numa só pessoa. Descobri, após muitas tentativas e erros, que tais mulheres são raríssimas, mas só estas poderiam preencher-me. Só elas poderiam dar sentido à minha vida. Em outros termos, o "Deus-encenado", para tornar-se real, tem que achar sua musa. De outra forma, torna-se um fracasso. Apenas duas ou três mulheres que conheci durante minha vida deram à minha busca de "Deus-encenado" um ancoradouro concreto. Sem elas, eu teria fracassado.

Foi então que achei outra criatura tão rara, quando estava em Vöslau.
(*Autobiography*, 1985, cap. 7: 8)

Moreno se estende um pouco ao descrever seu relacionamento com Marianne. Não há dúvida de que ela fosse útil (e talvez esta palavra seja muito fraca) para fazer Moreno tornar a concentrar-se naquilo que percebia como sua missão no encontro com Jesus no parque de Chemnitz. Alguns anos que se seguiram foram muito produtivos para Moreno, tanto na tentativa de encontrar novos métodos como na busca de novas idéias: a presença de Marianne desempenhou um papel da maior importância na reconquista dos ideais da juventude.

Em 1920, a megalomania existencial de Moreno "amadureceu e chegou à realização",[8] quando a febre messiânica apoderou-se dele de novo e seria expressa no livro *As palavras do pai.*

Esse trabalho parece ter chegado ao cabo de um longo processo. Moreno aí admite que ouvia vozes em criança. Sempre guardou este segredo por pensar que as pessoas poderiam rir dele ou achá-lo "anormal". Mas ao partilhar "o segredo" com Marianne, encontrou nela muita receptividade. Ela não somente nada achou de errado nele como também confiou-lhe algumas de suas próprias vozes interiores. Depois de um tempo, Marianne e Jacob chegaram a pensar "em harmonia". Ambos teriam ouvido "vozes". Ambos esperavam que as "vozes" chegassem. A vida deles começou a girar em tornou desta "experiência interna e mútua".

Moreno falou sobre essa experiência como um renascimento, e como tal experiência deu, enfim, uma coerência à sua filosofia. É interessante que necessitasse da presença de uma mulher a seu lado para "fazer nascer" e, finalmente, chegar a um acordo com sua filosofia da espontaneidade e da criatividade, filosofia que chegou à plenitude num "encontro" com uma mulher. Eis como expressa isso:

De repente, senti-me renascido, comecei a ouvir vozes, não como um doente mental, mas como alguém que sente que pode ouvir uma voz que atinge todos os seres e fala a todos os seres na mesma linguagem, uma linguagem que é compreendida por todos os homens, dá-nos esperança, dá-nos direção, dá a nosso cosmo direção e sentido. O universo não é exatamente uma floresta bravia ou um feixe de forças selvagens. É basicamente criatividade infinita. É essa infinita criatividade que é verdadeira em todos os níveis da existência, seja ela física, social ou biológica, esteja na nossa galáxia ou em outras extremamente distantes de nós; no passado, no presente ou no futuro ela nos enlaça a todos. Estamos todos ligados uns aos outros pela responsabilidade de todas as coisas. Não existe responsabilidade limitada, parcial. E nossa responsabilidade faz de nós automaticamente cocriadores do mundo...

Foi neste clima de inspiração que me precipitei para a casa situada no Vale de Maio. A única coisa que eu ouvia era uma voz, palavras, palavras, indo e vindo pela minha cabeça. Não tive paciência para sentar-me e escrevê-las todas. Eu pegava um lápis vermelho depois do outro, fui para o cômodo mais alto da casa, próximo à torre, e comecei a escrever nas paredes. Escrevi todas as palavras que ouvia, todas as palavras que eram ditas alto por mim mesmo:

*Oh, abre-te a ti mesmo,*
*Vale de Maio.*
*Abre-te a quem te criou.*

*Trago-te*
*Encantadores presentes.*
*Ervas chamejantes,*
*sonhando um verde profundo,*
*E troncos brancos de luar*
*Na floresta.*

*No topo de tua colina*
*A casa de pedra,*
*Novos brotos e fileiras de sebes,*
*Cheias de vinho novo...*

O que aconteceu a Marianne e a mim durante esses dias de revelação está profundamente impresso em minha mente...

Marianne e eu esperamos, noite após noite, para ouvir a voz. Então, certa noite, ouvimos a Voz que cantava mais claramente do que antes. Foi como se Deus estivesse se comunicando conosco a partir de horizontes infinitos...

Andávamos para cima e para baixo da colina, excitados com o aroma das flores e o silencioso esvoaçar dos pássaros noturnos pelo céu. Eu estava caminhando pelo espaço e o espaço caminhava através de mim, ininterruptamente, sem parar. Milhões de outras pessoas estavam andando através do espaço, na mesma hora, sem parar, sem parar, sem parar. Era como se o universo estivesse em movimento num número ilimitado de dimensões. Para onde me voltasse uma nova dimensão se manifestava. Eu via o céu, estrelas, planetas, oceanos, florestas, montanhas, cidades, animais, peixes, pássaros, protozoários, pedras e centenas de outras coisas. Vi, então, cada uma delas abrindo a boca, cada homem, cada árvore, cada pedra, cada partícula do universo gritando em uníssono:

*EU SOU DEUS,*
*O PAI,*
*CRIADOR DO UNIVERSO.*

*ESTAS SÃO MINHAS PALAVRAS,*
*PALAVRAS DO PAI.*

*COMO PODE UMA COISA*
*CRIAR OUTRA COISA*
*SEM QUE A OUTRA COISA*
*CRIE AQUELA PRIMEIRA COISA?*
*COMO PODE UMA PRIMEIRA COISA*
*CRIAR UMA SEGUNDA COISA*
*SEM QUE A SEGUNDA COISA*
*TAMBÉM CRIE A PRIMEIRA COISA?...*
*COMO PODE UM PAI GERAR UM FILHO*
*SEM QUE O FILHO*
*TAMBÉM GERE O PAI?...*

*O PRIMEIRO CRIOU O ÚLTIMO*
*E O FIM CRIOU O COMEÇO.*
*EU CRIEI O MUNDO,*
*PORTANTO, DEVO TER CRIADO A MIM MESMO.*

*EU SOU O PAI*
*E NINGUÉM É MEU PAI*
*EU SOU O CRIADOR*
*E NINGUÉM É MEU CRIADOR.*
*EU SOU DEUS*
*E NINGUÉM É MEU PROFETA.*

*EU NÃO SOU TEU DEUS*
*EU SOU DEUS.*
*EU NÃO SOU DEUS DESTA NAÇÃO.*

*NEM DEUS DAQUELA NAÇÃO.*
*EU SOU DEUS.*
*EU NÃO SOU O DEUS DESTA CLASSE*
*OU DAQUELA CLASSE,*
*EU SOU DEUS.*

*EU NÃO SOU CHAMADO POR UM NOME.*
*EU SOU.*

*EU EXISTO*
*SÓ PARA CRIAR,*
*SÓ PARA TE CRIAR.*

*EU SOU O SEM NOME.*
*EU SÓ SOU PARA SER.*
*EU ERA SEM NOME*
*ATÉ QUE FALASSES COMIGO...*

(*Autobiography*, 1985, cap 7: 58-65. *The Words of the Father*, 1971: 49-57)

Este é o início do longo poema que Moreno publicou, pela primeira vez, em *Die Gefährten*, em 1920, com o título *As palavras do pai.*

Até hoje este continua sendo o livro mais fascinante de Moreno. Fascinante por causa da filosofia que pregava, uma filosofia da co-criatividade e da co-responsabilidade; fascinante também pela maneira como foi escrito — claramente nasceu para a vida como uma criança, precisando da ajuda de uma mãe e de uma parteira. Era a conclusão lógica da infância e da adolescência de Moreno, de uma longa busca do sentido da vida e uma verídica representação do universo. Se lermos esse livro como uma expressão de uma filosofia do cosmo, acharemos nele os conceitos das futuras teorias de Moreno: realidade suplementar, espontaneidade, co-responsabilidade e co-criação, criação como um processo contínuo, "encontro" do Eu e do Tu como base de encontros significativos. No começo era a ação, no começo era o grupo, diz Moreno. No começo era a relação, diz Buber. Tudo está exemplificado aqui em *As palavras do pai*, partindo do papel da mulher na vida de Moreno: além de ser a inspiração do poeta, sua musa, Marianne foi de certa forma uma mãe, uma parteira que liberou as palavras a serem ditas. Foi também o outro significativo, através do qual Moreno pôde "ser"; o criador de uma nova "dinastia" não podia existir sem uma mulher... "Eu era sem nome até que falasses comigo."

Não podemos ignorar o tema central do pai neste livro. Sabemos que o nome Moreno foi o primeiro nome do pai de Jacob Levy, e que seu significado é "professor". Até o fim de seus anos de universidade, Moreno sempre assinou como Jacob Levy. Quando criou o *Daimon* e mudou-se para Vöslau, começou a integrar o nome de seu pai, Moreno, como seu próprio e assinava Jacob Moreno Levy. Lentamente, à medida que seu pai desaparecia de sua vida, Jacob começou a "tomar seu lugar". Haveria de adotar o nome do pai definitivamente só após a morte de Moreno Levy Nissim. O livro foi publicado anonimamente em 1920, apesar de ficar óbvio mesmo em *Die Gefährten* que foi escrito por Jacob Moreno Levy. No livro há uma tentativa simbólica de Moreno de tornar-se seu próprio pai. É uma chamada a todos os leitores para acreditarem que se transformarão em alguém só quando tiverem a percepção e assumirem a responsabilidade de sua criatividade e comprometimento com o cosmo. Para fazer isto, é necessário olhar para nossas origens de um modo diferente, reconhecendo que já somos parte delas: somos raízes, árvores e frutos. Transpondo isto para o âmbito da realidade, a gente se pergunta pelo lugar do papel biológico do pai de Moreno em sua vida: às vezes apregoa que seu pai era o Moreno "real", em outra parte o vê como o criador de uma nova dinastia. Paradoxo, ambivalência, confusão? Há provavelmente de tudo isso na mente de Moreno, o que faz com que certas pessoas se perguntem quem era realmente esse homem que escreveu *As palavras do pai*. Especialmente os inimigos eram rápidos em falar de narcisismo e megalomania.

Além de publicar este poema, no *Die Gefährten*, Moreno também publicou *As palavras do pai*, com um novo editor, Kiepenheuer, em Potsdam. Começou também uma nova coleção, com Kiepenheuer, *Verlag des Vaters*. Ela mostra claramente a obsessão de Moreno pelo tema do pai, sua "síndrome de paternidade".

*As palavras do pai* pode ser lido e compreendido de diferentes perspectivas. Primeiro, representa um novo esforço de Moreno para disseminar sua idéias sobre religião. Isto pode se explicar se nos lembrarmos da visão de Moreno em ser um novo salvador. Em Bad Vöslau, até mesmo criou uma nova religião do encontro e teve seus seguidores. Consta que tinha abordado um padre católico diante da igreja e lhe dito que devia pregar na rua: essa estória foi posteriormente publicada em "A divindade como pregador". O incidente criou um grande alvoroço e serviu de instrumento para isolar a ele e Marianne da maior parte da comunidade. O enfrentamento, com o padre, da mesma forma que anteriormente com o ator e com o próprio Deus, é muito típico de Moreno. É o que chamou de axiodrama, enfrentamento direto com as *conservas culturais*.[9]

O livro pode também ser visto como uma expressão da filosofia de Moreno sobre o homem e a natureza: nós todos somos deuses, criadores e co-criadores do universo nunca terminado. Criemos com alegria, energia e espontaneidade e deixemos a imaginação ser a base da ação. Deixemos todos serem criadores, de acordo com seu direito. Não é preciso estar no reino das crianças, dos poetas e dos cientistas — cada um tem seu lugar no planeta, um lugar em que pode ser e atuar na qualidade de criador. Este tipo de pensamento foi o mesmo que Moreno colocou diante de Freud anteriormente e iria tornar-se a base de suas teorias psicológicas.

*As palavras do pai* ainda hoje levanta questões: alguns dos discípulos de Moreno vêem este livro como o mais importante que escreveu, outros se sentem muito pouco à vontade com ele. Os inimigos de Moreno falam dele como uma prova de sua falta de equilíbrio mental. Parece simples reconhecer que o livro foi escrito num grande estado de excitação, provavelmente beirando a perda de contato com a realidade. Isto não significa que o conteúdo careça de valor. O livro pode ser compreendido por si mesmo, e não é preciso causar o transtorno que outrora criou entre os psiquiatras. Colocado em seu próprio contexto, pode, de fato, ser visto como a melhor maneira que Moreno encontrou para transmitir sua mensagem, o que não exclui uma temporária perda de "limites". Seguindo o exemplo de Swedenborg, Moreno, o médico, estava permitindo que suas vozes falassem, numa tentativa de unir religião e ciência. Mais tarde, enquanto elaborava sua filosofia, nos Estados Unidos, Moreno insistiria na importância desta tarefa revolucionária, de integrar religião e ciência.

Voltemos à sua vida em Bad Vöslau. Moreno era uma figura perturbadora e podemos imaginar quão complicado deve ter sido, para as pessoas de uma cidade pequena, tentar entender um homem que falava palavras de Deus, que "roubou" uma jovem de um noivo e tinha amigos como Peter Altenberg ou Elisabeth Bergner. Os cidadãos burgueses de Bad Vöslau, muitos dos quais ativistas de grupos pró-nazistas, devem ter achado inquietante o jovem médico. Seus aliados naturais eram os trabalhadores, especialmente comunistas. Seu judaísmo agravava a situação e fazia a vida muito difícil para Marianne. O conflito tornou-se inevitável. Numa ocasião, enquanto Moreno estava esperando o trem com Marianne, em Baden, um grupo de jovens cercou-os. Um deles chegou perto de Moreno e, com desdém, chamou-o de judeu. Sabemos hoje que Moreno se considerava um cidadão do mundo, uma pessoa cósmica, mas naquele momento só podia sentir uma intensa identificação com a herança judaica. Depois de derrubar seu oponente com uma pancada, olhou-o direto nos olhos e, em seguida, nos olhos da multidão. Ninguém o desafiou. Partiu no trem e no dia seguinte virou o assunto da cidade, adorado pelos seguidores, e mais do que nunca odiado pelos inimigos.

Neste período, Moreno ainda trabalhava como médico de família. Tinha reputação de um médico que se importava com os pacientes e que usava uma abordagem original de tratamento. Por volta ou mesmo no ano de 1920, conheceu um paciente que foi útil em alguns ensinamentos relativos a saúde mental. Como Moreno reconsiderou anos depois, viu que este paciente poderia ter representado o ponto crucial na sua carreira e em sua subseqüente decisão de ser psicoterapeuta. O incidente ocorreu quando estava diminuindo consideravelmente seu ritmo habitual de trabalho, e seus esforços para usar radiografia encontravam considerável oposição.

O paciente que viera vê-lo era um homem rico, porém infeliz. Queria que Moreno o ajudasse a morrer e pedia-lhe que se associasse a seu suicídio. Prontificava-se, inclusive, a fazer de Moreno seu herdeiro. Moreno deixou claro que, como médico, dedicava sua vida a fazer as pessoas viverem, a fazer sentirem-se melhor consigo próprias. Começou então um processo terapêutico, entrando no mundo íntimo do homem. Durante semanas falaram sobre seus planos de morte. O homem escreveu sobre suas últimas vontades, discutiu longamente diferentes maneiras de se matar, comeu com renovado apetite, sabendo que esta poderia ser sua última refeição, e atuou diferentes roteiros. Fez isto com a ajuda de Moreno e Marianne. Ela foi então aquilo que, no psicodrama, seria chamado de *ego auxiliar*. O paciente era o *protagonista* e Moreno, o *diretor*. Moreno falou sobre este paciente como seu primeiro "paciente internado". É uma bela ilustração das técnicas de *psicodrama*. O paciente internado passou muitas semanas em Vöslau, vivendo no hotel local.

Neste caso, Moreno estava fazendo um tratamento psicodramático pela primeira vez e descobrindo o valor de uma atuação imaginária: isto viria a ser parte essencial do futuro método. O fato de que este homem fosse capaz de dramatizar cada detalhe de sua fantasia e ter alguém dirigindo-o nesta busca, de fazer isto na presença de um público (ainda que pequeno, como no caso), determinou a direção de sua cura: alguém estava pronto para ouvi-lo, para levar seus sentimentos a sério o bastante para representá-los num "palco" e em seguida compartilhá-los com ele. Esta experiência contribuiu em primeira mão para o conhecimento de Moreno sobre a depressão e sua cura. Deu-lhe também confiança no tipo de intervenção que estava fazendo quase que intuitivamente, contrária aos princípios populares de psicoterapia na época, na qual a atuação, mesmo num palco, era considerada prejudicial ao paciente. Esse caso, apesar de instrutivo, não persuadiu Moreno a fazer de imediato psicoterapia sistematicamente.[10]

Entretanto, nesta época, Moreno freqüentemente ajudava famílias em dificuldade, discutindo abertamente com elas seus problemas e possíveis soluções, repetindo sua experiência com as prostitutas de Viena. Chamou essa abordagem espontânea de *théatre reciproque* ("teatro recíproco"). Moreno usava seu próprio consultório ou ia à casa das pessoas para explorar novos meios para sair de situações psicológicas difíceis. Convocava membros próximos da família e da comunidade mais ampla. Iria representar de novo situações que tinham inicialmente trazido sofrimento, descobrindo que esta nova representação levaria à desdramatização e que a liberação muitas vezes ocorre mediante o riso. Essa observação estava de acordo com a de Karl Marx, que também lembrou que as tragédias podem parecer muito mais leves, e até mesmo engraçadas, se forem repetidas.[11] O "teatro recíproco" baseia-se em teorias sistêmicas e é um precursor da terapia familiar e comunitária. Esse tipo de intervenção é um produto da mistura de psicoterapia, crenças religiosas e um sentido comunitário. Tem uma conexão com a Religião do Encontro, onde cada um sente responsabilidade pelo grupo. Vemos aqui de novo Moreno a explorar o campo sem nenhum modelo preconcebido. Homem de ação e intuição, é capaz de produzir "milagres" aos olhos da comunidade, sem contudo ser ainda capaz de sistematizar seu trabalho.[12]

Além da intuição, Moreno tinha um carisma tremendo. Tinha uma maneira de olhar para as pessoas, um modo de tocá-las, que fazia muitas delas crentes instantâneos, mas, é natural, muitas ficaram céticas. Repetiu como médico o que tinha acontecido em tempos anteriores com as crianças: ou gostavam dele ou se assustavam com ele. Mesmo em Bad Vöslau muitas crianças temiam Moreno, provavelmente como reflexo do medo de seus pais. Mas, onde a carisma agia, aumentava a confiança das pessoas nele, o que era muitas vezes suficiente para produzir cura. Moreno tornou-se, para algumas pessoas, o "homem dos milagres", provocando ciúmes entre outros médicos. Do mesmo modo que aqueles pais e professores tinham começado a espalhar boatos em Viena, em 1911, os médicos locais começaram a dizer que Moreno não era um "verdadeiro médico". Esses rumores se intensificavam pelo fato de Moreno não usar papéis timbrados para suas receitas e se recusar, de acordo com sua filosofia do anonimato, a colocar uma placa de médico autorizado do lado de fora de sua casa. Após algum tempo, colocou um quadro no qual mostrava seu diploma de médico formado pela Universidade de Viena, e que foi colocado na entrada de seu consultório. Essa demonstração posterior de que estava dizendo a verdade reforçou sua autoridade entre os pacientes, mas enraiveceu seus inimigos.[13]

Em 1921, a posição de Moreno como médico em Bad Vöslau era controvertida. Tratava de pacientes sem exigir pagamento, visitando-os em suas casas e utilizando-se de métodos muito pouco ortodoxos. Não se envolvia em política, conquanto fosse apontado como um socialista importante. Vivia com uma jovem professora católica, que tinha deixado seu trabalho para partilhar sua vida e seus ideais. Como se não bastasse bombardear de todas as formas os valores estimados pelos cidadãos, ainda por cima freqüentava algumas das pessoas mais excêntricas de Viena.[14] Bad Vöslau estava perplexa.

## O mundo do teatro espontâneo

Nesse meio tempo, Moreno estava de novo abandonando o campo tradicional da medicina para entrar ou reentrar no domínio do teatro. Desta vez não trabalharia com crianças, mas com adultos e pessoas do teatro convencional. Como vimos, fora muito atuante no mundo literário de Viena, de 1917 a 1920. Criara o *Daimon*, jornal que teve a contribuição da vanguarda de poetas e escritores. Entretanto, mesmo tendo trabalhado como editor, nem por isso era considerado como parte do *establishment* literário, até mesmo do mais recente. Possivelmente havia muitas razões para isso: vivia numa pequena cidade e não podia, como tantos outros, encontrar-se nos cafés todas as noites; não se sentia à vontade com muitos dos poetas, romancistas e pintores que trabalhavam em tempo integral em seu campo artístico; estava ainda travando uma luta para encontrar seu próprio caminho, fora da escrita, próximo o quanto possível da ação; continuava a recusa a ser identificado por um nome; ainda sofria as angústias pela escolha do anonimato e talvez tivesse que encarar o fato de, entre pessoas como Brod, Werfel, Wassermann, Blei e Kokoschka, seu talento como poeta e escritor ser bem limitado. De qualquer forma, enquanto o grupo originário do *Daimon* tinha sobrevivido e se expandia, Moreno paulatinamente se afastava dele.

Em contrapartida agora se envolvia com um grupo de atores. O grupo do *Daimon* era estritamente masculino, mas esse novo grupo era formado tanto de atores como de atrizes. Reuniam-se no Café Museum, junto à ópera, no Cabaret Fledermaus e no edifício Secessão. O café tinha sido reformado por Adolf Loos e era designado com freqüência como "Café Nihilismus", porque a decoração tinha se reduzido ao estritamente essencial.

Aqui Moreno encontrava artistas como Anna Höllering, Moissi, Alfred Polgar, um amigo de Elisabeth Bergner, e Ladislaus Löwenstein, que seria mais conhecido posteriormente como Peter Lorre. Muitas pessoas do mundo literário vinham se juntar a eles: Fritz Lampl, Georg Kulka, Robert Müller e Fraz Werfel. O grupo se reuniu regularmente a partir de 1921. Moreno propôs então uma iniciativa que haveria de se revelar tanto custosa quanto instrutiva.

Alguns anos após a guerra, a Áustria sofria ainda da falta de liderança social e política. Mas achava que, antes da regeneração, o país devia passar por um processo de purificação de idéias, em relação ao papel da autoridade e da liderança. Esse processo deveria incluir todas as pessoas. Moreno visava um plano que reuniria todo o tipo de pessoas, num caminho verdadeiramente democrático. Em abril de 1922, alugou o Komödienhaus do pai de Anna Höllering, que era seu diretor à época. (Anna Höllering era uma atriz que ficaria famosa no círculo do psicodrama, com o nome de "Bárbara"). A meta de Moreno era provocar o público para um debate sobre o futuro da Áustria. Pelo anúncio no jornal e a data escolhida, não fica claro se Moreno pretendia realmente que a noitada fosse algo sério ou não. Afinal de contas, o dia 1º de abril é o dia da mentira!

De qualquer modo, o teatro estava apinhado de todo o tipo de gente: autoridades, políticos, gente comum de teatro e amigos de Moreno. Entre estes, Frans Werfel, escritor que vivia com Alma Mahler, mas também um dos criadores das Brigadas Vermelhas em 1918. Ele era anarquista por temperamento e tinha seguidores entre os estudantes universitários e intelectuais vienenses. Estava presente com um grande grupo, na noite do 1º de abril.

Moreno estava só no palco quando as cortinas se abriram. Estava vestido de bobo da corte. No palco havia um trono, uma coroa e um manto de púrpura. Moreno apresentou-se e disse ao público que estava procurando o rei. Estava procurando o tipo de pessoa que não se coroa a si própria, mas emerge naturalmente da multidão; pessoa cuja sabedoria indica-a como escolha natural para liderar. Convidou então as pessoas para subirem ao palco para falar de suas idéias sobre o líder e sentarem-se no trono se quisessem. Não estando habituadas a este tipo de encenação, muito poucas pessoas subiram ao palco e o público ficou impaciente, irritado e inquieto. Muitos deixaram o teatro, principalmente as autoridades. Werfel e seu grupo deram muito apoio, mas, como encenação, a noitada foi um desastre. Moreno observou que "ninguém é profeta em sua terra". Ficou muito desapontado.

De um ponto de vista histórico, a noite de 1º de abril de 1921 foi a primeira demonstração do que Moreno chamava de *sociodrama*. O sociodrama é definido como "um método de ação profunda que lida com relações intergrupais e ideologias coletivas''. Contrariamente ao psicodrama, no qual o enfoque é colocado no crescimento individual no grupo e pelo grupo, no sociodrama, a verdadeira matéria são os valores e preconceitos do grupo. Pode ser um grupo pequeno ou grande, ou muitos subgrupos. A finalidade é explorar e resolver problemas que emergem entre membros de unidades menores, dentro de um grande grupo ou entre grupos. O sociodrama é também diferente do axiodrama, que tem por finalidade purgar o indivíduo das *conservas culturais* e dos estereótipos.

No sociodrama presente, Moreno tentou descobrir novas alternativas organizacionais para o povo austríaco e dar poder a qualquer voz dentro do espectro político e social. Falhou, talvez porque não houvesse nenhuma vontade das pessoas para as propostas de outrem (significando que não havia nenhuma vontade ou disposição para a troca de papéis), ou porque o sociodramatista neófito, Moreno, subestimou a dificuldade de liderar uma multidão tão grande e heterogênea. Mas Moreno aprendeu da experiência: haveria de refinar a técnica e a utilizaria muitas vezes posteriormente.[15] Este sociodrama foi o predecessor do envolvimento de Moreno na guerra do Vietnã e nas relações internacionais.

Na ocasião, Moreno voltou para casa bem desanimado. Perdeu muitos de seus amigos, principalmente escritores e poetas que não conseguiram lidar com o sarcasmo da imprensa. Parece que Moreno teve, depois disso, pouco ou nenhum contato com Frans Werfel, Oskar Kokoschka ou Franz Blei. Essas pessoas tinham as próprias sendas para seguir nos círculos mais rarefeitos liderados por Alma Mahler.

À medida que Moreno se distanciava dos grupos literários, ficava mais próximo da fraternidade do teatro. Já conhecia Anna Höllering, George Kulka, Robert Müller e Peter Lorre. Havia outros no grupo como Hans Rodenberg, amigo de Fritz Lampl, do grupo *Daimon*, e Moissi e Robert Blum. Ocasionalmente, quando estava visitando Viena, Elisabeth Bergner se juntava a ele.

Este grupo foi o elenco original do ''Stegreiftheater'' ou teatro da espontaneidade. Além de estar ocupado com as famílias no ''teatro recíproco'', Moreno desejava livrar o teatro tradicional das *conservas culturais*. Viu na criação de um grupo de teatro o meio para chegar a isto. Mais tarde, criou também um palco revolucionário e escreveu um livro sobre seus conceitos de teatro.

Falemos primeiro sobre o novo grupo de teatro. Uma vez, em 1922, Moreno alugou um espaço na Maysedergasse nº 2, em Viena. Pertencia a um grupo de mulheres e era usado para exposições de trabalhos de arte e artesanato dos membros do grupo. O espaço em seu conjunto, embora dividido em várias salas, era muito grande, podendo na sala principal caber entre cinqüenta e setenta e cinco pessoas. Este era o lugar em que o novo teatro iria se instalar.

A primeira apresentação parece ter ocorrido em 1922. O grupo de atores representava peças espontâneas, conforme era proposto pelo público, faziam algumas "re-dramatizações" de notícias diárias usando uma técnica chamada "jornal vivo", ou improvisava sobre temas dados. Peter Lorre representou uma peça de um ato de sua autoria — "Como agarrar um piolho" — que logo se tornou uma das preferidas do público. Essa comédia em um ato, além de permitir a Peter Lorre fazer uma gozação com as pessoas do público, deve ter tido uma relação direta com seu nome original, Ladislaus Löwenstein.*

Após algumas semanas e com críticas favoráveis da imprensa, o teatro realmente funcionou. O auditório estava permanentemente lotado e o público aprendeu a se envolver. Moreno era líder do grupo e começou a aprender seu ofício de diretor de "psicodrama". Isso ainda não era chamado psicodrama, mas os métodos básicos já estavam colocados. O psicodrama, como técnica terapêutica, não se desenvolveu de forma linear e seus estágios de desenvolvimento foram com freqüência inesperados. Na vida de Moreno podemos traçar muitos desses estágios ou "berços". Menciona-se com freqüência como o primeiro o que data retroativamente da ocasião em que fez papel de Deus, quando tinha 4 anos, naquilo que chamou de "Psicodrama da queda de Deus".

O segundo berço pode ser relacionado com o seu contato com as crianças nos parques de Viena e a criação do teatro infantil. Um terceiro pode ser visto no uso do que Moreno chamou de axiodrama, quando, por exemplo, desafiou o padre a pregar na rua e confrontou o ator no teatro. Depois, há o primeiro sociodrama na Komödienhaus, quando Moreno convidou diversos grupos a irem ao palco e a reconsiderar seus papéis sociais. Há também o trabalho que Moreno fez com famílias e comunidades, trabalho que chamou de "teatro recíproco". Por fim, há o psicodrama individual que teve lugar em seu consultório, com o homem que desejava cometer suicídio e com quem conseguiu seu primeiro êxito terapêutico.

Mas o verdadeiro conhecimento do valor terapêutico da dramatização de um conflito no palco pode bem ser proveniente de seu trabalho com "Georg" e "Bárbara". Moreno apresentou este exemplo muitas vezes, mas repitamo-lo uma vez mais, para captar com certeza seu valor histórico. Nele pode-se ver uma clara "passagem" do teatro da espontaneidade para o teatro terapêutico, outro dos momentos formativos na história do psicodrama:

> Tínhamos uma jovem atriz, Bárbara, que trabalhava em teatro e também tomou parte num experimento que eu começara, o jornal vivo, improvisado. Ela era a principal atração, por causa de sua atuação extraordinária em papéis ingênuos, heróicos e românticos. Logo ficou patente que estava apaixonada por um poeta e autor teatral que nunca deixava de se sentar na primeira fila, aplaudindo e observando cada uma de suas atuações. Surgiu

* Em inglês, piolho é *louse*, que se pronuncia como a parte final do nome Ladis*laus*, donde a suposição do autor. (N.T.)

*Figura 9.* Entrada do Stegreiftheater (Teatro da Espontaneidade), com o letreiro sobre a porta dizendo que o prédio pertencia (como ainda hoje) a um grupo de mulheres. O teatro conserva-se muito semelhante ao que era no tempo de Moreno (Fotografia de Veronika Andorfer).

um romance entre Bárbara e Georg. Um dia, anunciou-se seu casamento. Entretanto, nada mudou, ela permaneceu nossa principal atriz e ele seu principal espectador, por assim dizer. Um dia Georg veio até mim, com seus olhos habitualmente alegres, agora muito perturbados. "Que aconteceu?", perguntei-lhe. "Oh, doutor, não posso suportar isso!" "Suportar o quê?", fitei-o, procurando investigar o que havia. "Aquele ser suave, angélico, que vocês todos admiram, age como criatura endemoniada quando está a sós comigo. Fala com uma linguagem extremamente desaforada, e quando fico zangado com ela, como na noite passada, ela me esmurra. "Espere", disse eu, "venha ao teatro como de hábito e eu vou buscar uma solução". Quando Bárbara voltou ao palco naquela noite, pronta para desempenhar um de seus habituais papéis de pura feminilidade, eu a fiz parar. "Olhe, Bárbara, você tem atuado maravilhosamente até agora, mas temo que esteja ficando desgastada. As pessoas gostariam de vê-la em papéis nos quais você represente o terra-a-terra, a rudeza da natureza humana, sua vulgaridade e estupidez, sua cínica realidade, pessoas não apenas como elas são, mas piores do que são, pessoas que são o que são quando são levadas a excessos por circunstâncias incomuns. Quer tentar isso?" "Sim", disse ela entusiasmada. "Estou contente por você falar isso. Eu há muito tempo já sentia que devia propiciar ao público uma nova experiência. Mas você pensa que eu possa fazê-lo?" "Confio em você", respondi. "Acaba de chegar a notícia de que uma garota em Ottakring (um bairro pobre de Viena), ao provocar homens na rua foi atacada e morta por um estranho. Ele está solto, procurado pela polícia. Você é a prostituta. Aqui (apontando para Richard, um de nossos atores masculinos) está o bandido. Faça a cena." Foi improvisada uma rua no palco, um café, duas luzes. Bárbara começou. Georg estava na sua habitual poltrona, na primeira fila, extremamente excitado. Richard, no papel de bandido, saiu do café com Bárbara, seguindo-a. Tiveram um encontro, que rapidamente transformou-se em calorosa discussão. Sobre dinheiro. De repente, Bárbara mudou para um jeito de dramatizar completamente inesperado para ela. Praguejava, dando socos no homem, chutando-o na perna repetidas vezes. Vi Georg meio erguido, estendendo os braços ansiosamente para mim. Mas o homem enraiveceu-se e começou a encurralar Bárbara. De repente, arrancou uma faca, um estilete, do bolso interno de seu paletó. Perseguia-a em círculos, cada vez mais próximo. Ela atuou tão bem, que deu a impressão de estar realmente apavorada. O público levantou-se, murmurando: "Pare, pare". Mas ela não parou até que fosse supostamente assassinada. Depois da cena, Bárbara ficou exultante, abraçou Georg e foram para casa extasiados. Desde então, continuou a atuar nesses papéis "baixos". Georg veio verme no dia seguinte. Instantaneamente entendeu que aquilo era terapia. Ela representava donas-de-casa, solteironas solitárias, esposas vingativas, namoradas desprezadas, mulheres de botequim e companheiras de bandidos. Georg dava-me notícias diárias. "Bem", disse-me ele após algumas sessões, "algo está acontecendo com ela. Tem ainda seus acessos de mau humor, mas sem aquela intensidade. São mais curtos e, no meio deles, ela muitas vezes sorri e, como ontem, lembra de cenas parecidas que fez no palco e então ri e eu rio com ela, pois também me lembro. É como se víssemos um ao outro num espelho psicológico. Rimos nós dois. Algumas vezes ela começa a rir antes de ter os acessos, antecipando o que vai acontecer. Por fim, se aquece em função disto mas, comumente, acaba-lhe faltando o ardor habitual". Era como uma catarse decorrente do humor e do riso. Continuei o tratamento, designando-lhe papéis mais consentâneos com as necessidades tanto dela, quanto dele. Um dia, Georg comentou o efeito que essas sessões tinham sobre ele enquanto as observava, ao mesmo tempo que absorvia o comentário que eu fazia depois. "Olhar as atuações dela no palco fez-me ficar mais tolerante com Bárbara, menos impaciente." Naquela tarde, mostrei a Bárbara quanto progresso tinha feito como atriz e perguntei-lhe se não gostaria de dramatizar no palco junto com Georg. Fizeram isso e os duetos que apareceram no palco, como parte de nosso programa oficial, pareciam cada vez mais com os que ocorriam diariamente em casa. Aos poucos, foram representadas as famílias de ambos, cenas da infância dela, seu sonhos e planos para o futuro. Após cada desempenho, alguns espectadores vinham até mim para perguntar-me por que as cenas de Bárbara e Georg tocavam tão mais fundo do que as de outras pessoas (terapia pública). Meses mais tarde, Bárbara e Georg estavam sentados a sós comigo, no teatro. Tinham encontrado um ao outro novamente, ou melhor, tinham-se encontrado a si próprios e um ao outro pela primeira vez. Analisei o desenvolvimento de seu psicodrama, sessão por sessão, e lhes contei a estória de sua cura.

(*Psychodrama*, volume 1, 1946: 3-5)

Vários aspectos ressaltam daqui. O primeiro é que Moreno elaborou o psicodrama por meio de um processo gradual de descoberta, através da exploração de alternativas variadas. Acreditava que uma pessoa podia mudar através do que chamava *insight* da ação, um processo de experimentação e reexperimentação do comportamento com a subseqüente reflexão sobre ele. Isto é o oposto da abordagem psicanalítica, na qual a reflexão precede a ação, importando notar que a "atuação" é feita no palco. Na passagem citada acima, podemos ver Moreno em pleno ato de elaborar sua teoria, experimentando-a ele próprio.

Segundo, embora Moreno nunca fosse abandonar seu sonho de usar o teatro profissional e os atores como uma forma de transformar a sociedade, aqui, neste caso, está aos poucos reconhecendo a necessidade de enfocar melhor os cenários reais, tais como a comunidade, a família, o casal... Esse tipo de terapia é bastante exigente. Na medida em que os atores de sua companhia eram solicitados a se envolverem com suas próprias vidas, muitos deixaram o grupo e passaram a atuar em outros teatros. Moreno percebeu então que a dramatização espontânea, ao fazer muitas exigências, é adequada a pessoas que desejam realmente mudar suas vidas e assumir total responsabilidade por elas.

O teatro terapêutico, tal como Moreno começou a elaborar aqui, é também diferente da psicanálise, por ser uma ação orientada, pública e fincada na realidade imediata. Traz o grupo para a cena como parte essencial da terapia. É uma abordagem inteiramente nova, uma revolução com uma ação orientada, que toma o grupo como base para mudanças e para elaborar o futuro método do psicodrama, na forma de um recurso que explora a "verdade" individual. (Este método evoluiu e finalmente chegou a ser usado pela psicanálise de um modo extremamente diferente do de Moreno, focalizando em especial o inconsciente dos indivíduos e do grupo.)

Sob um aspecto mais imediato, a história de Bárbara e Georg é instrutiva por outras razões. Sabemos que Bárbara, como atriz, e Georg, como romancista, eram amigos íntimos de Moreno. O casal não era feliz como Moreno queria fazer-nos crer. Georg era muito temperamental; um bom número de sessões de psicodrama lhe seriam extremamente úteis. Moreno, cego pelo sucesso com Bárbara, não vira isso. Logo após o trabalho com Moreno, o casal se separou e Georg, cinco anos mais tarde, se suicidou. Este incidente perturbou Moreno. Mas foi o suicídio anterior de outro membro do grupo que o fez questionar a natureza e os limites de sua obra. Estava realizando "terapia dramática" com outro casal, Robert e Diora. Tudo parecia caminhar bem, mas um dia Diora deixou o parceiro e Robert suicidou-se no dia seguinte. Isto aconteceu em 1924, época em que Moreno estava às voltas com muitos problemas. Passava por um período de intenso auto-exame, reavaliando a confiança na força da atriz e no seu próprio poder de diagnóstico. Foi um confronto brusco com as dificuldades do manejo de pacientes suicidas. Não há prova de que tenha sido direta ou indiretamente responsável pelo suicídio de Robert Müller, mas o fato deve ter contribuído na sua decisão de deixar a Áustria.[16]

O psicodrama de Bárbara e Georg introduz-nos na elaboração inicial das técnicas psicodramáticas e mostra-nos os efeitos poderosos de desempenhar papéis terapêuticos. O lugar da técnica de *aquecimento* tornou-se patente e ganhará maior clareza à medida que Moreno tornar-se mais cauteloso em suas intervenções, pondo maior ênfase num diagnóstico exato. A parte da *dramatização* da sessão já está também em andamento. Moreno propõe a exploração de muitos papéis e isso, finalmente, levará à *inversão de papéis* e ao *duplo*. A parte da sessão chamada *compartilhamento* é evidente no uso da *terapia da platéia*.

O papel de *protagonista* já está aí, assim como o de *diretor*, *egos auxiliares* e *platéia*. Tudo isso é ainda um estágio exploratório e experimental. Moreno, de fato, ainda não sabe manejar a catarse ou compreender os limites da atuação.[17]

Assim como no teatro, em Viena, Moreno eventualmente realizava trabalho espontâneo em sua casa de Bad Vöslau. Também viajou pela Alemanha com seu grupo. Até o fim de 1924 não tinha ainda chegado a nenhuma sistematização daquilo que mais tarde chamaria psicodrama. Praticou formas diversas de trabalho teatral, desde o teatro terapêutico com famílias, no "teatro recíproco", até as experiências espontâneas no palco de Viena. Contudo, o valor terapêutico real da técnica de psicodrama começava lentamente a emergir.

*Figura 10.* Anna Höllering, a ''Bárbara'' dos artigos de psicodrama de Moreno (Coleção particular de Lana Sutton. Reprodução de fotografia de Claude Demers).

## A publicação de *O Teatro da Espontaneidade*

O livro *Das Stegreiftheater* foi publicado em 1924, conquanto já estivesse escrito há alguns anos. É um livro pequeno, de dez páginas, traduzido em 1947 como *The Theatre of Spontaneity*. Como *As palavras do pai*, dá-nos uma compreensão profunda do pensamento de Moreno sobre teatro e terapia. Não é fácil compreender o livro, porque seu plano nem sempre é claro. Contudo, Moreno propõe quatro formas de teatro revolucionário que estão em interação e interdependência: o teatro de conflito ou teatro crítico; o teatro da espontaneidade ou teatro imediato; o teatro terapêutico ou *teatro recíproco*; o teatro do criador.

A primeira forma, o teatro do conflito, é ilustrada pela peça *Assim falava Zaratustra*. É o que em outro lugar Moreno chama de axiodrama, e é apresentado em três artigos denominados trilogia da Divindade. Aqui o público tem o principal papel, desafiando as *conservas culturais*. O público está no âmago desse tipo de teatro, forçando atores e quaisquer pessoas a encararem a verdade.

A segunda forma, o teatro imediato, é baseado na espontaneidade: teatro é o que acontece no aqui e agora, o que está sendo criado enquanto a vida se desenrola. É teatro sem espectadores, teatro que apresenta *das Ding an sich*, a coisa em si. Esse é o teatro que conduz à criatividade, através do uso da imaginação e do acontecimento espontâneo. É um drama global: cada qual faz parte dele como ator e protagonista. Evoluiu a partir da experiência de Moreno com as crianças e com seu grupo de improvisação. Nos Estados Unidos, Moreno vai se referir a ele como Teatro Improvisado.

A terceira forma, teatro terapêutico, tem como base a casa da própria pessoa: nele, os atores são os habitantes da casa. As pessoas, a "comunidade", representam seu conflito numa segunda vez: isto dá-lhes perspectiva, distância e não raro senso de humor. Aí vemos Moreno integrar suas experiências provenientes do exercício da medicina, da Casa de Encontro e de casos como os de Georg e Bárbara.

> No teatro terapêutico, as pessoas representam diante de si mesmas a própria vida, novamente — como já o tinham feito anteriormente, sem a necessidade do engano consciente. O lugar do conflito e o teatro em que se desenrola é um único, o mesmo. A vida e a fantasia adquirem a mesma identidade e dão-se ao mesmo tempo. Não precisam superar a realidade: fazem com que ela venha à tona. Tornam a experimentá-la. São senhores de sua existência real, não de uma forma fictícia. Como, aliás, poderiam, de outra forma, fazer com que ela surgisse uma vez mais? Pois é exatamente o que fazem. Desenrola-se a vida em sua inteireza, com todas as suas complicações comuns, na dimensão do tempo; nem um momento, nem uma única instância é subtraída dela. Cada momento de enfado é lembrado, cada problema, cada acesso de ansiedade, cada momento de retraimento in-

ferior volta à vida. Não ocorre apenas que voltem e dramatizem seus diálogos, mas também seus corpos voltam rejuvenescidos. Seus nervos, seus batimentos de coração, todos vibram desde o nascimento como se fossem convocados por uma memória divina, como um plano preestabelecido por um duplo, na qualidade porém de idêntico, universal. Todas as suas forças, feitos e pensamentos aparecem na cena no seu contexto original e na sua seqüência, réplicas das fases pelas quais já passaram. O passado é tirado para fora de seu ataúde e chega ao momento do chamado. Não surge apenas para ser curado, para ter alívio ou produzir catarse, mas o amor por seus demônios impele o teatro a soltar-se de suas cadeias. Para serem tirados de suas prisões, rasgam suas feridas mais profundas e secretas que passam agora a sangrar exteriormente ante os olhos de todas as pessoas.

Os espectadores do teatro terapêutico são a comunidade inteira. Todos são convidados e se juntam diante da casa. O psicodrama não pode ter início sem que o último habitante da cidade esteja presente.

Mas essa louca paixão, esse desenrolar-se da vida no domínio da ilusão não age como uma renovação do sofrimento, pelo contrário confirma a regra: aquilo que aconteceu primeiro encontra numa segunda oportunidade a sua liberação.

(*The Theatre of Spontaneity*, 1947: 90-1)

O quarto tipo de teatro é o mais fascinante. O teatro do criador é a forma de teatro que é a base da autodramatização em cada um de nós. O exemplo que Moreno usa é o de Jesus de Nazaré, que viveu em plenitude e é constantemente recriado na mente das pessoas. Parece uma ilusão, mas não é. O teatro, tal como é visto por Moreno, é um contínuo milagre de "fazer-se" no presente: a criação é movimento, mudança, existência. É um processo de avanço que compromete cada pessoa como criador. Deus tem um duplo que se repete em cada indivíduo, através da espontaneidade, da criatividade. Encontramos aqui a base do teatro do "eu" materializado em encontros efetivos com o "tu", a categoria do autopreenchimento e da auto-realização como Deus. Moreno está expondo de novo o que escreveu anteriormente, especialmente em *As palavras do pai*. O teatro do criador é cada um de nós representando a própria vida no mundo do palco.[18]

Em *O teatro da espontaneidade*, além de propor as quatro formas do teatro, Moreno inclui diagramas interacionais retirados de peças espontâneas, dando uma ótima amostra de sua perícia como observador. Pelos diagramas podemos verificar quanto tempo cada ator usa, a ordem em que cada um fala, a natureza das interações e assim por diante.

Enfim, projeta um modelo de palco consistente com sua visão do teatro.

O livro contém a maior parte dos ingredientes da filosofia de Moreno. Falta-lhe ainda unidade, mas a base da sociometria, da psicoterapia de grupo e do psicodrama estão aí.

## O projeto do palco e a controvérsia com Kiesler

Moreno sempre gostou dos palcos. Quando criança, representava Deus ficando de pé em cima de uma mesa, num cenário que representava o céu. O "palco" já tinha uma construção em múltiplos níveis. Mais tarde, quando contava estórias para as crianças no parque, descrevia como iriam juntar-se em círculos concêntricos tendo o céu como limite.

Dissemos que Moreno incluiu um modelo de palco em *O teatro da espontaneidade*. Moreno pensava que, principalmente para o teatro improvisado, era preciso haver uma estrutura arquitetônica que fizesse eco a seu objetivo de criar um espaço no qual cada um pudesse ser parte da ação, no qual cada um poderia ser ator. Conquanto propusesse que a casa poderia ser usada para o *teatro recíproco*, chegou à conclusão de que, para o teatro da espontaneidade ou para perturbações emocionais profundas, era necessário uma estrutura formal para dar apoio ao trabalho terapêutico. Com esta finalidade, desenhou um palco redondo com múltiplos níveis, rodeados de pequenas "rosetas" ou palcos laterais. Cada nível representava um diferente degrau psicológico e um grau de compromisso diferente: o primeiro nível, muitas vezes, um palco lateral, era feito para o aquecimento e era um nível de concepção; o segundo nível era o nível da elaboração e do crescimento; o terceiro nível era o do total envolvimento, complemento e ação; o quarto nível, muitas vezes representado posteriormente como o nível do "balcão", era reservado à representação dos messias e heróis. Este modelo básico já opera uma idéia de que todos, incluindo o público, sentam-se no palco: o "protagonista" no palco central e os outros membros em uma das quatorze "rosetas". Quando o protagonista termina seu psicodrama, outro membro da platéia torna-se o protagonista, e do lugar onde está caminha para o palco central. É na realidade um palco sem platéia.[19]

A idéia de um teatro sem platéia deveria ser burilada nos meses seguintes à publicação do livro de Moreno. Enquanto isso, o autor decidiu apresentar a idéia de um palco revolucionário numa mostra de novas técnicas teatrais, que teve lugar em Viena pelos fins de 1924. Com a ajuda de um amigo, o arquiteto Hönigsfelt, preparou os esboços. Esse novo desenho era ligeiramente diferente dos que são apresentados neste livro, mas ainda assim apresentavam um palco redondo com quatro "rosetas". O número de patamares era menor, cerca de seis, mas o palco central estava bem acima, não sendo fácil o acesso, como se o centro só pudesse ser acessível a personalidades fortes ou deuses. Mas a idéia de um teatro sem espectadores já estava presente ali, bem como a idéia de vários níveis a serem galgados aos poucos. O projeto incluía uma cúpula para cobrir o palco, como se fosse uma igreja ou templo. Em outros termos, o palco era o teatro inteiro.

O projeto foi convenientemente apresentado, mas sua apresentação foi ofuscada pelo sucesso de uma outra feita por Friedrich Kiesler.

Kiesler, que era também o responsável pela mostra, conseguiu que seu palco fosse efetivamente construído e não apenas apresentado como um projeto. Foi chamado de "Raumbühne" ou teatro sobre trilhos, com dois aspectos distintos: o palco era circular e construído verticalmente; o público sentava-se em poltronas que se moviam em torno do palco. Quando hoje olhamos os dois projetos, podemos facilmente notar tanto suas semelhanças quanto suas diferenças.

Moreno não notou. Pelo contrário, ficou furioso e na abertura da mostra acusou publicamente Kiesler de plágio. Criou um grande tumulto e teve que ir ao tribunal explicar sua atitude. É evidente que Kiesler, freqüentemente chamado de "vienense boêmio", andava com Moreno e muitos de seus amigos (era companheiro de, por exemplo, Lampl e Rodenberg). Circulava pelos cafés. Tomou parte no Stegreiftheater. Certamente conhecia o projeto do palco de Moreno. Tê-lo-ia copiado, ou pelo menos em parte?[20]

Um olhar atento ao teatro sobre trilhos mostra-nos que o projeto era muito diferente do de Moreno, se excetuarmos o palco circular. Mas não foi Moreno quem inventou o palco circular. Ele desejava provocar uma revolução total no teatro e criar um palco adequado para esta revolução. Kiesler criou um palco que não questionava a finalidade do desempenho: queria ação e movimento, com os atores ainda "comandando o espetáculo". É claro que o verdadeiro rancor de Moreno contra Kiesler era devido ao fato de usar seu cargo de diretor da mostra para realizar seu projeto, tirando uma vantagem desleal em relação aos outros expositores.

A polêmica foi acirrada e deu bastante espaço para o trabalho dos caricaturistas. Artistas e arquitetos tomaram partido, alguns por Kiesler, outros por Moreno. A disputa obviamente teve efeitos negativos para ambos; teria sido mais do que coincidência o fato de os dois terem emigrado para os Estados Unidos no ano seguinte.

O incidente levanta duas questões posteriores: onde Moreno havia se inspirado? O que aconteceu com a filosofia do anonimato?

Moreno era um leitor ávido, assistemático. Certamente retirou de suas leituras muitas das idéias que aplicou no teatro e na terapia. Seu conceito de catarse deve muito ao teatro grego, mas também a Freud e Breuer. Muitas das técnicas utilizadas no psicodrama podem ser rastreadas até Sócrates e o teatro antigo. O mesmo ocorre com a elaboração de seu projeto para o palco: os teatros da antiga Grécia e os mistérios da Idade Média foram prováveis fontes de inspiração. À mesma época, no início do século XX, temos que lembrar que o teatro estava se renovando e que gente como Adolphe Appia, Konstantin Stanislavski, Max Reinhardt, Luigi Pirandello e Erwin Piscator estavam produzindo peças que haveriam de ter efeitos revolucionários. Moreno sabia disso e com certeza participou desse movimento. Poder-se-ia ainda fazer uma pesquisa ulterior para avaliar a extensão do cruzamento de idéias que se desenvolveu nesse período.

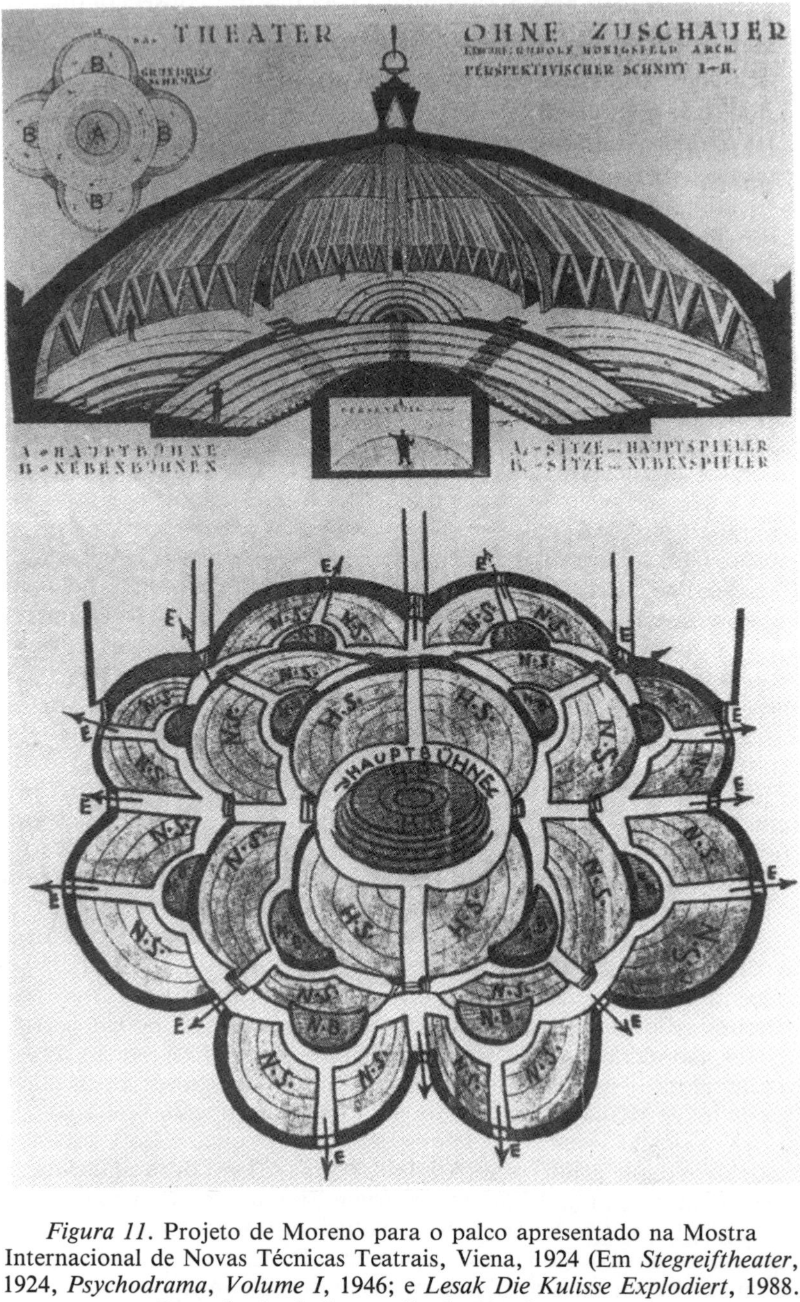


*Figura 11.* Projeto de Moreno para o palco apresentado na Mostra Internacional de Novas Técnicas Teatrais, Viena, 1924 (Em *Stegreiftheater*, 1924, *Psychodrama*, *Volume I*, 1946; e *Lesak Die Kulisse Explodiert*, 1988. Reprodução de fotografia de Claude Demers).

*Figura 12.* Caricatura da disputa Moreno-Kiesler, da autoria de Ladislaus Tuszynsky, publicada no *Die Götz von Berlinchingen*, de 3 de outubro de 1924 (Em *Lesak Die Kulisse Explodiert*, 1988; reprodução de fotografia de Claude Demers).

Uma decorrência surpreendente desta controvérsia com Kiesler diz respeito à filosofia do anonimato de Moreno. Anteriormente, Moreno tinha lidado várias vezes com idéias relativas a nomes, seu próprio nome e o anonimato. Atrelou a idéia de anonimato à idéia de Deus. Mesmo tendo publicado alguns de seus livros sob o nome de Jacob Levy, outros também foram publicados anônimos. Isto vale para *As palavras do pai*, *O teatro da espontaneidade* e também para o seu projeto de palco para a mostra. Moreno encontrava-se na curiosa posição de ter que defender a propriedade que era oficialmente anônima. Ao ser convocado pelo juiz para apresentar seu caso, proferiu o longo discurso que se segue:

Entreguei minhas idéias à comunidade, a todos os seus segmentos, para serem examinadas livremente. Com isso, concedi a todos o privilégio e o direito de considerar minhas idéias como um patrimônio comum para, ao pé da letra, apossarem-se delas, usá-las e espalhá-las de todas as maneiras possíveis, fossem impressas ou verbalmente, contanto que estivessem desacompanhadas de seus nomes ou de quaisquer outros. Não era minha intenção deixar minha contribuição para uma única pessoa, com o propósito de propiciar a essa pessoa a posição de proprietário das minhas idéias, de ligar a minha contribuição ao nome de família de alguém, com o propósito de enriquecê-la...

Quando um bem comum é divulgado publicamente como um bem particular, o retorno deste bem à comunidade deve ser reclamado no lugar de onde foi roubado e perante o mesmo público. Se meu trabalho também fosse assinado, haveria o confronto entre enganado e enganador. Aqui, contudo, agi não em meu nome mas em nome da comunidade enganada, não como pessoa privada, mas como pessoa pública. O mundo público é o lugar em que a estupidez pública deve ser corrigida. A democracia brindou a humanidade com uma benção terrível, o Ego...

O querelante pertence à classe daqueles que me encontraram, comeram à minha mesa, dormiram na minha casa. Não tivesse me encontrado, nem agido como agiu e eu não teria olhado para ele. Tivesse ele me encontrado e feito o mesmo, mas em inteiro anonimato — ocultando tanto o meu como o seu nome — ou tivesse ele, ao menos, impresso seu nome em letras pequenas, eu não teria sequer levantado os olhos para ele. Mas o barulho que alguém pode fazer em causa própria tem que ter um limite. E como uma obra tem um certo lugar numa escala de valores, elogios exagerados destituem-na da sua verdadeira posição...

Meu conflito com o querelante se desenrolou a partir do momento em que li sua reportagem nos jornais. Perguntei a mim mesmo o que fazer. Busquei uma forma adequada de agir. De imediato achei que devia ficar em silêncio, porque eu já tinha há muito tempo transferido minha obra para o público, competia ao público e não a mim defender-se. Fiquei em silêncio e esperei. A segunda alternativa era constituir uma auditoria sob dois pares de olhos. Uma reunião teria sido uma forma legítima em qualquer caso particular. Mas não houve nenhum conflito particular, porque eu não sofri nenhum prejuízo, nem o público me pediu para ser clemente. Um conflito público não pode ser resolvido de forma privada, principalmente depois que a ação foi impulsionada por um número indeterminado de participantes, conhecidos e desconhecidos. O lugar necessário para uma ação com caráter de correção expressiva tem que ter feição pública. Eu vi a necessidade de sair da minha privacidade. O ajuste apropriado de um conflito público exige uma proximidade especial, uma forma tão real como o é o de uma reunião e tão geral como uma palavra impressa. Tais condições se verificaram no primeiro dia da mostra. Os dignatários da cidade estavam presentes, e dentre eles o presidente do país e o prefeito da cidade. Falar ali, na frente das autoridades responsáveis, na presença do querelante e da cidade inteira — não podia haver lugar e hora mais perfeitos. O perigo de criar um transtorno público era grande, mas o perigo de perpetuar o transtorno através do silêncio era maior ainda... Eu falei. Estou diante do juiz. Em vez disso, o público é que poderia estar aqui. O público está sendo acusado. Como não está presente, peço ser considerado sua testemunha...

Como pessoa particular, não posso condenar o querelante. Ele não tirou nada de mim. Ele despojou o público de um bem, de uma forma que viola a lei moral. Não está na natureza da lei dos tribunais contestar o direito de todos em favor de um indivíduo. Se o tribunal aprovar seu pleito, aí então o público é que será condenado. Devo então sofrer a multa como seu representante. Neste caso, o plágio é claro e o anonimato, um desejo diabólico.

(*Autobiography*, 1985, cap. 6: 39-45)

Esse discurso é muito instrutivo e revela um talento para argumentar muito refinado. Diz-nos muito sobre a filosofia subjacente à estratégia do anonimato de Moreno e deixa claro que a controvérsia com Kiesler, por mais justo que achasse ser seu caso, tinha para ele um significado mais profundo. Essa seria uma constante tendência nas confrontações posteriores com Brill, Lippitt, Slavson e muitos outros. O Moreno que acusa Kiesler de roubo é o mesmo Moreno que "usou" o nome de seu próprio pai e acusou-se de roubar as idéias desse mesmo pai.

## A invenção do gravador

Durante este período, Moreno estava trabalhando com o irmão de Marianne, Franz, num projeto para gravar som. Tudo começou com um sonho que Moreno teve, um sonho em que ouviu mensagens gravadas. Isto deu-lhe a idéia de criar uma máquina capaz de reproduzir música e vozes. O próprio Moreno não tinha habilidade técnica ou conhecimento para tanto, mas Franz Lörnitzo era um gênio em engenharia e, por isso, após trabalhar muito e arduamente, teve êxito na produção do aparelho. A invenção foi notícia internacional e saiu no *The New York Times*. Nela dizia-se claramente que a invenção era resultante de um esforço conjunto de um "cientista austríaco" Jacob Levy Moreno e o engenheiro Franz Lörnitzo. Mais tarde, estourou uma controvérsia entre Lörnitzo e Moreno sobre quem era o real inventor, controvérsia paralela à ocorrida com Kiesler, ilustrando assim mais uma vez a "síndrome de paternidade" de Moreno. Mas parece adequado reconhecer a parte maior com que Franz contribuiu, com sua perícia técnica, ainda que a crença popular seja a de que "Moreno tinha inventado o gravador". O próprio Moreno, na sua autobiografia inédita, reconhece a parte que Franz desempenhou.

Os dois homens foram convidados a ir aos Estados Unidos pela Companhia Geral Fonográfica, em Ohio, tendo sua invenção sido também devidamente patenteada por um departamento do governo austríaco.

*Figura 13.* Franz Lörnitzo e o gravador. Esta é a única fotografia conhecida da invenção de Moreno-Lörnitzo, tirada na rua Maithal, nº 4 (Gertrude e Veronika Selb. Reprodução de fotografia de autoria de Peter Selb e Claude Demers).

Provavelmente pelo fato de muitos outros engenheiros estarem trabalhando a esta mesma época em projetos semelhantes, a ''invenção'' não ''pegou'' como esperavam, mas deu a Moreno uma razão imediata para emigrar para os Estados Unidos.[21]

* * *

Ao término deste capítulo, vamos resumir o considerável trabalho realizado por Moreno entre 1918 e 1925. Isso inclui duas publicações importantes, *As palavras do pai* e *O teatro da espontaneidade*, trabalho prático em medicina geral e psiquiatria; a fundação de um jornal, *Daimon*, para publicar trabalhos de escritores jovens e promissores; a exploração de novos caminhos na forma de representar no teatro; o projeto de um novo palco; a contribuição, conquanto pequena, à criação de um gravador com Franz, o irmão de Marianne.

Ao longo desta jornada, fez poucos amigos e perdeu a maior parte deles devido a contendas públicas. Em 1925, a despeito ou até por causa de seu sucesso, Moreno ficou cada vez mais isolado. Não era aceito no seu próprio país. Enfrentava consideráveis problemas em Bad Vöslau. Uma mudança era necessária.

# Segunda Parte

# Dramatização e Compartilhamento

# INTRODUÇÃO À SEGUNDA PARTE

Esta segunda parte trata principalmente dos anos de Moreno nos Estados Unidos, a começar por sua experiência efetiva de emigração e os primeiros dias, quando teve que lançar mão dos seus recursos pessoais, criatividade e perseverança. Finalmente, por volta de 1931, tudo que tinha feito anteriormente foi integrado num sistema mais amplo. A sociometria, a psicoterapia de grupo e o psicodrama tornaram-se lados do mesmo quadro tridimensional: o retrato de uma pessoa viva e criativa, definido tanto por seu próprio "Eu" como por suas relações com outros, o "Tu". Uma pessoa cujas ações, encontros e espontaneidade expressam o desejo básico de sobrevivência. Um dia Moreno haveria de dizer: "Todo aquele que nasce tem o direito de viver e sobreviver".

A Segunda Parte é denominada "Dramatização e Compartilhamento". Quando olhamos para a segunda metade da vida de Moreno, de 1926 em diante, ficamos impressionados pelo tanto que seu talento finalmente se mostra pujante, pelo quanto, enfim, torna-se capaz de compartilhar seu conhecimento e envolvimento no mundo, primeiro apenas com alguns discípulos, em seguida com um grandíssimo número de pessoas, conquanto permaneça ainda fiel à sua filosofia da ação.

As palavras "dramatização" e "compartilhamento" são usadas para a segunda e terceira etapas da sessão de psicodrama, em seguida ao "aquecimento". Conforme Moreno, essas três etapas são essenciais a um psicodrama efetivo. Entretanto, parece adequado aplicá-las à própria trajetória de Moreno. O termo "aquecimento" se refere ao período europeu. Ao entrarmos num estágio mais maduro de sua vida, usamos os termos "dramatização" e "compartilhamento".

O leitor notará que esta segunda parte deste livro nem sempre segue a ordem estritamente cronológica, mas está, a partir de 1931, organizada por temas que apresentam o desenvolvimento pessoal e profissional de Moreno.

Capítulo 5

# EMIGRAÇÃO PARA OS ESTADOS UNIDOS: UMA VIAGEM TEMPESTUOSA

Em 1925, Moreno estava numa situação difícil. Ainda que em certo sentido tivesse conseguido se estabelecer, a Áustria não era um país em que pudesse se sentir completamente à vontade ou obter grande sucesso. Alcançara um ponto difícil na sua relação com Marianne, sendo eles continuamente importunados pelos jovens de Vöslau, que os cercavam e ameaçavam. Atuava cada vez menos como médico. O dinheiro ganho destinava-se aos seus arriscados projetos editoriais, e suas dívidas aumentavam cada vez mais. A disputa com Kiesler não havia ajudado sua reputação no mundo artístico e literário e o suicídio de um paciente tinha-o deixado pessoalmente confuso. Moreno se isolava.

Foi nesse contexto que tomou a decisão de emigrar para os Estados Unidos. De início, hesitou quanto ao lugar para onde ir. Muitos de seus amigos tinham ido para a Rússia, por causa de sua ideologia política. Moreno, homem do povo, simpatizava politicamente com os russos, mas temia restrições à sua liberdade. Seu irmão William, que o tinha ajudado bastante, já partira para Nova York e Moreno decidiu segui-lo.[1]

Deixou a Áustria na mesma época em que seu pai morria solitário em Bucareste. Enquanto o pai terminava sua longa jornada na cidade em que nascera, seu filho transpunha o oceano — um sonho de seu pai — para começar tudo de novo em Nova York. Os caminhos dos dois homens, que se entendiam tão bem e tão parecidos sob muitos aspectos, nunca se haviam cruzado de novo depois da separação de Nissim e Paulina, mas no fundo de si mesmo Moreno continuava a ouvir o chamado do pai e a satisfazer seus desejos.

Em algum momento do ano de 1922, Moreno teve o sonho no qual se imaginava na Quinta Avenida, em Nova York, a ouvir uma mensagem gravada: começou a tomar providências para dar os passos necessários para fazer com que o sonho se materializasse. Com a ajuda de Franz Lörnitzo, trabalhou durante três anos no aparelho de gravação "Radio Film". Na esperança de vender a invenção a uma companhia americana e ganhar uma elevada soma de dinheiro, embarcou num navio com a idéia de eventualmente voltar à Áustria ou, melhor ainda, manter dupla residência. Partiu a 21 de dezembro de 1925, logo seguido por Franz Lörnitzo. Deixou para trás Marianne, a fim de cuidar da casa de Bad Vöslau[2] e chegou aos Estados Unidos com pouquíssima bagagem. Levava entretanto consigo suas três invenções: o gravador,[3] o sociodrama interacional e planos para o palco psicodramático. Tinha três grandes esperanças no futuro.

A realidade foi um tanto cruel. Nenhuma sinagoga estava esperando por Moreno, o profeta, nenhuma universidade ofereceu-lhe contrato como cientista e nenhuma companhia de teatro aguardava Moreno, o revolucionário. Visitou a Companhia Geral Fonográfica em Elyria, Ohio, mas não se deparou com o entusiasmo que esperava. Nenhuma empresa de gravação assinala qualquer trato com ele ou Franz Lörnitzo. Muitos inventores estavam trabalhando na área de gravação de som na metade de 1920, e estavam sendo inventados aparelhos melhores do que o seu. Se algum dinheiro esteve em suas mãos, a quantia era pequena, passava secretamente ou era posta diretamente no bolso de Moreno. Este foi o fim da "Invenção Radio Filme" e o começo de uma disputa com a família Lörnitzo.

Moreno nunca revelou a Franz como a invenção foi vendida ou arquivada, e é possível que tenha suscitado esperanças tão descabidas na mente do rapaz, que não pôde encará-lo para lhe dizer a verdade quando o projeto fracassou. De qualquer modo, Franz sentiu-se enganado e partiu muito zangado. Na Áustria, a família tomou o partido de Franz, mas Marianne, conquanto infeliz, permaneceu fiel a Moreno.

Sua chegada ao novo mundo no começo foi uma aventura nada fácil. A leitura de suas cartas a Marianne deixa-nos o retrato de um homem submetido à depressão, à cólera e até à paranóia. Partira da Áustria prometendo a todos que sua invenção revolucionaria o mundo da gravação de som, e aí estava ele sem um tostão. Seu irmão William mantinha-o, mas ao mesmo tempo lutava para estabelecer-se em Nova York. A situação do passaporte de Moreno é obscura: não tinha visto de permanência e a imigração era dificultada pela questão das cotas. Viajava com passaporte austríaco e este era um problema a mais por causa das relações políticas tensas entre os dois países no passado.

Os cinco primeiros anos foram uma batalha contínua. Moreno foi para Montreal, no Canadá, para obter novo visto temporário. Escondeu-se em diversas cidades, mantendo secreto seu endereço. Tinha que fazer isso para evitar funcionários da imigração, mas também para esquivar-se dos credores austríacos, que estavam ávidos por encontrá-lo. Falava muito pouco inglês, o que lhe dificultava poder empregar-se. Não podia trabalhar como médico, pois não possuía o certificado do Estado de Nova York.

Moreno tinha já enfrentado desafios anteriormente, mas agora achava-se diante de um impasse. Não tinha seguramente uma volta bem-vinda à Áustria e de qualquer modo ter-se-ia sentido humilhado se voltasse sem ter tido sucesso em Nova York. Por outro lado, não tinha raízes nem emprego nos Estados Unidos. Foi compelido a utilizar toda sua energia e recursos.

Primeiro, precisava de um certificado para praticar a medicina. Teve sorte suficiente de encontrar o dr. Bela Schick (o criador do teste de Schick para a imunidade de difteria) e fazer um trabalho na clínica infantil do Hospital Monte Sinai, sob sua proteção. Eventualmente, Moreno fazia apresentações de trabalho de espontaneidade com as crianças, atraindo a atenção e o interesse do hospital. Nesse ínterim, obteve de Marianne que lhe enviasse todos os papéis necessários à petição do certificado médico. Preparou-se para o exame e prestou-o pela primeira vez em janeiro de 1927. O exame era feito em inglês, o que tornou a apresentação difícil, tratando-se de um imigrante que estava exatamente agora começando a aprender a língua. Não é surpreendente que nessas circunstâncias tenha fracassado no exame de ginecologia (embora tenhamos que lembrar seus problemas anteriores nesta área). Fez exames novamente em março e lhe concederam o certificado em setembro de 1927. Isto deu-lhe não apenas o direito de abrir um consultório, mas também uma posição de maior força a partir da qual podia pleitear visto de permanência.

Conquanto sua situação fosse ainda incerta, adquiriu um visto temporário, que foi renovado após um ano. Viajou para Montreal, contactou o consulado austríaco e obteve um novo passaporte. Foi também ao consulado dos Estados Unidos para renovar seu visto por mais um ano e definir sua situação. Nessa época, conheceu Beatrice Beecher, neta de Henry Ward Beecher, famoso evangelista de Nova York. Beatrice estava dando conferências sobre psicologia infantil no Hospital Monte Sinai, e imediatamente se interessou pelo trabalho de espontaneidade de Moreno. Ofereceu-se para se casar com Moreno, como meio de ajudá-lo a obter a condição de imigrante, entendendo-se que se divorciariam em seguida, tão logo isso fosse possível. O casamento se realizou a 30 de maio de 1929 e o divórcio em 1934, logo que Moreno se tornou cidadão americano. Ele e Beatrice tinham uma relação íntima e reciprocamente atenciosa, que resultou em cooperação profissional.[4] Exemplo disso é que, mais tarde, Beatrice trabalhou na primeira tradução de *Das Stegreiftheater* e Moreno foi apresentar seu trabalho no Instituto Plymouth, no Brooklin, onde ela estava trabalhando. Ele fez aí um trabalho de acompanhamento com crianças.

Enquanto Moreno aos poucos ia se estabelecendo em Nova York, continuava a corresponder-se com Marianne, que lhe prometia que logo iria juntar-se a ele. Enquanto isso, ela enviava todos os recortes de jornais que pudesse achar a respeito de seu trabalho na Áustria, bem como cópias de suas publicações e diplomas. Em troca, Moreno enviava dinheiro para saldar algumas de suas dívidas com editores, livrarias e advogados. Continuava ainda na esperança de manter duas casas, uma em Nova York, outra em Vöslau. Marianne estava fazendo milagres, tentando manter a casa e a mobília, enquanto era intimada pelo conselho da cidade, tendo que aceitar dinheiro de seus pais para poder continuar vivendo lá, sem saber que Moreno estava organizando sua vida sem contar com ela. Marianne continuava a ajudar o homem que amava a estabelecer-se nos Estados Unidos. Mas Moreno na verdade estava se distanciando de Marianne, achando outras mulheres mais jovens. Não lhe contou nada a respeito de seu casamento de conveniência com Beatrice Beecher. Quando, no começo de 1930, Marianne não pôde mais impedir o conselho municipal de tomar sua casa em Bad Vöslau, tendo que sair da rua Maithal — do "castelo" do belo "Vale de Maio", onde juntos haviam criado *As palavras do pai* —, Moreno ficou irracionalmente transtornado, e utilizou a oportunidade para romper, através de uma carta raivosa, uma relação que tinha se tornado cada vez mais inoportuna. Moreno falou muito pouco, depois disso, do triste término dessa experiência mutuamente profunda.

Até mesmo inventou uma estória em que Marianne tinha se decidido ser freira! Da mesma maneira como tinha sido incapaz de encarar o fato de que deixara seu pai morrer em Bucareste, assim também foi incapaz de encarar o fato de que tinha abandonado Marianne e tentado apagar a lembrança desse caso amoroso. Marianne, que tinha deixado tudo para seguir Moreno, ficou arrasada.

Bem mais tarde, casou-se mas não teve filhos. Morreu em 1984, deixando uma correspondência com Moreno que testemunha seu envolvimento com o homem e seu sonho. Mais para o término de seus dias foi uma defensora de seu antigo parceiro, acompanhando de longe a elaboração de suas idéias e decidindo permanecer calada sobre seu próprio destino.[5]

Por volta do fim de 1927, começaram a aparecer perspectivas muito melhores para Moreno, graças a Beatrice Beecher e a William H. Bridge, futuro diretor e gerente da companhia de dança de Martha Graham. Moreno começou a dar conferências e a fazer apresentações do trabalho de espontaneidade em escolas, igrejas, universidades, e finalmente pôde fundar O teatro do improviso. (O termo *improviso* era preferível ao termo *espontaneidade*, conforme Bridge, que era então professor de locução e literatura inglesa no Hunter College.[6]) O teatro estava sediado no Carnegie Hall, e novamente aqui, como em Viena, Moreno mostrou bom tino para negócios, ao escolher uma localização central e adequada para seu novo empreendimento, bem como ao fazer conexões vantajosas com figuras de proa do mundo do teatro.

Foi no Teatro do improviso que Moreno encontrou Helen H. Jennings, que deveria ser uma força proeminente para sustentar a publicação de *Quem sobreviverá?* e de numerosos projetos de Moreno. Ela na época fazia o curso de pós-graduação na Universidade de Colúmbia. Apresentou Moreno a seu mentor e supervisor de sua tese de doutora-

*Figura 14.* Helen Jennings, a força propulsora subjacente ao desenvolvimento da sociometria e à publicação de *Quem sobreviverá?* (Zerka Moreno, coleção particular, reprodução de fotografia de Johanne Dayon).

do, Gardner Murphy, que se tornaria um arrimo e sócio de Moreno, bem como uma expressiva conexão entre Moreno e os psicólogos sociais e sociólogos. Outro membro do Teatro era J. J. Robbins, poeta, autor de peças e tradutor de *Minha vida na arte*, de Stanislavsky. Robbins estava ligado a muitos artistas e intelectuais em Nova York e foi útil para dar ao novo grupo visibilidade e reconhecimento.[7]

Moreno já tinha muitas experiências no teatro do improviso, desde seu trabalho na Áustria, mas por causa da falta de fluência em inglês decidiu começar de forma modesta em Nova York. Seu novo grupo trabalhou internamente por algum tempo, antes de fazer sua primeira apresentação pública em 1931. Nessa época, Moreno passou a trabalhar com o Teatro de Repertório Cívico de Nova York, à época sob a direção de Eva LaGalliene. Trabalhou com atores e atrizes como Burguess Meredith, Howard da Silva, John Garfield e Beverly Roberts. De certo, estava repetindo nos Estados Unidos o que já tinha feito em Viena: trabalhava com crianças em escolas, estabelecendo um teatro do improviso, e ensinava atores e atrizes já consolidados, utilizando novos métodos.

Poderíamos considerar esses cinco anos como o "aquecimento" americano em função de um trabalho futuro. Foram anos difíceis, mas, com sua usual habilidade para adaptar-se às circunstâncias, Moreno armou com sucesso o cenário para os mais criativos anos de sua vida.

Capítulo 6

# EM BUSCA DE UMA NOVA MUSA

Os vinte anos que se seguiram foram os mais produtivos da vida de Moreno. Como veremos, ele finalmente conseguiu sucesso profissional, através da síntese dos vários aspectos de sua filosofia e de um árduo trabalho. Sua entrega pessoal e total às suas crenças sinalizam para o fato de não haver separação entre sua vida pessoal e profissional. Uma interagia continuamente com a outra, como quer seu princípio filosófico que postula que, por nascermos em relação com o outro, cada coisa que realizamos tem base numa relação interpessoal. Em parte alguma vemos isso tão claramente, como nessa busca de uma nova musa. Vimos a importância que tiveram para ele sua mãe, Pia, Chaim Kellner e Marianne em diversos períodos da vida, e é claro que Moreno não podia funcionar efetivamente sem tal relacionamento. Quando foi para os Estados Unidos, deixou para trás a pessoa mais significativa de sua vida — Marianne —, e por volta de 1930 tinha rompido com ela inteiramente. Agora começava a travar novas relações.

Uma importante relação feita por ele nos Estados Unidos foi a que teve com seu irmão William, que tinha sido sempre para si um arrimo incondicional. De volta a Viena, William contribuíra para alugar o Stegreiftheater. Quando chegou aos Estados Unidos, William já lá estava, pronto para ajudá-lo financeira e emocionalmente: abriu todas as portas que pôde para o irmão e usou cada fonte possível de influência para facilitar sua emigração. Os dois irmãos eram muitos chegados. Sabiam como usar a força um do outro para minimizar a própria fraqueza. William era um admirador da audácia, da espontaneidade e da dedicação de Jacques ao abraçar uma causa. Moreno precisava da habilidade financeira do irmão mais jovem e de seu constante apoio, especialmente nos primeiros dias de solidão de imigrante recente. Mais tarde, em 1941-42, William ajudou Moreno a fundar o Instituto de Sociometria, em Nova York, contribuindo com seu tempo e dinheiro. Em troca, Moreno dedicou seu livro *Psicodrama, Volume 1* a William.[1] Mas Moreno precisava de uma mulher como musa, mesmo apreciando a companhia e o estímulo do irmão.

Logo após sua chegada, tinha travado relações com mulheres — racionalizava seu comportamento, alegando que era a melhor maneira de aprender a língua —, e entre aqueles que o ajudavam a redirecionar sua energia para uma produtividade intelectual estava Beatrice Beecher, que ele desposou para obter visto de imigrante, em 1928. Embora Moreno pensasse intensamente em Beatrice — nome associado à musa de Dante —, de modo nenhum a relação deles era apaixonada ou romântica, e ao se tornar cidadão americano, em 1934, divorciaram-se amigavelmente, como havia sido previamente combinado. Entretanto, a relação com Beatrice foi muito frutífera e graças a ela Moreno pôde fazer apresentações em que usava o psicodrama com crianças. Ele trabalhou com ela em projetos de ensino e publicações, e foi através dela que conheceu outros educadores e terapeutas.[2]

Moreno era também muito íntimo de Helen H. Jennings, para ele um apoio constante em suas pesquisas e experimentos, mas aparentemente não desejava se envolver ou mesmo desposá-la; antes, pelo contrário, sentia um profundo respeito pela mulher que considerava uma das mais talentosas cientistas sociais de que tinha conhecimento. De fato, Helen Jennings constituiu-se numa força da maior importância a apoiar Moreno, na área da sociometria e do teatro do improviso. Seu talento para metodologia e estatística foi extremamente valioso para ele, sobretudo quanto empreendeu a pesquisa na prisão de Sing-Sing e na Escola Hudson para moças. É preciso dizer que o trabalho teria carecido de precisão e sutileza sem a sua ajuda. Mais tarde, quando Moreno vencia no caminho da fama e era cercado por inúmeras outras figuras importantes, ela ficou como força diretiva em muitos de seus projetos.[3]

Quando apresentava a sociometria na classe do dr. Stevens, na Universidade de Colúmbia, Moreno conheceu uma jovem médica interna na Escola Hudson, estudo que fazia parte de seu aprendizado em trabalho social. Chamava-se Florence Bridge, nascida em 1912. Florence era quase 25 anos mais jovem que Moreno, uma ''linda mulher de pequena estatura e cabelos negros''. Tinha uma natureza apaixonada, sensual, mas era também uma solitária. Perdera a mãe muito jovem e era muito dedicada ao pai. Quando Florence encontrou Moreno, viu nele alguém para substituir o pai. Ficou muito impressionada com o aspecto de Moreno, relacionado com o papel de profeta, identificando-o fortemente com o livro *As palavras do pai*. O tema de Deus haveria de ser um fortíssimo elo na relação de ambos. Tão forte que Florence pode até hoje, 40 anos após o divórcio, citar trechos de *As palavras do pai* com um sotaque que faz lembrar Moreno.

O nome Florence tinha para Moreno associações com a querida cidade de Florença, onde conheceu Pia, sua primeira paixão. A esta época, vivia por conta própria numa ampla propriedade, havia pouco comprada em Beacon, Nova York, sentindo-se muito sozinho, ao passo que Florence não tinha compromissos e o admirava muito. Nessas circunstâncias, a relação se desenrolou rapidamente e em conseqüência disso Florence mudou-se para Beacon. Casaram-se em 1938 e tiveram uma filha, Regina, no ano seguinte.

*Figura 15.* J. L. Moreno, Florence Bridge e Regina Moreno (Coleção particular de Regina Moreno. Reprodução fotográfica de Claude Demers).

O casamento de Moreno com Florence não foi feliz para ele. Para ela, foi diferente: admirava-o tanto que lhe bastava viver na "casinha de Beacon" e cuidar da filha. Os dois não viviam no mesmo mundo. Moreno precisava mais do que admiração e adulação. Precisava de uma musa, alguém que pudesse inspirá-lo como Marianne, que pudesse ser uma parceira profissional, uma co-criadora. Precisava de outra Marianne, mas que funcionasse no sistema americano. De fato, necessitava de uma relação que fosse uma inspiração para seu lado melhor e ao mesmo tempo refreasse os aspectos mais difíceis de sua personalidade.

Em Florence Bridge, encontrou alguém que se fundiu com ele: ela iria literalmente engajar-se nos diálogos "divinos" com Moreno. Não parecia dar-se conta do nível de pensamento "como se" e dos exageros que lhe permitiam falar em nome de Deus, como forma de falar sobre si mesmo, em vez do Deus da Bíblia. Por isso, Moreno foi convivendo cada vez menos à vontade com a dificuldade que Florence tinha de tratá-lo como um ser humano comum. No passado, tinha sido mais tolerante com esse tipo de adulação, no tempo em que vivia entre poetas e escritores em Viena. Mas nos Estados Unidos, em 1936, era diretor de um sanatório, com uma nova imagem para manter. Aos poucos, Moreno foi se afastando de Florence. Ela, por sua vez, se identificava cada vez mais com o aspecto divino dele, o que tornou-se logo um impasse.

Florence tinha pouco contato com os pacientes do sanatório que Moreno abrira em 1936. Vivia com ele na casinha, longe do hospital, tomando conta da filha Regina, como mãe e esposa dedicada. Profissionalmente, apesar de ter contribuído com artigos no campo da sociometria e ter feito algum trabalho pioneiro, nunca realmente soube apreender a imaginação do marido. Ficou casada com Moreno por dez anos e viveu uma vida que qualquer outra pessoa teria achado intolerável. Uma certa ingenuidade, aliada a uma admiração cega por Moreno, permitiu-lhe atravessar muitas tempestades. Nesse meio tempo, Moreno encontrara sua verdadeira musa, até que a situação acabou ficando muito difícil de acomodar. O casal se divorciou em 1948.[4]

Em 1941, Moreno conheceu outra mulher que iria preencher suas expectativas, e bem mais que isso. Celine Zerka Toeman foi ao seu consultório no sanatório de Beacon, para tratar de sua irmã psicótica. Ela era também muito mais jovem que Moreno, mas compartilhava com ele da herança européia e judaica. Tendo nascido na Holanda, vivera na Inglaterra por uns tempos. Pensava como européia, mas tinha um apreço especial pela cultura inglesa, um importante recurso numa cidade como Nova York. Haveria de ser um elo significativo entre o passado europeu e judaico de Moreno e sua futura vida na América. Moreno não sabia nada de seu passado antes de conhecê-la, mas assim como aconteceu com Marianne, vinte anos mais moça do que ele, apaixonou-se à primeira vista. Acreditou em seus próprios sentimentos, sua intuição, sua "tele". Sentiu que encontrara a *parceira integrada* que tinha estado procurando. É claro que ela sentiu o mesmo por ele.

Zerka era uma estudante de modas de muito talento. Nunca tinha pensado em engajar-se na área de psicologia, conquanto por natureza se preocupasse com os outros, com seu bem-estar. Entretanto, sua experiência com a irmã psicótica tinha lhe dado certa compreensão do tipo de trabalho que Moreno fazia, e bem rápido se envolveu em seus projetos. Ele lhe pediu que lesse as provas de sua tradução inglesa de *As palavras do pai*, e quando terminou ela lhe disse que sentiu-se como se fosse ela própria quem escrevera o livro. Sua compreensão imediata do livro e de sua filosofia cimentou a relação entre eles e deu a Moreno um grande sentimento de segurança de ter encontrado uma parceira pronta para compartilhar suas idéias. A partir desse ponto, Zerka entrou em sua vida como mais ninguém, antes ou depois. Tornou-se sua sócia e companheira constante.

Em 1941, Moreno estava casado com Florence. Custou-lhe muitos anos até que estivesse pronto para divorciar-se dela. Entrementes, estabeleceu uma relação frutuosa e totalmente comprometida com Zerka. Primeiro, ele lhe pediu que tomasse a seu cargo o escritório de Nova York. Este era o escritório do Instituto e do Teatro de Psicodrama, que tinha aberto na cidade de Nova York com o respaldo financeiro de seu irmão William. William se encarregava das operações diárias e Zerka logo também se tornou parte do projeto. Aos poucos, também, foi tomando parte no sanatório de Beacon, tornando-se rapidamente o *alter ego* de Moreno, sua inspiração, co-terapeuta, parceira de pesquisas e acima de tudo seu verdadeiro amor. Em 1941, depois de tê-la conhecido, Moreno escreveu para Zerka este poema:

*Eu gostaria*
*De ter nascido com você*
*Como um só ser,*
*Mas agradeço a Deus*
*Por ter nascido separado de você,*
*Como um ser distinto.*

*Mas ah!*
*Oh Deus, Oh meu Deus,*
*Agora que encontrei você*
*E me tornei um com você,*
*Desejo*
*Poder morrer com você,*
*Como um só ser.*

(Original: Zerka T. Moreno. Cópia nos arquivos de Harvard)

A força do apego de Moreno a Zerka é evidente. Ao olharmos para este poema, 50 anos depois, percebemos que de muitas maneiras ele se tornou um com ela: cada um deles integrou o outro na sua própria "jornada", mas também permaneceram separados, cada um contribuindo para a ciência de seu próprio modo. Moreno não evitou inteiramente outras mulheres depois que conheceu Zerka, mas nenhuma era ameaça para ela, porque ninguém contribuiu tanto para o desenvolvimento das idéias de Moreno como ela, e a sua contribuição, embora difícil de ser distinguida da dele, tem um lugar seguro na história da ciência.

Moreno e Zerka se casaram em 1949 e tiveram um filho, Jonathan, em 1952. Tanto Jonathan como Regina, a filha mais velha, também contribuíram à sua maneira para o desenvolvimento da sociometria e da psicoterapia, já que para Moreno o conhecimento que adveio da paternidade foi incorporado em sua obra. Ao mesmo tempo, Moreno também aplicou suas teorias à educação de seus filhos. Em 1950, por exemplo, contratou uma acompanhante européia, Gretel Leutz, para estar junto de Regina durante o difícil período em que a família estava se readaptando após o divórcio e ao nascimento de Jonathan. Ao providenciar para Regina uma "irmã" mais velha, Moreno e Zerka foram capazes de redirecionar energias destrutivas para vias mais positivas e aplicar uma solução "sociométrica" a um problema de família. Gretel Leutz voltou para a Alemanha para ser médica e terapeuta de grupo, tornando-se filha espiritual de Moreno.[5] Regina também mais tarde tornou-se freqüentadora e protagonista do Teatro de Beacon.

Os Moreno educaram Jonathan usando técnicas psicodramáticas e *role-playing*. Por exemplo, a inversão de papéis foi usada para dar a cada um melhor conhecimento das necessidades e sentimentos do outro. Aqui, de novo, Moreno mostrou preocupação com a ação, tendo em conta as aplicações práticas dos princípios terapêuticos. De fato, usou a família como um laboratório vivo: muitos artigos e um livro foram publicados como resultado de sua experiência em criar os filhos e no desenvolvimento de sua família.[6]

Zerka, além da responsabilidade de supervisionar as tarefas domésticas, foi auxiliar e parceira constante de Moreno. Ele a chamava de sua "mão direita", sendo difícil imaginá-lo a realizar muito do que fez sem ela. Mas em 1958, em conseqüência de um tumor maligno no ombro, ela teve que amputar o braço direito inteiro. Foi um período de agonia, desamparo e infortúnio para a família. Zerka mostrou grande energia para se recuperar e retomar inteiramente seu trabalho após a amputação. O processo, contudo, não foi fácil e deu a Moreno uma lição de humildade a respeito dos limites da medicina. Aqui, novamente, a família toda usou técnicas psicodramáticas para explorar seus pensamentos e sentimentos e para apoiar uns aos outros. A história dos infortúnios de Zerka leva-nos de volta ao "Psicodrama da queda de Deus", que Moreno desempenhou quando tinha quatro anos e quando também ele quebrou o braço direito e aprendeu a questionar sua própria força. Por sua fé, sua paciência para com as dificuldades da provação e sua perícia em usar o braço esquerdo para permanecer o braço direito da elaboração do movimento moreniano, a influência e a reputação de Zerka cresceram cada vez mais. Durante este período, Moreno viajou muito ao Exterior, dando conferências sobre sua obra por todo o mundo. Tinha já setenta anos, enquanto Zerka ainda não tinha quarenta: sua presença foi essencial para que o movimento continuasse a se expandir.

De 1942, quando Zerka e Moreno publicaram juntos sua primeira pequena brochura denominada *The Group Approach in Psychodrama* (*A abordagem do grupo no psicodrama*), até a morte de Moreno em 1974, Zerka foi sua parceira em todas as publicações, conferências, *workshops* e muitos outros empreendimentos. Não há dúvida de que ela fosse não apenas sua inspiração, mas também administradora em tempo integral, organizadora, co-instrutora e co-terapeuta. Contudo, quiçá seu mais im-

*Figura 16.* Zerka Moreno em Beacon, no início da década de 40 (Coleção particular de Zerka Moreno. Reprodução fotográfica de Claude Demers).

portante papel não reconhecido na vida de Moreno foi o de pacificadora, nos anos em que ele estava lutando para estabelecer-se a si e suas idéias num país novo: como em Viena, Moreno era muitas vezes arrastado a confrontações e controvérsias.

É difícil imaginar a vida de Moreno sem a constante presença de sua musa Zerka. Ela era de tal sorte parte do seu empreendimento, que só uma análise pormenorizada das obras de Moreno poderia dar-nos uma idéia exata da natureza e extensão de sua influência. À sua maneira, Moreno fez o reconhecimento disso numa entrevista com Walt Anderson, publicada em 1974:

> Quando eu estava juntando informações para esta espécie de esboço autobiográfico, perguntei ao dr. Moreno o que considerava ser o mais importante e singular acontecimento em sua vida criativa. Respondeu que era sua parceria com Zerka Moreno, que começou a trabalhar com ele em 1941 e tornou-se sua esposa em 1949. Perguntei-lhe também se havia alguma coisa que gostaria de mudar em sua carreira e que gostaria que fosse diferente. A única coisa que lhe ocorria é que desejaria tê-la conhecido quinze anos antes.[7]
>
> (Greenberg, 1974: 211)

Capítulo 7

# A ELABORAÇÃO DA PSICOTERAPIA DE GRUPO E DA SOCIOMETRIA

## A filosofia básica de Moreno e sua relação com *As palavras do pai*

Moreno considerava *As palavras do pai* seu livro mais importante. Em sua autobiografia diz isto, o que, aliás, é confirmado pelas duas mulheres mais significativas de sua vida, que estiveram envolvidas com esta obra. Marianne foi sua parceira ao escrevê-lo, Zerka leu as provas da tradução inglesa e imediatamente sintonizou com suas idéias. Foi o livro que assentou os alicerces do que Zerka chama de "teoria de vida"[1] de Moreno.

É um livro que fascinou a todos que o leram e que pode ser interpretado de diferentes maneiras. Moreno não pode ser compreendido sem referência a ele, pois contém a essência de seu ensinamento sobre espontaneidade e criatividade. O vocábulo "Deus" foi muitas vezes tomado num sentido teológico por demais restrito e foi visto como expressão de suas tendências megalomaníacas. Não desejo minimizar qualquer aspecto, mas é também interessante ler Moreno como autor que está externando uma filosofia existencial, autocentrada. Esta filosofia é evidente através de *As palavras do pai* e gira em torno da díade Eu/Tu, criador/co-criador. Seu território ou geografia psicológica é a família, o grupo, o mundo, o universo — o lugar em que a pessoa está expressando a si própria num dado momento.

A base da filosofia de Moreno foi sempre a importância dada a cada indivíduo para se expressar através de seus recursos espontâneos e criativos, num mundo em que cada um é parte de um grupo ou de uma entidade social. Desta perspectiva, cada um tem que conduzir um diálogo significativo consigo e com o mundo, o diálogo do Eu e do Tu, dando origem ao conceito de "eu e encontro", com a implicação de responsabilidade social. É a filosofia que assume que eu sou Deus e que todos nós somos deuses:

> A idéia de Deus se tornou uma categoria revolucionária transportada do começo dos tempos para o presente, para a personalidade, para cada eu. "Ele", o Deus do Gênesis, pode ter que provar sua existência. É o "Tu", Deus do Evangelho cristão, que pode necessitar da prova do encontro, mas o "Eu", Deus da Personalidade, era auto-evidente. O novo "eu" não po-

deria se imaginar nascer sem ser seu próprio criador. Ele não poderia imaginar ninguém que nascesse sem ser seu próprio criador. Além disso, não poderia imaginar nenhum futuro do mundo que pudesse ter emergido sem ter sido seu criador. Ele não poderia imaginar a criação do mundo sem haver um responsável pessoal por essa criação.

(*The Future of Man's World*, 1947: 13)

Ser Deus, ser criador, também significa estar em afinação com o universo que é "criatividade infinita". Para acompanhar o pensamento de Moreno, devemos nos desfazer de preconceitos: os preconceitos de teólogos que não podem aceitar o panteísmo da posição de Moreno; os preconceitos de psiquiatras que olham para a personalidade de Moreno a partir de um ponto de vista "psicopatológico"; os preconceitos de sociólogos que se recusam a associar a ciência a uma abordagem transpessoal da psicologia; os preconceitos da gente de teatro, onde Deus é visto tão-só como um ator sendo representado no palco. A filosofia de vida de Moreno simplesmente declara que todos os seres humanos são infinitamente criativos e que uma nova ordem poderia, de acordo com isso, ser estabelecida no universo. Em última instância, todos somos criadores e co-criadores vivendo num mundo de relações interpessoais, interdependentes uns dos outros. No princípio era a ação. No princípio era o grupo.[2]

Na realidade, a síntese das idéias de Moreno, sua filosofia, foi surgindo lenta e gradualmente. Ele agia intuitivamente na maior parte do tempo, mas sempre colocava a ênfase no desenvolvimento do indivíduo, no grupo e através do grupo. As crianças no Augarten, as prostitutas no Prater e os refugiados no Mittendorf eram todos membros de grupos procurando se realizar; da mesma forma, os pacientes de Moreno em Vöslau e os "protagonistas" no teatro. Falo da "filosofia" de Moreno aqui, porque em 1941 ele traduziu *As palavras do pai*, para o inglês, dando à sociometria e ao psicodrama a base que até então estava faltando aos seus alunos americanos. Publicou de novo o livro anonimamente, desta vez escrevendo um prefácio, sem contudo integrar a obra no seu sistema completo de pensamento. Isso deveria causar problemas, porque as pessoas não sabiam o que fazer com o livro. Entretanto, para compreender a obra de Moreno temos que nos lembrar que os temas básicos de *As palavras do pai* estão continuamente presentes em sua visão de sociometria, de psicoterapia de grupo e de psicodrama.

Quando foi para os Estados Unidos, Moreno desenvolveu suas idéias em duas direções, a sociometria e o psicodrama, deixando a hipótese de Deus um tanto em suspenso. De fato, por muitos anos Moreno deixou de lado a noção de divindade, provavelmente reconhecendo que este tipo de vocabulário seria inaceitável pelos sociólogos e psiquiatras. Decidiu sublinhar diferentes aspectos de suas teorias, dependendo do público a que estivesse se dirigindo. Elaborou a sociometria no âmbito da sociologia, da antropologia e da psiquiatria social, ao passo que as técnicas de psicodrama foram elaboradas com vistas aos trabalhos no campo da saúde mental.[3]

Uma terceira direção em que Moreno desenvolveu suas idéias foi a psicoterapia de grupo. Poder-se-ia dedicar todo um capítulo a este campo, mas não é aqui o lugar apropriado. No desenvolvimento pessoal de Moreno, a psicoterapia de grupo foi principalmente usada em associação seja com a sociometria, seja com o psicodrama, com quem está intimamente ligada.

De um ponto de vista epistemológico, o conceito de psicoterapia de grupo é vasto e mal definido. A partir dele, Moreno tentou criar uma nova ciência, a *sociatria*, para lidar com a "profilaxia, diagnóstico e tratamento de grupos e de relações intergrupais". Esta teria sido uma nova e fascinante área de pesquisa. Era um conceito que incluía tanto prevenção como terapia, e teria tido uma extensão mais ampla do que a psicoterapia de grupo. A sociatria emerge, desaparece e reaparece nos escritos de Moreno. Menciono isto como exemplo de uma de suas idéias que podem ainda necessitar de esclarecimento. Poderia ter sido uma legítima alternativa para o ultra-utilizado conceito de psicoterapia de grupo e assim tornar-se o necessário metaconceito que falta nos escritos de Moreno.[4]

Neste capítulo, vou focalizar a elaboração da psicoterapia de grupo e a sociometria; no seguinte, focalizarei a psicoterapia de grupo e o psicodrama. Entretanto, esta divisão é um tanto arbitrária, e por isso voltaremos por algum tempo à ordem cronológica. Na vida profissional de Moreno, o ano de 1931 foi marcado por três eventos importantes: seu engajamento na pesquisa sociométrica, a inauguração oficial do Teatro do improviso e a controvérsia com Abraham Brill e a psicanálise. No restante do capítulo, discutirei a elaboração da sociometria, tratando dos dois últimos eventos no capítulo seguinte.

## Elaboração dos instrumentos da sociometria

De volta a Viena, Moreno tinha dedicado certa atenção à medição das relações interpessoais e ao envolvimento das pessoas no Teatro do improviso. Tinha apresentado alguns diagramas interacionais muito interessantes, por exemplo, no livro *O teatro da espontaneidade*. Enquanto procurava fazer sua carreira e especializar-se nos Estados Unidos, achou uma forma de usar esses primitivos instrumentos sociométricos no trabalho desenvolvido com crianças que freqüentavam a escola, com o auxílio de Beatrice Beecher. Posteriormente, num almoço da Associação Psiquiátrica Americana, em Toronto, em 1931, discutiu e apresentou-se voluntariamente para estudar a exeqüibilidade da psicoterapia de grupo no sistema penal, em termos semelhantes. Acompanhando seus comentários sobre a necessidade de classificar as pessoas de acordo com certos princípios sociométricos, pediram-lhe que promovesse um projeto de pesquisa na prisão de Sing Sing. Foi estimulado por William Allison White, um dos mais respeitados psiquiatras dos Estados Unidos, e que na época estava trabalhando no Hospital Saint Elizabeth, em Washington, onde era também patrono de um outro inovador no campo das relações interpessoais, Harry S. Sullivam.

Com a ajuda de Helen H. Jennings e o apoio de E. Stagg Whithin, afamado criminologista e presidente do Comitê Nacional para Prisões e Trabalhos em Prisões, Moreno concluiu um estudo qualitativo e quantitativo das relações interindividuais com um grupo de prisioneiros da prisão de Sing Sing. Apresentou suas conclusões numa mesa-redonda, no Encontro Anual da Associação Psiquiátrica Americana, realizada na Filadélfia em 1932. Este evento é considerado geralmente como sendo o início formal da psicoterapia de grupo, pelo qual Moreno é reconhecido; o ano de 1932 foi um marco tanto para Moreno como para a psicoterapia de grupo. Depois que o relatório desse estudo em Sing Sing foi publicado, iniciou uma pesquisa sociométrica de grande importância na Escola Hudson para moças, em Nova York. Olhemos mais de perto estes dois eventos.[5]

## Pesquisa na prisão de Sing Sing e na Escola Hudson para moças

Moreno cultivou um profundo interesse pelo trabalho em grupo. Era muito claro para ele que os indivíduos eram essencialmente parte de um grupo e seu agudo senso de observação fez com que percebesse que pela exploração da situação individual num grupo é que se poderia achar respostas para os problemas psicológicos. Em Sing Sing, empreendeu um trabalho sobre a classificação de prisioneiros passíveis de ter intensificado seu processo de reabilitação. Usando entrevistas e questionários, Moreno detectou cerca de 30 variáveis para cada prisioneiro e fez uma análise de suas respostas. Depois, passou à comparação das respostas de todos os prisioneiros com as respostas de cada prisioneiro individualmente. Desta forma, cada um dos prisioneiros era comparado com qualquer outro em várias variáveis. Por exemplo, o prisioneiro M1 era comparado com o prisioneiro M2 em idade, sexo, raça, nacionalidade, imigração, história, quadro familiar, experiências com vizinhos, linguagem, religião, educação, escolha profissional, ocupação, comportamento, hábitos sociais, idade mental, reações típicas etc. Estas comparações revelam numerosas semelhanças, contrastes, complementaridades. Foi elaborada uma contagem e daí tirada uma relação de fatores positivos divididos por fatores negativos. A partir dessa relação, foi possível predizer como dois indivíduos podiam ou não aproveitar reciprocamente de sua presença no mesmo grupo. A comparação foi repetida para cada indivíduo e aos pares. Dessa análise, Moreno deduziu um quociente social e por fim recomendou uma nova classificação dos prisioneiros, visando transformar a prisão numa melhor comunidade social. O longo processo de análise e síntese dos dados permitiu progressos em instituições em que a classificação era uma preocupação fundamental. Moreno tinha usado nada mais, nada menos que a "sociometria aplicada".

O ano de 1932, quando apresentou os resultados colhidos em Sing Sing à Associação Psiquiátrica Americana, é geralmente considerado a data em que o termo "psicoterapia de grupo" foi usado pela primeira vez na história das ciências sociais.

Na verdade, W. A. White refere-o à reunião-almoço de Toronto, em 1931. Mas como experimento Sing Sing representou muito mais que a elaboração de um novo termo: introduziu também um novo método, a sociometria, como um instrumento de terapêutica grupal.

Moreno estava agora numa ótima posição em relação a White, Whitim e Jennings. Quando apresentou seu relatório na Filadélfia, os mais afamados criminologistas e psiquiatras americanos que trabalhavam no sistema penal fizeram-se presentes. Sua pesquisa foi bem recebida e reputada como uma abertura, uma nova área no campo do diagnóstico e terapia para prisioneiros. Cerca de setenta e cinco profissionais tomaram parte na discussão, incluindo Franz Alexander, afamado psicanalista, e Fannie French Morse, superintendente da Escola para a Educação de Moças do Estado de Nova York, em Hudson. Moreno impressionou a ambos, tendo sido este o início de uma cooperação de longa duração, especialmente com Morse.[6]

Partindo da experiência de Sing Sing, Moreno prosseguiu em seu trabalho acrescentando terapia formal ao processo de classificação na obra efetuada em Hudson. Morse tinha sido pioneira numa abordagem mais humana da delinqüência e estava tentando aplicar novos princípios educacionais em sua escola. Depois de ter ouvido Moreno falar de seu experimento em Sing Sing, convidou-o a dirigir uma pesquisa em Hudson. Ambos se entrosaram muito bem. Moreno foi designado Diretor de Pesquisa na Escola para Educação de Moças do Estado de Nova York, tendo permanecido no cargo de 1932 a 1934.

Foi aqui que os princípios de espontaneidade nas relações, tão freqüentemente citados por Moreno, tiveram sua aplicação prática pela primeira vez. Com a ajuda de Helen H. Jennings, Moreno planejou testes para estudar as preferências em termos de companhias de quarto, de jogos, de líderes e elaborou *sociogramas* que descreviam diferentes tipos de interação entre elas. Além de estudar os resultados para a comunidade ao emparelhar as moças de diversas maneiras, Moreno também conseguiu envolver as próprias moças no processo de escolha de seus grupos e líderes de grupos, conforme diversas variáveis. Ao mesmo tempo, solicitava-se aos líderes de grupo que escolhessem as moças com quem achavam que iriam trabalhar melhor. Muito rápido, Moreno pôde desenhar mapas ou sociogramas, para descrever interações sociais desejáveis e unidades mais operativas. Em 1933, apresentou esses "mapas" num encontro médico em Nova York.

Mas Moreno foi bem além da sociometria, em Hudson. Começou a usar o desempenho de papéis (*role-playing*) e o psicodrama para mudar as atitudes e comportamento das moças. Pediu-lhes que representassem situações reais ou imaginárias, dando-lhes um retorno posterior, e usando a análise daquilo que percebia para ajudá-las a refletir sobre o que acontecera. Muitas vezes, levava as moças a representar de novo a mesma situação, a fim de avaliar seu progresso. Estava na verdade ensinando ou re-ensinando as moças, ao usar técnicas baseadas no nível de confiança entre elas e a boa vontade da parte delas para representar sua personalidade verdadeira. Isto criou uma revolução que logo atingiu outras áreas e instituições. Nascera o aprendizado através do desempenho de papéis e, da mesma forma, o uso sistemático do psicodrama e da psicoterapia de grupo. A experiência de Moreno com as meninas de Hudson pode ser considerada como um dos momentos mais importantes da história da psicoterapia de grupo. Ela representa um passo além da meta original do "grupo de encontro" com as prostitutas de Viena, ao determinar claramente o objetivo terapêutico, ao criar ferramentas para predizer o comportamento e criar instrumentos para ajudar a mudá-lo. Moreno fez filmes de 16 mm em Hudson para ilustrar a psicoterapia de grupo e o uso do reaprendizado de papéis: isto seria visto pelo mundo inteiro como uma inovação fundamental nos métodos de aprendizagem. Moreno escreveu extensamente sobre essa matéria, bem antes da moda contemporânea das "técnicas de comunicação".[7]

De novo estava sendo auxiliado nesta pesquisa por Helen H. Jennings, que realizou uma completa análise e síntese dos dados resultantes da pesquisa. Estudantes do curso de graduação em Hudson também se integraram no programa de reaprendizado das moças, utilizando papéis fictícios para ajudar as moças a compreender seu comportamento desajustado e autopunitivo. Uma dessas alunas era Florence Bridge, que, como vimos, viria a ser a segunda mulher de Moreno.

Foi durante este período que Moreno começou a se tornar mais conhecido e respeitado. Convidou colegas para a escola de Hudson, bem como visitantes, inclusive Gardner Murphy, afamado psicólogo de Columbia, que deveria ficar amigo de Moreno e se comprometer profundamente com seu trabalho. Teve grande influência e adesão nos círculos acadêmicos. Com seu apoio, Moreno começou a galgar os degraus da escala universitária.[8]

## Quem sobreviverá?[9]

Em 1934, Moreno publicou *Quem sobreviverá?*. Este livro foi e ainda é um monumento à sociometria, mas também apresenta a filosofia de Moreno no que toca ao lugar ocupado pela criatividade e pela espontaneidade na vida de uma pessoa. Sua tese é a seguinte: "sobreviverá quem em última instância puder criar". Insistia no fato de que não é necessário que a religião e a ciência estejam em oposição. Pelo contrário, o futuro da ciência repousa na sua integração com uma filosofia de Deus e, como já vimos, cada ser humano para Moreno é Deus enquanto criador e co-criador. De fato, em *Quem sobreviverá*? Moreno repete a mensagem de *As palavras do pai* no quadro de um projeto científico.

O cerne do livro apresenta achados de pesquisa relativos à ciência da medição de grupos e de reagrupamento da comunidade, extraídos principalmente do material de pesquisa recolhido em Hudson, mas também de outros planos de pesquisa. Consta também de material anterior, de publicações feitas no período europeu, especialmente no campo da criatividade e da espontaneidade. Mas seu primeiro e fundamental intento é consolidar a jovem ciência, a "sociometria", cujo alvo é o estudo matemático das propriedades psicológicas de uma população através da análise quantitativa e qualitativa.

A primeira edição foi dedicada a Fannie French Morse, como um testemunho do trabalho por ela desenvolvido em Hudson, como também ao apoio que prestou a Moreno. É um livro difícil de ler, mas muito rico em idéias e achados. Tornou-se logo livro de referência para o estudante de microssociologia.

A introdução do livro, escrita por White, para a primeira edição, presta homenagem integral à sabedoria da filosofia de Moreno. Após apresentar o livro, White conclui:

> O dr. Moreno volta à posição em que o ambiente parece ter maior significado, mas retorna ao problema já não mais no mesmo nível original, mas num nível mais alto. E o interessante é que enquanto volta à consideração do ambiente, ela inclui o aspecto subjetivo quase que exclusivamente realçado no decurso da análise infantil. Temos então aqui um daqueles típicos avanços que oscilam de um ponto de vista ao outro, mas, ao fazer isso, incluem o outro ponto de vista... E pense, além do mais, se você não puser objeções a vôos de imaginação, em que isso provavelmente poderá contribuir para a compreensão dos problemas da democracia como ocorrem num país como os Estados Unidos, formado por raças provenientes dos quatro cantos do globo.
>
> (*Who Shall Survive?*, 1934: III-IV)

*Quem sobreviverá?* é visto e foi provavelmente concebido por Moreno como a bíblia da sociometria. Ele se orgulhava, em especial, dos diagramas sociométricos que ilustravam as interações entre as pessoas, e mostravam, por exemplo, zonas de afinidade e repulsa entre os indivíduos. Esses modelos essencialmente matemáticos eram fáceis de ler e interpretar. Tornou-se o livro padrão da nova ciência, em confronto com o qual outros pequisadores seriam avaliados. O livro recebeu em geral boas críticas. Trouxe os sociólogos para o campo das discussões psicológicas e ajudou a lançar a *Sociometric Review*, em 1936, e o periódico *Sociometry*, em 1937. Também ajudou Moreno a elaborar um curso acadêmico de sociometria. Em 1937, ele foi convidado a ensinar essa matéria na Nova Escola de Pesquisa Social em Nova York.

*Quem sobreviverá?* era muito mais popular entre os sociólogos e psicólogos sociais do que entre psiquiatras. Em certo sentido, a influência de Moreno seguiu uma via semelhante à de Freud, que também ganhou apoio do público, do mundo literário e dos educadores, antes de convencer os psiquiatras do valor de sua obra. (Essa tendência foi especialmente clara no caso de *A interpretação dos sonhos*.) Moreno, entretanto, haveria de tomar outra via para persuadir os psiquiatras, encontrando-se com eles em seu próprio campo, abrindo um sanatório. Falaremos disso no próximo capítulo.

Enfim, devemos notar que em 1953 Moreno escreveu uma segunda edição aumentada de *Quem sobreviverá?*, dedicada a sua terceira esposa Zerka. Essa última edição contém material novo, inclusive o autobiográfico *Preludes to the Sociometric Movement* (*Prelúdios ao movimento sociométrico*), que lança alguma luz sobre a herança intelectual de Moreno e sua síndrome de paternidade. *Prelúdios* é um livro com feição própria e sua inclusão na nova edição de *Quem sobreviverá?* foi provavelmente uma má decisão. Moreno é tão desafiador no texto, tão ávido de se mostrar o criador de quase toda idéia nova, que sua publicação causou muito mal-estar. Muitos leitores nunca passaram dos *Prelúdios* e desprezaram o alvo principal do livro. Contudo, a nova edição foi uma produção de melhor qualidade que a primeira, e sua organização é mais coerente, embora o leitor ainda precise fazer um árduo esforço para extrair a essência do texto.

Voltemos agora a outra anedota sobre Moreno, a qual mostra ainda uma vez mais seu talento para diagnosticar e sua habilidade em aplicar os princípios sociométricos de uma maneira muito prática.

## Predição de lutas de boxe

Em 1933, Moreno conheceu Howard Blakeslee, jornalista da Associated Press. Por meio deste contato, pôde publicar artigos sobre sociometria e psicodrama em jornais que atingiam um público muito amplo.

Quando, enfim, conheceu Moreno, Howard Blakeslee convenceu-o a dedicar-se à psicologia do esporte. Uma luta, longamente esperada no campeonato de pesos pesados no mundo do box, foi acertada entre Max Baer e Joe Louis para setembro de 1935, e Moreno, que jamais tinha tido um interesse especial pelo esporte, topou o desafio de prever quem seria o ganhador, utilizando-se de princípios sociométricos. Foi ver os dois boxeadores durante o treinamento e fez o estudo completo através do número de socos distribuídos por minuto, por cada um dos boxeadores, o número de socos dados diretamente e a força dessas pancadas "mortais". (A técnica era uma reminiscência de outra que já tinha usada em Viena, em 1924, para estudar o processo de improvisação no *Stegreiftheater* em que tinha medido o "quociente de espontaneidade" de atores e atrizes, através do cômputo do número, extensão e direção dos diálogos. Neste caso, Moreno estudou o que veio a chamar de átomo social, ou seja, o ambiente imediato e significativo de cada boxeador: sua relação com os pais, esposa, irmãos, amigos e treinadores. Estudou o estado de espírito e o estilo dos dois protagonistas. No processo, teve que fazer muitas vezes a inversão de papéis, imaginando, por exemplo, o que significava para Baer preparar-se para uma luta quando ainda estava em lua-de-mel. Aqui há uma reminiscência das técnicas que prediziam o desenlace dos julgamentos nos tribunais de Viena, bem como das usadas em Sing Sing e Hudson.

Com todas essas informações, Moreno determinou o trajeto do processo físico e psicológico de Max Baer e Joe Louis. Chegou até a publicar um mapa das mais importantes influências na vida de Baer, através de linhas que representavam relações positivas e negativas. Esse mapa é um predecessor das representações do átomo social e dos genogramas de famílias.

Moreno extraiu diversas hipóteses de suas observações, com níveis de probabilidade para cada uma delas. Cada nível de probabilidade foi explicado pela pesquisa. Como conclusão, Moreno predisse a vitória de Joe Louis e foi muito exato no como e no quando. Repetiu esse tipo de estudo em 1948, para uma luta entre Joe Louis e Joe Walcoff, e em 1945 para a peleja entre Rocky Marciano e Ezzard Charles.

O tipo de trabalho exemplifica a extensão em que a sociometria pode ser aplicada, praticamente em muitas das diversas áreas da vida humana. Mostra também quanto Moreno podia ser exato como observador do comportamento humano: a partir de observações pormenorizadas, foi capaz de extrair um "quociente de espontaneidade" a partir do qual iria, em troca, fazer predições sobre o desenlace da luta. É possível ver como esse processo poderia ser aplicado a numerosas outras áreas e a todos os tipos de atividades.

Moreno fez alguns achados interessantes durante essa pesquisa. Um deles foi a importância de observar o corpo e não evitar tocá-lo:

> Certo número de psicoterapeutas mais jovens e ecléticos, como Fritz Perls e William Schultz, estão utilizando estes métodos corporais. Por muito tempo ficamos sozinhos nisso. Outros pensaram que esta participação do corpo era danosa para o paciente, especialmente porque mudava a relação com o terapeuta, de um plano objetivo para outro extremamente subjetivo. Eles avaliaram com precisão e entenderam. Moreno agarrou-se a suas armas. Sua única preocupação, como apregoava, era se isto era benéfico ao paciente. Não se procura nunca preencher necessidades do terapeuta. Afinal de contas, como podem o dentista, o cirurgião, o ginecologista e o obstetra ou o dermatologista praticar suas especialidades sem tocar? A psique é mais ou menos sacrossanta que o corpo? Onde começa uma e termina o outro?
>
> (*Psychodrama volume 3*, 1969: 257)

Outra nota dizia respeito às semelhanças entre o que observou em campos de treinamento e o campo das discussões terapêuticas:

> Fiz uma série de descobertas fascinantes enquanto fazia tudo isso, não sendo a menor delas o fato de que os treinadores intuitivamente escolhiam parceiros de luta que tivessem as mesmas características do adversário com quem deveria se enfrentar. Denominei os parceiros de luta — naturalmente — de egos auxiliares, substitutos da pessoa real do evento também real, bem ao modo em que o diretor de psicodrama trabalha para preparar seus pacientes por meio de egos auxiliares, para um eventual retorno à vida real com seus parceiros e o inevitável embate com eles.
>
> (*Psychodrama volume 3*, 1969: 257)

Se houve algum aspecto negativo nessa estória, foi a dificuldade que Moreno teve em recusar esse tipo de desafio, que o colocava sob a luz dos holofotes. Contudo, mostra novamente aqui vigor diagnóstico e originalidade de pensamento.

## A fundação de periódicos e a elaboração da sociometria

Moreno tinha muito de fundador. Provavelmente em nenhuma outra coisa usou tanto seu talento como na fundação de periódicos profissionais, associações e institutos. Por exemplo, em 1931, fundou um pequeno periódico, *Impromptu* (*Improviso*), que foi publicado apenas duas vezes, mas criou muito interesse pelo teatro espontâneo. Contudo, bem pouco depois iria abandonar o terreno do teatro quase completamente, para se concentrar mais na sociometria e no psicodrama. A despeito de seus heróicos esforços para empreender uma revolução através do teatro, seu fracasso foi inevitável: os atores precisavam representar e resistiam ao chamado para liberarem-se; o teatro não era o mundo real e Moreno queria investir num mundo onde pudesse libertar almas prisioneiras das *conservas culturais* e sociais; desejava ajudar as pessoas a encontrar a liberdade interna e externa.

Com o intuito de atingir esses objetivos, precisava de um veículo para expandir suas idéias entre um público mais amplo. Em 1936, criava novamente um periódico, a *Sociometric Review* (*Revista Sociométrica*), em que apresentava idéias e métodos que não tinham encontrado lugar no *Quem sobreviverá?*. Sua colaboradora mais importante foi novamente Helen H. Jennings. Mas Moreno sabia que tinha que ampliar sua base e seu público. Sendo assim, em 1937 criou *Sociometry: A Journal of Interpersonal Relations* (*Sociometria: Um Jornal de Relações Interpessoais*). Essa nova empreitada foi, sob muitos aspectos, importante e introduziu mais um novo termo, "relações interpessoais", no mundo acadêmico. O periódico rapidamente atingiu um público bem mais amplo que a *Sociometric Review*, graças à criação de um quadro de editores, para o qual Moreno pôde contar com reconhecidos nomes nas áreas da sociologia, antropologia, psicologia e psicologia social. O primeiro editor do periódico foi Gardner Murphy, à época membro da Universidade de Colúmbia. Depois dele, veio George A. Lundberg, da Universidade de Washington. Concordaram em colaborar na revista acadêmicos respeitados, tais como Margaret Mead (do Museu Americano de História Natural), Gordon Allport (da Universidade de Harvard), Charles P. Loomis (da Universidade de Michigan), Hadley Cantril (da Universidade de Princeton).

A criação de *Sociometry* deu a Moreno a vantagem especial de publicar sua pesquisa e divulgar suas teorias. Pôde também dar a seus colaboradores mais próximos uma oportunidade de se expressarem. A seleção dos artigos não era individualmente guiada por princípios muito justos, mas pode-se argumentar que afastava de Moreno o risco de ser rejeitado por outros periódicos que com ele competiam. O *Sociometry* constituía uma oportunidade de publicar artigos sobre a elaboração dos testes e do aprendizado da espontaneidade, de apresentar estudos sociométricos e a história do movimento sociométrico.

A revista foi publicada pelos Moreno até 1955, quando foi transferida para a Sociedade Sociológica Americana. É interessante notar que a transferência coincidiu com a criação por parte de Moreno do *International Journal of Sociometry and Sociatry*. A essa época, Moreno já viajava pelos Estados Unidos há vinte anos, dando conferências sobre suas idéias e fazendo apresentações de seus métodos. Sentiu que necessitava expandir suas atividades. Nos meados de 1950, a sociometria já tinha se desenvolvido em muitos países fora dos Estados Unidos. Daí por diante, Moreno deixaria cada vez mais sua obra ser conduzida nos Estados Unidos por amigos e colegas na Associação Sociológica Americana, enquanto ele levava sua mensagem para mais longe.

O desenvolvimento dos estudos sociométricos foi acelerado pela guerra. O exército precisava de respostas rápidas e confiáveis em diversas áreas. A sociometria mostrou-se útil, e Moreno foi muitas vezes convocado como consultor. A maior irrupção aconteceu no Hospital Saint Elizabeth, em Washington, onde seus métodos foram amplamente experimentados e aprovados, mas esteve também indiretamente engajado na seleção e instrução de oficiais do Exército Britânico, através do major G. Fitzpatrick e do tenente-coronel J. D. Surtherland, que esteve no Instituto Sociométrico, em Nova York, durante um mês e aplicou métodos sociométricos quando voltou à Inglaterra. Durante a guerra, Moreno atuou muito em programas de treinamento do exército americano: a sociometria e a terapia de grupo foram estimadas como recursos apropriados para a seleção de pessoal e para elevar o moral das tropas.[11]

Foi também nesse período que Moreno se associou com Pitirim Sorokim, de Harvard, homem que considerava "um dos maiores cientistas sociais do nosso tempo". Através da discussão e da crítica, Sorokim ajudou Moreno a esclarecer muitos de seus conceitos. Segundo Moreno, os dois concordavam em muitas coisas, mas discordavam num tema vital, o de suas respectivas definições de ciência:

> Ficou claro para mim que grande parte do trabalho de Sorokim foi feito numa escrivaninha. Embora fosse um cientista social bem dotado, nosso mais importante ponto de divergência é que eu estava fora, no mundo externo, tentando viver minha filosofia, experimentando-a em cada dia da minha vida e nas vidas de meus alunos e pacientes, enquanto ele permanecia confinado à sua escrivaninha, seu laboratório, sua classe... Eu era um experimentador e experimentadores como Jesus, Buda e São Francisco sempre parecem desadaptados e mesmo patológicos, mas tentam viver uma vida de verdade, preferindo uma existência imperfeita a uma teoria perfeita.
> (*Autobiography*, 1985: cap. 11: 240)

Moreno teve muitos outros colegas com quem discutiu e elaborou instrumentos sociométricos. Além de associar-se com as Universidades de Colúmbia, Harvard, Nova York e a Nova Escola de Pesquisa, foi logo convidado a dar conferências em universidades pelos Estados Unidos, incluindo Denver, Ohio, Stanford e Los Angeles. Ser professor foi uma nova forma de forçar-se a esclarecer sua posição e refinar sua técnica. Às vezes, teve que despender excessiva energia com esta atividade, fazendo inúmeras apresentações de seu trabalho, em vez de centrar-se em seus escritos.[12]

A mais importante contribuição de Moreno à sociometria ficou sendo sua pesquisa básica em Sing Sing e Hudson. Nunca a levou mais longe, embora continuasse em atividade nessa área. Em 1951, publicou *Sociometry: Experimental Method and the Science of Society* (*Sociometria, método experimental e a ciência da sociedade*), e, em 1956, *Sociometry and the Science of Man* (*Sociometria e a ciência do homem*). Mas isso tudo era vinho velho. Basicamente, Moreno não tinha paciência para ser pesquisador em tempo integral. Atraía-o mais o mundo prático e um certo fascínio a ele associado. Isto poderia explicar por que o psicodrama aos poucos se tornou seu instrumento favorito.

O desenvolvimento no campo da sociometria era acompanhado de controvérsia. Moreno tinha uma "obsessão pela paternidade". Nos meados de 1938, teve contato com Kurt Lewin, autor de *Topological Psychology* (*Psicologia topológica*) e líder do movimento de dinâmica de grupo. Moreno foi rápido em reivindicar sua grande influência sobre Lewin, e em especial sobre seus alunos, em relação à sua teoria. Era certamente um problema para Moreno o fato de que muitos dos seguidores de Lewin fossem também alunos do Instituto de Sociometria, e contribuíssem com artigos para o periódico *Sociometry*. Moreno foi incapaz de manter-se longe da controvérsia relacionada à "paternidade de sua própria contribuição".[13]

Finalmente o campo da sociometria e o pequeno grupo de pesquisa se expandiram com estrondo: a influência de Moreno podia ser sentida por toda parte, ainda que seu nome aos poucos começasse a ser esquecido. Bem poucos estudantes de sociologia ou psicologia social hoje em dia haveriam de suspeitar do impacto que Moreno causou neste campo, no domínio prático e de pesquisa, há mais de cinqüenta anos. Uma das razões para isso é que Moreno de fato fez muito pouca pesquisa nesta área, se excetuarmos os projetos de Sing Sing e Hudson. Outra, é que deixou o campo de discussão para outros pesquisadores eminentes, mantendo por um tempo o papel "oficial" de liderança, sem nenhum poder real. Houve controvérsias e lutas com companheiros e alunos, bem como destes entre si.

Entretanto, mais poder-se-ia aprender de Moreno, pois por estar fincado no presente tratava de preservar nosso futuro, nossa sobrevivência:

> O homem deve tomar seu próprio destino e o do universo em suas mãos, no âmbito da criatividade, como um criador. Não é suficiente que procure acercar-se da situação através do controle técnico — armas de defesa —, nem pelo controle político — governo do mundo. Deve encarar a si mesmo e a sociedade a que pertence no *statu nascendi*, aprendendo a controlar o robô não quando já tiver sido posto à nossa disposição, mas antes que tenha sido criado (criatocracia)... O futuro do mundo depende do contra-armamento elaborado pela sociometria e sociatria.
>
> (*The Future of Man's World*, 1947: 21)

Capítulo 8

# PSICOTERAPIA DE GRUPO E PSICODRAMA

Moreno reconhecia que numa sociedade moderna o ideal de uma vida completamente espontânea e criativa é difícil de atingir, e para poder superar isso elaborou as técnicas do Teatro do improviso e, finalmente, o método do psicodrama. Depois de 1931, desenvolveu ambas as técnicas, bem como a sociometria, no contexto geral da psicoterapia de grupo. A base filosófica era ainda a relação Eu-Deus, como criador, e mediante um encontro significativo.

Por que Moreno teria escolhido métodos de expressão dramática para promover a realização integral do indivíduo e do grupo? A resposta se encontra em sua personalidade. É como se fizéssemos a mesma pergunta sobre Freud. A psicanálise foi criada por alguém que se sentia à vontade com a análise dos sonhos e tinha curiosidade pelo próprio inconsciente. Moreno iria criar um teatro e mais tarde um método terapêutico para justificar seu desejo pessoal de representar Deus. Iria mesmo afirmar que graças ao psicodrama foi capaz de dominar sua megalomania. Através da referência de sua experiência, foi levado a acreditar que todas as pessoas possuem um desejo "normal" de serem o centro do palco, e que, para atingir o completo desenvolvimento psicológico e ser criativo, cada um tem que encontrar uma forma de atuar espontaneamente diante de um público. Sua própria vida exemplifica a busca de um palco: entreteve crianças no parque e no teatro. Fez isso de maneira recíproca, fazendo que as crianças desempenhassem seu papel mais importante em suas próprias histórias, enquanto ele, por sua vez, mantinha a liderança. Sua própria experiência como médico carismático conduziu-o ao "teatro recíproco", uma forma de psicoterapia comunitária, com uma abordagem catártica e ênfase religiosa. O trabalho com prostitutas fê-lo perceber que cada pessoa pode desempenhar o papel de co-terapeuta para qualquer outra. Mas Moreno precisava de um palco "real", e a experiência com o *Stegreiftheater* deu-lhe a oportunidade de prová-lo.

Para entender a elaboração do psicodrama, temos que olhar de perto os diferentes papéis desempenhados por Moreno. Ele desejava livrar-se das *conservas culturais* e fazer surgir o "homem espontâneo". Para isso, precisava primeiro atuar o seu próprio ser espontâneo, para depois fazer surgir sua revolução; sentiu também que precisava ensinar como livrar-se da rigidez do homem moderno. Para conseguir isso, tornou-se ele próprio *ator*, *autor* e *pregador*. Vimos como desempenhou todos esses papéis antes de escrever sobre eles. Haveria de repeti-los na elaboração do psicodrama, tornando-se em troca um modelo de papel, diretor e analista.

O psicodrama tal como agora o conhecemos desenvolveu-se aos poucos. Vimos como Moreno trouxe um palco para os Estados Unidos. Palco que concebia como um lugar de total comprometimento para as pessoas, o palco de suas próprias vidas. Não teve êxito em fazer essa idéia progredir em Viena. Seus atores aí eram profissionais que, em última instância, obtinham prazer em mobilizar as emoções dos espectadores. Não viam a si mesmos como "pacientes" que necessitassem de ajuda para recuperar sua espontaneidade. Se tiravam algum benefício de suas experiências com o teatro de Moreno, deixavam-no mais tarde e retomavam sua carreira profissional de atores. Moreno ficou desapontado, não conseguindo compreender seu sucesso ao revelar em atores como Peter Lorre, Elisabeth Bergner e Anna Höllering o potencial para um desempenho profissional de realce. O que desejava era substituir as peças tradicionais por enredos espontâneos, envolvendo cada pessoa.

Ao se transferir para os Estados Unidos, Moreno tinha tido a esperança de encontrar um ambiente teatral mais receptivo para implementar suas idéias revolucionárias. Repetiu o experimento do *Stegreiftheater* e alugou um espaço no Carnegie Hall, para retomar seu trabalho com um novo grupo de artistas e pôr em prática suas idéias. Trabalhou também no Repertório Cívico de Nova York, dirigido por Eva LaGalliene. Em 1931, o mesmo ano em que começou a pesquisa sociométrica em Sing Sing e se envolveu na controvérsia com o psicanalista Abraham Brill, ele abriu o Teatro do improviso.

## O Teatro do improviso

A abertura oficial teve lugar no Guild Theatre, a 5 de abril de 1931. Dez anos após o fracasso no Komödienhaus de Viena, Moreno apresentou-se em público novamente. Mas desta vez não era o primeiro de abril e ele não estava sozinho no palco. Também não tinha Franz Werfel e seu grupo para aplaudir sua apresentação, fosse qual fosse a qualidade e o conteúdo do que exibia.

Pelo programa oficial, conseguimos ter a idéia do tipo de trabalho que Moreno estava fazendo nessa época. Havia peças improvisadas pelo grupo e análises posteriores feitas por ele. Moreno "comentava" os desempenhos e atuava no papel de analista, ou então "explicava-os" no papel de professor, sendo digno de seu nome hebraico "Morenu".

Fazia também parte do programa uma pequena orquestra clássica, que improvisou no palco. Esse último experimento não teve muito êxito e foi logo interrompido, mas permitiu a Moreno compreender os limites do desempenho espontâneo na música clássica e as condições necessárias para promovê-la. Viu a diferença de improvisação entre músicos e atores.

Por volta de 1931, Moreno reconquistou toda a energia que tinha mostrado em Viena. Encontrara agora um lugar para fazer experiências com o *palco psicodramático*. O trabalho no Teatro do improviso se iniciou informalmente em 1929, continuou no Carnegie Hall por algum tempo e se concentrou principalmente no aprendizado da espontaneidade, na técnica do jornal vivo e nos desempenhos baseados em conflitos apresentados por membros do público. Custou certo tempo até que Moreno retomasse seu trabalho terapêutico no palco, possivelmente por causa da recordação do suicídio não previsto em Viena. Em última instância, o teatro do improviso não teve, segundo Moreno, mais sucesso do que obteve em Viena. Ele foi apreciado pelo público, mas para Moreno ficou aquém da revolução fundamental que pretendia. Como em Viena, o público hesitou em comprometer-se nos termos em que Moreno desejava e os atores, com poucas exceções, usaram o palco como local para reconquistar sua capacidade de espontaneidade e como aquecimento para peças de teatro tradicionais. Na verdade, Moreno estava fazendo exatamente o mesmo que Stanislavski, só que com melhores atores.

Em 1931, como já vimos, Moreno produziu e publicou duas edições de uma revista chamada *Impromptu*. Reproduzia muitos dos textos que já tinham sido publicados em Viena, mas incluía também artigos de J. J. Robbins, Theodore Appia e Helena H. Jennings. Embora tenha tido vida curta, a revista permitiu a Moreno apresentar seus pontos de vista e adquirir de novo uma certa liderança.[1]

Entretanto, por essa época, tinha já decidido abraçar a psiquiatria, em conseqüência do trabalho no Hospital Monte Sinai, em Nova York, e do trabalho terapêutico com crianças em idade escolar, feito em conjunto com sua primeira esposa, Beatrice Beecher, o que lhe forneceu outro palco para atuar. Assistiu ao encontro anual da Associação Psiquiátrica Americana pela primeira vez em 1931, e como novo membro foi muito atuante no decorrer da convenção. Não só tomou parte nas discussões de grupo sobre a reforma das prisões, um ponto crucial, que posteriormente deu origem à sociometria, mas esteve também envolvido com outro evento de natureza mais polêmica.

## Moreno, Abraham A. Brill e a psicanálise

Abraham A. Brill era um psicanalista respeitado nos Estados Unidos, na época, e um freudiano ortodoxo. Na convenção da Associação Psiquiátrica Americana, solicitaram a Moreno que fosse o debatedor do ensaio de Brill, "Lincoln humorista", o qual apresentava um nada lisonjeiro retrato do ex-presidente americano. Moreno, desafiando a análise de Brill sobre Lincoln em áreas em que era impossível, senão deselegante, interpretar a personalidade de uma pessoa morta, não apenas atacou o conteúdo do ensaio, como também desfechou ásperas críticas pessoais contra o próprio Brill. Pela "inversão de papéis" com Lincoln, Moreno tratou de apresentar um retrato igualmente pouco lisonjeiro de Brill. Eis alguns comentários seus, que apareceram em jornais do mundo inteiro no dia seguinte:

> Sr. Presidente, Senhoras e Senhores. Ouvi atentamente, mas não estou certo de se o ensaio do dr. Brill versava sobre Lincoln ou se sobre a psicanálise. O título do ensaio é "Abraham Lincoln humorista". Poderia ter-se chamado igualmente "Dr. Brill humorista". Não é cortês psicanalisar a personalidade de um homem que já morreu, fazendo-o sem seu consentimento. Deve haver, contudo, para isto uma razão especial. As conclusões do dr. Brill são baseadas em depoimentos de amigos e contemporâneos que devem ter tido todo o tipo de motivos para contar todo o tipo de estórias sobre Lincoln. Se um psiquiatra contemporâneo tivesse feito um estudo sobre Lincoln, o dr. Brill estaria justificado, até certo ponto, em aceitar seus achados. Mas como nenhum estudo científico do grande emancipador americano foi feito durante sua vida, não há justificativa alguma para tentar analisar sua personalidade na base do que é relatado sobre ele e por leigos.
>
> É difícil entender como Lincoln morto poderia ter feito uma "transferência" para com o Brill vivo. É óbvio, entretanto, que Brill desenvolveu uma extraordinária transferência para com Lincoln. A psicodinâmica inconsciente que se torna "disponível no curso da análise" é a de Brill. Apenas acontece que ela é "aqui e agora".
>
> Brill tentou provar que o humor grosseiro e vulgar de Lincoln era determinado pelo inconsciente, uma forma de sublimação libidinal. Minhas opiniões se fundamentam num método diferente — o psicodrama. Elas são baseadas no estudo de pessoas colocadas em situações improvisadas. Essas pessoas respondem espontaneamente a uma nova situação, muito semelhante à de um ator ou atriz no palco da vida, e desenvolvem uma personalidade julgada por eles como a mais ajustada às circunstâncias e que por sua vez vai ao encontro, na melhor forma, dos desígnios que estão empenhadas em atingir. Num homem de gênio como Lincoln, um enorme teor de criatividade deve ter sido utilizado para a reorganização de material psíquico oriundo de um ser individual. Quanto mais incomuns são o caráter e as circunstâncias, tanto maior é o perigo de aplicar uma "fórmula feita". O método psicanalítico não está suficientemente desenvolvido a ponto de permitir uma análise de Lincoln. Não somente inexiste um especialista de primeira mão em psiquiatria que conhecesse Lincoln quando vivo, mas também temos que considerar que um gênio de sua estirpe era capaz de desempenhar papéis e dizer muitíssimas coisas que poderiam ser entendidas de várias formas. (*Who Shall Survive*?, 1953, XLIV-XLV)[2]

Além desses comentários, Moreno também respondia a quatro perguntas que nos dão uma certa compreensão de sua capacidade de analisar material psicológico e usar as armas de seu opositor para lutar contra ele em seu próprio terreno:

> Primeiro, por que Brill foi atormentar uma pessoa que já morreu, ao invés de uma que está viva? Segundo, por que atormentar uma personalidade ilustre, preeminente e especialmente um americano? Terceira, por que atormentar Abraham Lincoln? Quarto, por que me escolheu para discutir sua hipótese? (*Who Shall Survive*?, 1953: XLVII)

As respostas de Moreno a estas perguntas são particularmente interessantes, por causa da "psicanálise" que faz de Brill e por lançarem mais luz no seu conflito com Freud:

> A primeira pergunta é relativamente fácil de responder: é mais fácil analisar um homem morto, isto é, mais fácil para o analista. Ele não fica exposto a uma "contra espontaneidade"... Isto nos leva a responder à segunda pergunta. *Tinha* que ser uma personalidade ilustre, preeminente, porque o ensaio aparentemente pretendia dar grande publicidade à psicanálise, documentar perante o mundo que a psicanálise tem a força intelectual de conviver com gênios criativos e os mais destacados indivíduos da história, bem como situá-la no lugar adequado. Mas por que tinha de ser um americano? Obviamente, Brill atormentou um americano porque estava pessoalmente comprometido com o povo americano. Muito possivelmente, os Estados Unidos são um país que decidiu haveria de conquistar para si e para a psicanálise...
>
> O que nos leva à terceira pergunta, que é mais difícil de responder. Sou capaz, se me permitem, de analisar o próprio dr. Brill... Ele estava se preparando para aparecer diante do mundo, do povo americano, num grande papel, o papel de um psicanalista emancipado e libertador. Vendo-o em ação não poderia deixar de compará-lo com Lincoln, objeto de sua análise. Ele é baixo, tem pouco mais de um metro e meio; Lincoln era um gigante, tinha mais de um metro e oitenta. Ambos usam barba e ambos têm como primeiro nome Abe... Brill esperou pacientemente a oportunidade de se medir com o outro Abe, e hoje, nesta sala, diante de nós todos, teve essa oportunidade — o presidente da Sociedade Psicanalítica Americana *versus* o presidente dos Estados Unidos.
>
> Por último, mas não de menor importância, deve ser respondida a pergunta: por que me escolheu para discutir este ensaio? Para dizer o mínimo, foi uma escolha irracional, irracional no sentido psicanalítico, mas não de um ponto de vista sociométrico. Brill e eu fomos, como dizem os sociometristas, apanhados na mesma "rede". Ainda que sejamos estranhos um ao outro, estamos muito próximos um do outro. Temos muitos conhecidos em comum, psicanalistas, psiquiatras etc., que têm entre eles numerosas ligações. Estas ligações são canais de influência e comunicação, que preparam objetivos individuais para a tomada de importantes decisões. Esses fatores "tele" operam num indivíduo, ainda que esteja muito pouco consciente da complicada rede em que está envolvido. Por que terá escolhido

ele, para debater, um opositor da psicanálise? Por que terá escolhido um imigrante como ele?... Eu já era em Viena um ferrenho crítico da psicanálise. Brill deve ter tido conhecimento das minhas teorias radicais sobre terapia de grupo e teatro terapêutico. Eu era perigoso não tanto porque conhecesse suas limitações, mas por ter criado métodos, que o futuro provará, como pretendo, serem de natureza superior. Minha resposta à pergunta de se saber por que Brill caiu nessa é a seguinte: ele não estava muito seguro de que a psicanálise fosse capaz de analisar gênios do calibre de Abraham Lincoln; não tinha muita certeza de que como um ser individual — um imigrante — pudesse desfechar o golpe certeiro contra o fechamento característico dos americanos. E também não estava suficientemente seguro de que o povo americano iria aceitá-lo, a ele Abraham Brill, o libertador, como um ídolo em lugar de Lincoln. Ele temia estar jogando uma partida já perdida. Sentia-se culpado e Freud não se achava por perto para socorrê-lo. Então, com um espírito masoquista e num gesto descarado, convocou uma pessoa cuja produção e os meios de se apresentar lhe pareciam tão misteriosos para ele quanto Abraham Lincoln. Convocou-me como o agonizante Hamlet chamou Fortinbrás para ampará-lo.

Seria justo que eu lhes dissesse também por que aceitei o convite de Brill. Eu tinha para isso duas razões. Uma delas é que Brill representa para mim a psicanálise, que eu tenho em alto apreço, mas considero como minha adversária natural. A segunda razão é que sinto uma profunda simpatia por Abraham Lincoln. Sinto como se tivesse me posto em seu lugar, como um ego auxiliar numa sessão de psicodrama. Enquanto falava, sentia como se, de algum modo, Lincoln falasse através de mim. Ele, o morto, sem defesa, assim se defendia. Apelava para mim enquanto personalidade psicodramática da vida real, capaz de produzir idéias e de agir. O psicodrama de sua própria vida e o sociodrama do continente americano surgiam como um grande e único acontecimento na manhã de 5 de junho no Hotel Royal York. A história dos últimos vinte anos tornou simbólico o incidente Brill-Lincoln.

(*Who Shall Survive?*, 1953, XLVII-1)

Eu gostaria de destacar alguns pontos aqui. O primeiro diz respeito ao conhecimento de Moreno sobre a psicanálise. Por causa de sua oposição à psicanálise tem-se por vezes a impressão de que ele não tinha suficiente conhecimento dela. Contudo, a discussão do ensaio de Brill indica claramente que conhecia os conceitos que Brill estava usando e que ele poderia utilizá-los em seu proveito. Observando sua biblioteca particular, vemos que lia Freud com atenção, pois fazia muitos comentários nas margens dos exemplares das obras do criador da psicanálise.

Fazendo, através de outra leitura, uma avaliação do incidente com Brill, fica claro que através de Brill é Freud que Moreno pretende atingir. Ele fizera antes os mesmos comentários negativos sobre a análise de Moisés feita por Freud, da mesma maneira que o fez com a análise de Brill a respeito de Lincoln. Mas sem sombra de dúvida seu alvo real era Freud, o pai da psicanálise. Em 1931, Moreno atacaria a psicanálise da mesma forma que fez ao encontrar Freud quase vinte anos antes. Provavelmente, não desejava nem esperava encontrar a psicanálise tão solidamente estabelecida no país a que tinha chegado para dar início a um trabalho totalmente novo. Como prova do verdadeiro motivo do ataque de Moreno a Brill, podemos nos reportar à monografia psicodramática de nº 42 (1967), que leva o título de "The Psychodrama of Sigmund Freud" (O psicodrama de Sigmund Freud). De fato, o conteúdo trata essencialmente do ocorrido com Brill.

Um outro ponto a ser notado é o oportunismo de que Moreno dá mostras. Encontra-se aí na qualidade de um imigrante recente, que defende o muito querido presidente americano. Sua identificação com Lincoln é sem dúvida autêntica, e ele provavelmente também desejava de algum modo emancipar a psicologia da psicanálise, porém ele mostrou um adequado senso de oportunidade e sincronia. A controvérsia trouxe-lhe fama imediata: a avaliação da análise de Brill e a resposta de Moreno apareceram nos jornais americanos e internacionais mais importantes do dia seguinte. Esta fama imediata, porém, teve um preço, pois a maioria dos psicanalistas se voltou contra Moreno.

Há muitos outros aspectos que poderiam ser analisados neste "incidente": a identificação pessoal de Moreno com Lincoln; o aspecto "repetitivo" do confronto; o duplo critério usado ao publicar este relato em 1953, poucos anos após a morte de Brill; as reais conseqüências nos círculos psiquiátricos da intervenção de Moreno na conferência de Toronto.

Os enfrentamentos de Moreno com a psicanálise haveriam de continuar através de toda sua carreira. Nunca mais encontrou Freud pessoalmente depois do encontro de 1912 ou 1914, mas escreveu tanto sobre e contra ele, que se torna claro que invejava profundamente este outro fundador e pai. No fim da vida, Moreno ficou um pouco menos agressivo para com outros analistas, mas antes de isso acontecer haveria de travar muitas outras batalhas, especialmente com S. R. Slavson, o proponente da psicoterapia de grupo nos Estados Unidos. Ambos eram gigantes neste campo e haveriam de lutar direta e indiretamente através de companheiros e alunos por quase três décadas, em formas por vezes evocadoras da rivalidade infantil. É impossível atribuir responsabilidade num conflito que levou os dois protagonistas a criar associações e periódicos profissionais em separado, competindo por liderança nacional e mais tarde mundial. Mas fica claro que nenhum proveito real adveio destas lutas entre as facções de Moreno e Slavson.[3]

Estas controvérsias acenderam o vigor de Moreno: não era suficiente criticar, sentia a necessidade de apresentar alternativas. Ele não só teve êxito nessa empreitada, mas colocou-as diante dos opositores dentro de seu campo, a psiquiatria. Moreno sempre haveria de atuar, e de forma ainda melhor na adversidade. No entanto, achamos que teria se saído muito melhor sem estas constantes brigas, que canalizavam tanta energia e centravam sua atenção muito mais na pessoa do que nas suas teorias. Ele próprio disse uma vez: "eu sou a controvérsia".

## Beacon: nasce um sonho

Por volta de 1936, Moreno tinha conseguido abrir caminho para desfrutar uma vida segura e cheia de significado. Tinha dois consultórios em Nova York, onde praticava a medicina, estando um deles numa área pobre, onde atendia as pessoas sem cobrar. O outro ficava numa área rica, em que ganhava a vida. Fazia pesquisas em Hudson, dava aulas na Universidade e fazia experiências com o teatro do improviso, mas ainda assim precisava de algum lugar sobre o qual tivesse o controle total, ficando ele no comando central do palco. Aos poucos, a idéia de abrir seu próprio hospital, que fosse ao mesmo tempo um lugar propício ao aprendizado, foi tomando corpo. Ele viajava de trem toda a semana, indo de Nova York para Hudson, e com isso começou um crescente apreço pelo interior e sua paisagem. Ao mesmo tempo, crescia seu envolvimento com a psiquiatria, ao passo que aumentava rapidamente sua insatisfação com os experimentos no teatro.

Num certo momento, foi chamado por uma família rica para tratar de um de seus membros que era psicótico e se julgava Jesus Cristo. Moreno usou as técnicas do psicodrama para tratar do jovem, usando egos auxiliares para desempenhar partes do mundo alucinatório do paciente, entrando no seu sistema delirante. O tratamento teve sucesso em parte porque teve lugar fora de uma instituição convencional. Num quadro convencional, Moreno não poderia ter entrado na fantasia do paciente da forma como fez, especialmente no que diz respeito à nudez, sem com isso perturbar as regras e regulamentos da instituição. Essa experiência sublinhava para Moreno a importância da liberdade de usar um tratamento heterodoxo, que, no caso, se mostrou muito benéfico para o paciente.

Por sua habilidade em entrar no mundo imaginário de outras pessoas, Moreno teve sucesso especial com psicóticos. Eram estes precisamente os pacientes que sofriam maiores limitações nas instituições tradicionais de doentes mentais.

Este fator decisivo, acoplado com o desejo de ter seu próprio hospital, levou-o a comprar um imóvel em Beacon, uma pequena cidade junto do rio Hudson, cerca de cem quilômetros ao norte de Nova York, a fim de transformá-lo em hospital.

Do ponto de vista histórico, 1936 poderia ser considerado a data mais importante da vida de Moreno. Estava ele numa encruzilhada: ou continuaria a praticar psicoterapia dentro da principal corrente que vigorava nas instituições ou criava um novo centro a partir do qual disseminaria suas idéias no resto do mundo. Escolheu a segunda alternativa. Uma velha escola, fato altamente simbólico em si mesmo, foi transformada num pequeno hospital psiquiátrico. Em troca, o hospital se tornaria uma "escola de formação" e um centro para a difusão das idéias de Moreno. A editora Beacon Press iria se localizar ali. Em sua longa existência, Beacon se constituiu em tudo aquilo que Moreno precisava: um lugar onde podia praticar terapia, tornar-se outra vez ator, pregador, autor.

*Figura 17.* Sanatório de Beacon (Zerka Moreno, coleção particular, reprodução fotográfica de Johanne Doyon).

Em 1936, foi concedido a Moreno o certificado para abrir o Beacon Hill Sanatorium, que deveria ser rebatizado de Moreno Sanatorium, em 1951. O pequeno hospital logo se tornou o laboratório das idéias e hipóteses de Moreno. No começo, o hospital não tinha pacientes e Moreno começou a se perguntar como iria pagar o investimento. Mas logo sua sorte mudou, após um encontro com Gertrude Franchot Tone, que era alcoolista, mas também extremamente rica. Encontrou com Moreno apenas algumas vezes para discutir suas idéias, leu *Quem sobreviverá?* e em breve ficou residindo no recém-fundado hospital. Também ofereceu dinheiro para construir o primeiro teatro de psicodrama, um palco dedicado à exploração de medidas terapêuticas entre os pacientes. Finalmente, após 12 anos da publicação do plano para o teatro na Mostra Internacional de Novas Técnicas Teatrais, em Viena, Moreno pôde construir um palco de acordo com suas idéias sobre terapia e psicodrama.

O palco era bastante diferente da idéia original, mas incluía ainda os principais elementos de seu primeiro projeto: todas as pessoas do teatro eram participantes e o palco tinha diferentes níveis, inclusive um balcão. Moreno dedicou à sra. Franchot Tone este teatro que logo ficou famoso no mundo inteiro.

*Figura 18.* Uma típica cena realizada num palco psicodramático, em Beacon, sob a direção de Moreno (Zerka Moreno, coleção particular, reprodução fotográfica de Johanne Doyon).

Depois disso, o hospital recebeu muitos pacientes, sendo a maior parte deles casos muito difíceis, rejeitados por outros psiquiatras. Começou a funcionar como uma comunidade terapêutica, lembrando o grupo fundado por Moreno e seus amigos estudantes em Viena, ou seja, a "Casa do Encontro". Moreno viveu na propriedade com sua esposa, Florence, em 1938 e mais tarde com Zerka. Em breve, o palco foi usado por outras pessoas que não pacientes, como um lugar para explorar seus conflitos. O ator Franchot Tone, filho de Gertrude, usou-o para explorar problemas conjugais que tinha com sua esposa, Joan Crawford. Jovens alunos de psicodrama chegavam de Hudson e de outras faculdades e universidades. Enfim, Beacon tornou-se uma instituição e o palco projetado por Moreno foi imitado nos Estados Unidos e no mundo todo.

O palco de Beacon reteve algumas características do projeto vienense, mas, para entender a visão de Moreno em sua inteireza, temos que considerar não só o palco em si mesmo, mas o teatro e o prédio de Beacon globalmente como um instrumento terapêutico. O sanatório de Beacon foi, como dissemos, uma comunidade terapêutica: tanto a equipe como os pacientes viviam no imóvel, encontravam-se com regularidade e eram muito francos uns com os outros. As pessoas podiam circular com toda liberdade e discutir suas vidas no sanatório; as famílias podiam se integrar tanto no processo terapêutico, como na vida do hospital. O sanatório veio a ser como que uma ampla igreja, que incorporava toda pessoa significativa, real ou imaginária, paciente ou não, numa nova filosofia de relações interpessoais.

No teatro, os pacientes eram estimulados a dramatizar sua vida passada e presente, bem como fantasias a respeito do futuro. Era o lugar em que toda a comunidade se encontrava para explorar as idéias uns dos outros e seus ideais de vida. Não havia espectadores, uma vez que todos ficavam comprometidos de um modo ou de outro.

O palco, com seus diferentes níveis e com seu balcão, era o local para fazer explorações psicológicas instantaneamente. O processo de aquecimento tinha lugar entre o público ou no primeiro nível do palco, mas a dramatização era feita nos níveis superiores, mediante a catarse e análise. Um conflito era vivenciado ou revivenciado através do uso dos instrumentos do psicodrama: espelho, inversão de papéis, duplo, coro, solilóquio etc. Quando as pessoas entravam no teatro ou iam para o palco, estavam sabendo que as regras da realidade tinham mudado: estavam no mundo do "como se" e lhes era permitido explorar suas vidas de diferentes e novas perspectivas. Posteriormente, haveria um tempo para compartilhar as experiências feitas.

O teatro de Beacon, por estar dentro das paredes de um sanatório, servia a finalidades diferentes das do Carnegie Hall ou do Stegreiftheater em Viena. Espontaneidade, criatividade e encontro eram ainda as palavras-chaves, mas toda dramatização se centrava no interesse do paciente: Moreno estava praticando psicoterapia e mais precisamente psicoterapia de grupo. Não havia ambigüidade quanto à finalidade. Cada psicodrama era um ato de terapia no sentido restrito do termo. O teatro de Beacon foi o lugar em que o psicodrama começou a ter vida própria, com uso sistemático de egos auxiliares e um diretor orientando o "protagonista".

O psicodrama se tornou um meio de as pessoas explorarem suas vidas ou, como Moreno afirmava, sua "verdade".

O sanatório de Beacon era mais do que centro de tratamento. Moreno, é claro, estava dedicado ao bem-estar de seus pacientes, mas também usava o Centro como laboratório para verificar suas hipóteses a respeito da saúde mental, suas teorias da díade criatividade/encontro, as numerosas técnicas de psicodrama e os limites da psicoterapia de grupo. Gradualmente, o termo psicodrama adquiriu uso geral, os papéis do diretor, dos egos auxiliares e do protagonista foram esclarecidos e as técnicas aperfeiçoadas: foi em Beacon que o nascimento do psicodrama aconteceu realmente.

O sanatório de Beacon tornou-se uma nova utopia para Moreno. Ele já tinha tido o gosto de tal conceito na Áustria: sua pequena casa em Bad Vöslau e seu envolvimento naquela comunidade tinham sido, em certo sentido, um aquecimento para idéias mais integradas em Beacon. Em Bad Vöslau, Moreno tinha sido médico, escritor e ator, e o "Vale de Maio" era a prefiguração de Beacon.

Tanto na sua concepção, quanto na realidade Beacon era um paradigma: era visto por Moreno como um hospital que correspondia a um modelo introversivo, um lugar onde os pacientes podiam experimentar sua liberdade interior através da exploração de seus sentimentos, ainda que estes fossem, à primeira vista, confusos e incoerentes. Era um paradigma para a psicoterapia que usava o psicodrama como principal ferramenta, uma escola para a formação de psiquiatras, psicólogos, enfermeiras, trabalhadores sociais e educadores, que percorreriam um percurso completo para a aquisição da necessária capacitação em diagnóstico, métodos de tratamento, epistemologia e ética. Beacon deveria proporcionar a criação de um ambiente que de forma total abarcasse a promoção da saúde mental individual e social. O palco psicodramático seria a representação simbólica da libertação terapêutica por vir, tendo sido reproduzido no mundo inteiro. Era o protótipo da vida familiar e individual, um modelo psicodramático, posto à prova pelos atores principais, ou seja, os Moreno, eles mesmos.

Beacon era uma utopia, uma realidade extremamente sedutora e um modelo que funcionou durante muitos anos. Esse modelo precisava de constante remanejamento, mas era muitíssimo útil aos pacientes, estímulo para os alunos, recompensando seu criador e co-criadores. Aqui, Moreno podia ser médico, líder psicodramático, sociometrista, autor, líder religioso e criador. Enquanto trabalhava em Beacon, não perdeu contato com o resto do mundo, pois continuava a dar aulas e atuar em Nova York. Contudo, era Beacon o lugar que lhe proporcionava liberdade em seu mais alto grau. Sobre o nascimento deste projeto disse ele:

> Ter meu próprio hospital foi uma espécie de libertação do sistema. Num outro nível, foi análogo à minha experiência mais antiga de representar Deus na idade de quatro anos. Naquela época, eu decidi me fazer de Deus e, na brincadeira, ocupei o mais alto posto. Tive a brilhante idéia de voltar às fantasias de minha infância. Naquele tempo, queria ensinar às crianças co-

mo se fazerem de Deus. Agora, eu quis começar com os adultos, aqueles mais doentes mentalmente, a fim de curá-los através do psicodrama. Ali, eu era Deus usando o psicodrama como um remédio cósmico.
(*Autobiography*, 1985, cap. 8: 46)

À medida que Moreno desenvolvia a concepção de cura pelo psicodrama, Beacon foi se tornando cada vez mais importante, ficando enfim famoso no mundo inteiro. Beacon foi para a história do psicodrama e da psicoterapia de grupo em instituições o que os consultórios de Freud em Bergasse foram para a psicanálise: lugar de nascimento, um terreno fertilíssimo para o desenvolvimento da sociatria, o teatro substituindo o divã, a comunidade se estendendo além dos limites da díade terapêutica.

Infelizmente, Beacon deveria desaparecer.[4] No apogeu de seu sucesso, Moreno continuava atuante em Nova York e mantinha os dois consultórios, da mesma forma que nos anos 20 tinha trabalhado ao mesmo tempo em Bad Vöslau e Viena. Precisava de um pequeno laboratório, enquanto continuava a ensinar pelo mundo afora. Em 1942, inaugurou os Institutos Sociométrico e Psicodramático em Nova York, onde faria apresentações públicas e ministraria aulas do tipo formal. Sem que se desse conta do fato, já estava ele dispersando seus esforços. Em breve aceitaria convites para ensinar em vários estabelecimentos nos Estados Unidos, e após 1950, em todo o mundo. Moreno decidira conquistar um território mais amplo, fiel às suas inclinações e à sua filosofia.

Em 1967, fechou o hospital, conservando tão-somente seu interesse em ensinar e em publicar. À medida em que Moreno ia reduzindo sua capacidade para atender a demanda de compromissos, Zerka foi assumindo um papel proeminente nos programas de ensino e, nos últimos anos da década de 60, bem como no começo dos anos 70, assumiu de fato a liderança, tornando-se uma figura consolidada no mundo da psicoterapia de grupo e do psicodrama. Beacon como centro de instrução sobreviveu a Moreno, e se desenvolveu ainda mais sob a direção de Zerka. O local foi vendido em 1982 para a organização Horsham. Não sobreviveu, ainda que seu espírito possa ser sentido no trabalho e dedicação de Zerka e muitos dos alunos e discípulos de Moreno. A concepção de Beacon foi imitada por muitos. Acaso poderia ter sido conservado? É difícil dizer. Como pode tal lugar sobreviver? Como pode uma dinastia ser transmitida?

A vida pessoal e profissional dos filhos de Moreno iria se encaminhar em outras direções, não havendo nenhum herdeiro espiritual óbvio para continuar um movimento que exigiu, para nascer, dedicação, sabedoria, condições favoráveis, fé e indestrutível perseverança. Os Moreno — Zerka tanto quanto Jacob — deram realidade a um experimento fascinante, que trouxe benefícios tangíveis e positivos para o mundo. Mas um olhar mais atento à experiência de Beacon revela as condições de que esta utopia precisa para crescer e sobreviver: tem que permanecer um empreendimento de porte limitado, devendo resistir a pressões tanto externas como internas para não se tornar grande demais, e acima de tudo deve haver uma inabalável convicção de que esse pequeno experimento em última instância terá sucesso, como vai acontecendo aos poucos e em qualquer lugar em que seja aplicado por alunos bem preparados. O fato de Beacon ter finalmente sido fechado poderia ser visto como fracasso. Mas sobreviveu como expressão de uma alternativa para modelos tradicionais de terapia e aprendizado... Modelos muito diversos sucederam-no, com maior ou menor êxito e tempo de duração variável, em sua maior parte, produto da concepção original de Beacon. Desse ponto de vista, Beacon pode ser visto como um sucesso.

## O desenvolvimento do psicodrama

O psicodrama como método terapêutico foi elaborado por Moreno a partir de suas experiências iniciais em teatro espontâneo e em terapia comunitária. Sua elaboração foi gradual, mas avolumou-se em Beacon e mais tarde no Instituto Sociométrico em Nova York. Por volta de 1942, quando Moreno publicou com Zerka seu primeiro ensaio sobre o assunto, os princípios de uma sessão de psicodrama já estavam consideravelmente estabelecidos. Havia três partes: o aquecimento, a dramatização e o compartilhamento. O grupo incluía um protagonista, egos auxiliares, diretor e o público. As técnicas mais importantes eram a inversão de papéis, o duplo e o espelho. Enfim, processos como tele e co-inconsciente se evidenciavam durante a sessão, que com freqüência tratava da exploração do átomo social do paciente. Em poucos anos, o método se expandiu enormemente e se refinou. Moreno elaborou as técnicas sobretudo através do teatro do improviso, tendo aprendido a aplicá-las e adaptá-las a um quadro terapêutico. Os membros de sua equipe aprenderam a se tornar egos auxiliares, e em breve internos, principalmente enfermeiros e trabalhadores sociais, vieram aprender a praticar o psicodrama. Por causa de seu tamanho diminuto e de sua atmosfera comunitária, era um ambiente especialmente propício ao aprendizado. O Instituto de Nova York trouxe pessoas de campos diferentes, e foi um outro laboratório excepcional: pessoas como Fritz Perls, S. H. Foulkes e Eric Berne, só para citar uns poucos que ficaram famosos por seu próprio mérito, participaram das sessões de sexta-feira. Durante anos, Beacon e Nova York foram campo de aprendizado para centenas de futuros psicodramatistas, um lugar de reunião para os que estavam em busca de saber.[5]

Como vimos, Moreno tinha conseguido com que William Alonson White, do Hospital Saint Elizabeth, de Washington, se interessasse por sociometria e psicodrama. No outono de 1939, um grupo de profissionais do hospital foi a Beacon para observar uma apresentação e familiarizar-se com as técnicas básicas. Eles tinham sido enviados por Winfred Overholser, o novo superintendente do hospital, e incluía entre outros o diretor clínico, Roscoe W. Hall e Margareth Hagan: ambos iriam mostrar-se úteis na introdução do psicodrama em instituições de doentes mentais. Em junho de 1941, um teatro de psicodrama foi oficialmente inaugurado no Saint Elizabeth, o primeiro hospital público que construiu esse tipo de teatro. A expansão do psicodrama foi incrementada pelo grande número de pessoas das forças armadas, que precisavam de tratamento, e pelos membros da Cruz Vermelha, que precisavam de formação. Em 1942, o hospital criou o cargo oficial de psicodramatista e daí em diante tomou um papel de liderança no uso pioneiro do psicodrama como técnica de psicoterapia de grupo e na formação de outros psicodramatistas. O primeiro diretor foi Frances Harriot, antiga diretora de cena no *The Theatre Guild* e diretora na costa oeste da produção de *Porgy and Bess*. É interessante notar que o primeiro psicodramatista "oficial" vinha do mundo do teatro, o que facilitava o uso da música, da dança e da expressão dramática dentro do espaço terapêutico do hospital.[6]

Não custou muito, especialmente por haver tantas vítimas de guerra que precisavam de tratamento, para que o psicodrama fosse instalado em hospitais e universidades pelos Estados Unidos afora. Rapidamente, os palcos psicodramáticos se tornaram uma parte necessária da maioria dos departamentos de psiquiatria e das faculdades de psicologia. Henry H. Murray, um dos criadores do Teste de Apercepção Temática (TAT), iria construir um palco em Harvard.[7] No final dos anos 40, o psicodrama estava em vias de ser reconhecido como uma forma específica de terapia e que exigia um terapeuta credenciado. Tudo isto fez surgir novas necessidades: um livro mais integrado sobre o tema de psicodrama, uma associação para reagrupar psicodramatistas e psicoterapeutas e um programa de formação. Moreno providenciou-os todos.

## Escritos sobre psicodrama

Agora que Moreno tinha o lugar, Beacon, de onde podia espalhar sua mensagem, ficou mais séria e sistematicamente comprometido com as atividades de escrever e editar. Sabia que seus projetos sempre funcionavam melhor quando estavam inteiramente sob controle, e por esse motivo decidiu arcar com os riscos de suas publicações. Já tinha tido certa experiência em publicações e na fundação de jornais na Áustria. Haveria de repetir a experiência em escala muito mais ampla nos Estados Unidos. Já vimos como Moreno promoveu a sociometria através de livros e periódicos. Vejamos agora como disseminou suas concepções sobre psicodrama e psicoterapia de grupo. Em 1943, publicou duas séries de livrinhos, as "monografias sobre sociometria" e as "monografias sobre psicodrama e psicoterapia de grupo". Muitas delas contêm ensaios já publicados por Moreno em periódicos especializados, mas elas nos dão também uma idéia muito boa do vasto leque de tópicos que Moreno percorria, incluindo história, teoria, formação profissional, ética e estudo de casos.[8]

Além do *Sociometry*, periódico fundado em 1937, em 1947, Moreno editou um novo periódico: *Sociatry, Journal of Group and Inter-Group Therapy* (*Sociatria, jornal de terapia grupal e intergrupal*). Este foi o órgão oficial da Sociedade Americana de Psicoterapia de Grupo e Psicodrama, fundada por Moreno em 1942. O periódico veio a ser o *Group Psychotherapy: Journal of Sociopsychopathology and Sociatry* (*Psicoterapia de grupo: jornal da sociopsicopatologia e sociatria*) em 1950, depois o *Group Psychotherapy and Psychodrama* (*Psicoterapia de grupo e psicodrama*), em 1970, e finalmente o *Journal of Group Psychotherapy, Psychodrama and Sociometry* (*Jornal de psicoterapia de grupo, psicodrama e sociometria*), em 1976. Moreno era a força principal a impulsionar o periódico, bem como seu colaborador mais importante. A natureza e nível dos artigos variava: uns eram ensaios muito polêmicos e faziam reflexões sobre psicoterapia de grupo ou psicodrama; outros repetiam publicações anteriores; alguns, infelizmente, eram justificações sobre o valor de sua obra e ataques a terapeutas proeminentes.

Entretanto, no campo do psicodrama, a publicação mais significativa foi o livro *Psychodrama*, Volume I,* que apareceu em 1946. Esse livro é dedicado a William, irmão de Moreno, e começa com o atualmente famoso poema sobre criação e encontro, publicado primeiramente com o nome de *Convite a um encontro*, Parte 2, em 1915. Da primeira parte deste livro e proclama: "Mais importante que a procriação é a criança. Mais importante que a evolução da criação é a evolução do criador".

Na página seguinte do *Psicodrama*, Volume I, Moreno escreveu: "Deus é espontaneidade. Donde o mandamento: seja espontâneo!"

O livro contém muitas seções que tratam da história do psicodrama, da natureza do teatro terapêutico, da base da revolução criativa, dos princípios da espontaneidade e da teoria dos papéis. Contém ainda uma seção mais importante sobre o psicodrama propriamente dito, seguindo-se três partes que tratam de psicomúsica, sociodrama e filmes terapêuticos, respectivamente. É um livro cheio de material relevante para o aluno de psicoterapia de grupo e psicodrama. Infelizmente, como a maior parte da obra escrita por Moreno carece de unidade e clareza, é difícil ver o bosque, por causa das árvores. Cada aspecto do assunto é amplamente tratado, mas o aluno tem que trabalhar duramente, pulando partes aqui e acolá, voltando atrás às vezes, para obter uma visão integrada da obra.

Aqui vemos novamente o gênio de Moreno que tudo abarca, fazendo uma caixa para música e gravação em psicoterapia, e criando to-

---

* Traduzido em português e publicado sob o título *Psicodrama* pela Cultrix, 1978.

do um vocabulário para descrever seus conceitos. Palavras como tele, realidade suplementar, ego auxiliar, diretor, protagonista, solilóquio, aquecimento, compartilhamento, sociatria e átomo social são hoje familiares a muitos terapeutas, mas em 1946 eram novas e surpreendentes. É um tremento esforço ter uma ou duas palavras aceitas nos campos da psicologia, psiquiatria ou sociologia: Moreno não só propôs dúzias delas, mas muitas lhe sobreviveram e chegaram a um uso comum em base mais ampla, enquanto seu autor caía no esquecimento.

A despeito de suas limitações, o *Psicodrama* (Volume I) foi o marco na evolução de Moreno e representa sua primeira tentativa para sintetizar uma abordagem completamente nova em psicoterapia. Em 1959, apareceu o *Psychodrama*, Volume II,* escrito em colaboração com Zerka. Esse livro é fascinante no conteúdo e na forma. Apresenta uma série de tópicos propostos por Moreno na forma de "debate". Entre os 35 debatedores, encontramos os nomes de Natham W. Ackerman (Universidade de Colúmbia), Franz Alexander (Universidade da Califórnia), Gordon W. Allport (Universidade de Harvard), Robert R. Blake (Universidade do Texas), Medard Boss (Universidade de Zurique), Serge Lebovici (Hospitais de Paris), Jules H. Masserman (Universidade do Noroeste) e Pitirim A. Sorokim (Universidade de Harvard). Os tópicos são os seguintes: transferência, contratransferência e tele; terapia interpessoal, terapia de grupo e a função do inconsciente; o significado do quadro terapêutico e o lugar da atuação em psicoterapia; a descoberta do homem espontâneo, com ênfase especial na técnica de inversão de papéis; o psicodrama de Adolf Hitler; existencialismo, *Deseinsanalyse* e psicodrama; psicodrama e psicanálise. O livro permanece um texto clássico para os que se interessam pela base epistemológica das obras de Moreno.

Finalmente, o *Psychodrama*, Volume 3,** trata de questões de teoria e técnica, tanto em sua parte geral como em tópicos específicos, tais como psicodrama com crianças e adolescentes, bem como psicodrama e psicopatologia. Com este terceiro volume, Moreno praticamente completou seus escritos sobre psicodrama, que incluem numerosos artigos em periódicos, além dos livros.

Dos outros livros e artigos que tratam de aspectos específicos da psicoterapia de grupo ou psicodrama, um bom exemplo é *Group Psychoterapy, a Symposium* (*Psicoterapia de grupo: um simpósio*), que contém artigos sobre ética, história e concepções. Mas também teve primazia na publicação de cinco volumes consecutivos de *Progress in Psychoterapy* (*Progressos na psicoterapia*); primeiro com Fromm-Reichman, e em seguida com Jules Masserman, de 1956 a 1960.[9] Editou também

* Traduzido em português e publicado pela Summus Editorial, sob o título *Fundamentos do Psicodrama* (1983).

** Traduzido e publicado em português pela Mestre Jou, sob o título *Psicoterapia de Grupo e Psicodrama*, esgotado.

*The International Handbook of Group Psychotherapy* (*Manual internacional de psicoterapia de grupo*), com A. Friedemann, R. Battegay e Zerka T. Moreno, em 1966. Enfim, há um relato muito pessoal do uso que Moreno fez do psicodrama em sua própria família, *The First Psychodramatic Family* (*A primeira família psicodramática*), publicado em 1964, escrito com a mulher Zerka e o filho Jonathan.

A obra de Moreno é acima de tudo original. Ele criou uma nova ciência e métodos inovadores, para os quais inventou um novo vocabulário. Fez isso mais ou menos só, ou em parceria com Zerka, que por volta de 1946 passou a dar-lhe uma contribuição significativa. Foi uma tarefa exaustiva e que exigiu muito. Moreno estava envolvido em tantos projetos por essa época e sua produção era tão grande, que é compreensível por vezes que a qualidade de seus escritos tenha ficado prejudicada.

## A criação de associações e programas de formação

Desde o início da década de 40, Moreno entendera a importância de criar novas organizações para atuar como um fórum para profissionais interessados em seu trabalho, sem deixar de reconhecer a necessidade de trabalhar dentro de instituições já existentes.

Para desenvolver o movimento sociométrico, decidiu estabelecer uma seção de sociometria na Sociedade Sociológica Americana. Essa decisão foi sob muitos aspectos uma escolha fácil e natural: o movimento sociométrico criara uma forte corrente de seguidores entre sociólogos, antropólogos e psicólogos sociais, e Moreno contava com o apoio de pessoas como George A. Lundberg, Leonard S. Cottrell, Margaret Mead e Bruno Solby. Uma divisão dentro da sociedade, em sua extensão mais ampla, assegurava o reconhecimento da sociometria e facilitava o acesso a um público mais vasto. Em 1955, o periódico *Sociometry* (Sociometria) foi adotado pela Associação Sociológica Americana.

Pode ser que a decisão de Moreno de se desligar da sociometria fosse indicadora de uma relativa falta de interesse por esse aspecto do seu trabalho. De qualquer forma, a sociometria iria finalmente ter vida própria e o papel de Moreno em fazê-la desenvolver-se seria esquecido em três gerações de praticantes. Sua contribuição para esse campo, direta ou indireta, está longe de ser reconhecida. Mas as bibliografias de sociometria e um pequeno grupo de pesquisadores ainda dão testemunho de sua influência e de seu trabalho.

Para o psicodrama, Moreno usou uma estratégia diferente. Ele encontrou uma grande oposição de psiquiatras à psicoterapia de grupo e ao método de psicodrama, em particular. Isto provavelmente teve um importante papel em sua decisão de criar uma associação separada. Além do mais, Moreno mostrava-se muito mais empenhado em proteger o psicodrama, fonte comum de seus dois interesses irmãos: o teatro e a terapia. Entretanto, sua decisão deve ter posteriormente contribuído para a dificuldade em apresentar um quadro coerente das relações entre sociometria, psicoterapia de grupo e psicodrama. Como vimos, os três aspectos de sua filosofia eram apresentados separadamente por Moreno e não eram integrados por uma concepção global. A sociatria podia ter sido o conceito que melhor teria servido a esta finalidade, mas nunca foi aceito fora do círculo imediato de Moreno.

No caso do psicodrama, Moreno decidiu, por motivos pessoais e profissionais, criar sua própria associação, dedicada à sua elaboração e desenvolvimento. Após um encontro e debate com seus colegas, criou em 1942 a Sociedade de Psicodrama e Psicoterapia de Grupo. O nome era importante porque uma sociedade implica em agrupamento menos formal do que uma associação. O fato de a palavra psicodrama aparecer primeiro, antes de psicoterapia de grupo, indica a preferência de Moreno por esse método terapêutico. Mas em 1950 a Sociedade foi incorporada à Sociedade Americana de Psicoterapia de Grupo e Psicodrama, "invertendo" seu nome para refletir o desejo da associação para agir como um "guarda-chuva" para a terapia de grupo, em geral, e para o psicodrama, em particular.

A sociedade era como um filho para Moreno e Zerka, e os dois investiram muito de seu tempo e energia para promover sua existência futura. Tornou-se o principal fórum para os psicoterapeutas de orientação moreniana, mais ainda para os psicodramatistas. A sociedade começou com uma conferência anual, em 1943, e estabeleceu os parâmetros para o pessoal em formação. Ela era o braço institucional necessário de uma nova ciência e um novo campo de trabalho. Mas o que era essa nova ciência e/ou o que era esse campo? Aqui se levanta certa confusão e dificuldade. Se era psicoterapia *de grupo*, incluía terapia de grupo analítico também? Onde estava o lugar da sociometria nessa organização? Qual era o lugar de outras abordagens na terapia de grupo quando usassem um vocabulário, metodologia e técnicas diferentes do psicodrama? Qual era exatamente a relação da psicoterapia de grupo com o psicodrama? Essa e muitas outras questões foram levantadas e debatidas, ajudando Moreno a esclarecer aspectos importantes de seus conceitos. Foi também uma ocasião para Moreno embrenhar-se em futuros choques com os seguidores da psicanálise e da dinâmica do grupo. S. R. Slavson inaugurou uma associação e um periódico adversários, e o confronto entre os dois homens de algum modo tirou o brilho da imagem da psicoterapia de grupo. Aqui, novamente, Moreno considerou que seu papel de fundador não era suficientemente reconhecido, tendo ressurgido sua "síndrome de paternidade". Cada grupo seguiu um caminho em separado e as aproximações posteriores foram apenas superficiais.

Em 1942, a Sociedade foi criada como um grupo "familiar", uma primeira sociedade psicodramática. Pessoas que eram formadas por Moreno, conheciam-se profissional e pessoalmente e se encontravam em Nova York, todos os anos para uma reunião. Compartilhavam, tanto na exaltação como no sofrimento, o nascer e o desenvolvimento de uma nova "sociedade". Os membros da Sociedade se relacionavam com a figura paterna de Moreno e, em menor grau, nestes primeiros anos, com a de Zerka.

A Sociedade permaneceu o lugar em que se investigava especialmente o psicodrama como novo método terapêutico. Conquanto os líderes fossem os Moreno, os alunos contribuíam com sua energia, idéias e novas técnicas. Novas vias eram abertas para os grupos que se encontravam: não apenas para falar delas, mas para experimentá-las através da ação psicodramática. Moreno era sob este aspecto um pioneiro, organizando as primeiras reuniões profissionais em base "experimental". Ficou estabelecida a tradição de usar a sociedade e a reunião anual como uma oportunidade de atualizar as técnicas, investigar aspectos pessoais com a ajuda de líderes experientes e fazer o conhecimento uns dos outros de uma forma espontânea. Esta reunião bem cedo tornou-se um elo pessoal essencial entre os psicoterapeutas morenianos, sem que com isso se excluíssem pesquisas, discussões teóricas e negócios. Na realidade, a sociedade foi útil no sentido de permitir e forçar debates sobre aspectos da formação dentro de uma perspectiva ortodoxa moreniana, bem como em promover considerações éticas relativas à psicoterapia de grupo e para o "credenciamento" de psicodramatistas. Esses debates revelam os problemas que envolvem a formação de um grupo novo baseado numa nova escola de pensamento. Moreno tinha que encarar pontos de discussão e desafios basicamente todos os dias. Freud, Jung e Adler tinham todos eles encontrado muitas vezes os mesmos problemas antes dele. Houve debates que repercutiram de forma especial nos fins da década de 40 e início da de 50, quando algumas pessoas foram "forçadas a sair" e outras deixaram a sociedade por estarem desencantadas. Os confrontos se davam quase que exclusivamente com os homens. Moreno parecia ter uma habilidade mágica para lidar em termos muito mais suaves com estudantes e colegas do sexo feminino.

Aos poucos, a Sociedade foi se tornando mais formal, perdendo algo de sua atmosfera familiar, própria dos anos 40, adquirindo uma dinâmica e uma extensão que superaria os laços de filiação. Tornou-se mais institucionalizada, mantendo-se seu fundador como líder efetivo. Criaram-se divisões locais dentro dos Estados Unidos.

O aprendizado formal do psicodrama era realizado pelos "institutos", posteriormente chamados de "academias de psicodrama e psicoterapia de grupo". O primeiro instituto foi criado em Beacon, em 1941, precedendo a fundação da sociedade em mais de um ano. Entre os primeiros alunos estavam S. Chase, Ernest Fantel, Joseph Sargent, Frances Herriott, Anita Uhl, Denton Morford, Bruno Solby e M. Treudly. Surgiu depois um segundo programa de formação (seria hoje chamado de "workshop" de um dia). Incluiu F. Stuart Chapin, Leonard Cottrell, George Lundberg, Margaret Hagan, Paul Lazarsfeld, Margaret

Mead, Helen H. Jennings, George P. Murdock, Samuel Stouffer, Adolf Meyer, Theodore M. Newcomb, Werner Wolf, S. Bernard Wortis e Eugene Hartley. A formação realizada sob a direção de Moreno rapidamente evoluiu na direção de um currículo mais elaborado, e se estendeu por um período mais longo. O primeiro Instituto Moreno formal se desenvolveu em dois centros de formação, Beacon e Nova York. Um terceiro instituto foi reconhecido, o do Hospital Santa Elizabeth, em Washington, sob a direção de Frances Herriott, e depois James Enneis. A maior parte da geração de diplomados proveio destes três centros. O Instituto Moreno continuou a operar separadamente da sociedade, embora laços íntimos subsistissem entre ambos. O Instituto fornecia padrões para o credenciamento e certificados de psicodramatistas e psicoterapeutas de grupo. Foi reconhecido pela Universidade do Estado de Nova York, e concedia dois diplomas, o de "Ego auxiliar" e o de "Diretor".

Em 1957, Moreno criou a Academia de Psicodrama e Psicoterapia de Grupo, para formar pós-graduados, sob os auspícios da Academia Moreno, e em 1961, a Academia Mundial de Psicodrama e Psicoterapia de Grupo, com o objetivo de integrar e credenciar institutos no Exterior. Criou também o Centro Mundial de Psicodrama, Psicoterapia de Grupo e Sociometria, para facilitar a formação em diversas partes do globo. Com o nível internacional, haveriam de surgir novos problemas que jamais seriam solucionados. Os aspectos principais giravam em torno de questões de diplomação. Comprovou-se ser impossível dar um caráter oficial internacional ao Instituto Moreno ou à Academia Moreno de Psicodrama e Psicoterapia de Grupo. Mostrou-se também impossível regulamentar o uso de termos tais como psicodrama ou psicoterapia de grupo, já que não havia para eles direitos autorais. Seguindo a tradição, Moreno reivindicou o direito moral de controlar seu uso, dando ênfase a considerações de ordem ética. No entanto, alguns países individualmente insistiram em ter nessas questões a última palavra.

Sem se intimidar, Moreno despendeu considerável esforço para elaborar um currículo adequado, estabelecer procedimentos de seleção e padrões para conceder diplomas no âmbito de sua organização. O homem que tinha se oposto, no passado, às *conservas culturais* estava agora criando padrões, comitês, exames...

Se tivesse se recusado a agir dessa forma, teria corrido o risco de que outros o fizessem em seu lugar, com a deformação inevitável de suas idéias. Isso resultou em constante luta para estabelecer normas e regras, e com isso Moreno gastou um tempo considerável, ordenando a formação e a disseminação de seus métodos, às custas da atividade de escrever. No início da década de 50, adquiriu a perícia que iria permitir-lhe sintetizar suas obras e exprimir suas idéias de forma mais definitiva. Em vez disso, decidiu criar associações e viajar pelo mundo. Moreno permanecia o homem de ação.

Capítulo 9

# O PEREGRINO

Um dos modelos de papel para Moreno foi Jesus. Ele visitava as pessoas em suas casas, andava de um povoado a outro, de uma província a outra para transmitir a Palavra: Moreno via-se a si próprio no mesmo papel. Nos inícios da década de 40, viajara todas as semanas de Beacon para Nova York para apresentar o psicodrama e realizar cursos de formação. Não esperava que os formandos viessem a ele, mas, ao contrário, saía para encontrá-los em seu próprio ambiente. Com a profissionalização do psicodrama, continuou a ensinar desse mesmo modo, promovendo *workshops*, conferências e apresentações no local de trabalho das pessoas. Talvez estivesse se identificando não apenas com Jesus, mas também com um modelo mais terreno, seu pai, um viajante contumaz.

De qualquer modo, Moreno viajava muito, especialmente durante a Segunda Guerra Mundial. Esteve em Washington, Boston, Denver, São Francisco e Los Angeles e andou pelas universidades mais importantes: Duke, Stanford, St. Louis, Johns Hopkins, Buffalo, Oklahoma, Colúmbia, Harvard... Por volta de 1950, restavam poucos estados, hospitais e universidades em que não tivesse estado. Em todo o lugar aonde fosse fazia apresentações e dava conferências, apreciando particularmente a possibilidade renovada de lidar com situações inesperadas e de deixar a espontaneidade tomar conta da situação.[1]

O ano de 1950 teve uma conotação única para Moreno, mas antes disso desapontou-se por ter fracassado na pretensão de assumir a presidência da Associação Psiquiátrica Americana. Segundo Moreno isto ocorreu porque a maior parte das pessoas ainda se opunha à psicoterapia de grupo e se sentia ameaçada por ele, Moreno, e por suas idéias. Isso de fato pode ter sido verdade. Ainda que estivesse mais aberto e flexível perante outras abordagens, continuava intolerante para com muitos psiquiatras. Por outro lado, durante a reunião anual da Associação teve êxito uma petição assinada por mais de 1.500 pessoas, no sentido de se organizar um simpósio anual sobre "Psicoterapia de grupo: teoria e prática". Decidiram também fazer uma "mesa-redonda" sobre psicoterapia de grupo e psicodrama. Em 1931, William A. White predissera: "Primeiro você conquistará os sociólogos, em seguida os psicólogos sociais, depois os profissionais de modo geral, depois as pessoas comuns, mas não viverá para ver o dia em que os psiquiatras haverão de aceitar a psicoterapia de grupo!". Estava errado: a idéia de psicoterapia de grupo lentamente ganhava terreno, mesmo entre psiquiatras, e isto deve ser creditado a Moreno.[2]

Este fato, entre outros, sinalizou para Moreno que o tempo estava maduro para ampliar seu território. Passou um telegrama para Paris, para os organizadores do primeiro congresso mundial de psiquiatria, nestes simples termos: "Dois ensaios. Psicodrama. Sociometria. Assinado: Moreno". Isto foi recebido em Paris como algo divertido: a fama de Moreno já cruzara o Atlântico. Entretanto, não foi por acaso que Moreno escolheu Paris como local de sua primeira intervenção internacional: considerava-se a si próprio francês em espírito e também tinha sido criado por uma mãe que fora muito influenciada pela cultura francesa. Alguns anos mais tarde, na abertura do primeiro congresso internacional de psicodrama, deveria dizer: "Se este congresso tem lugar em Paris é pelo que a França e o psicodrama significam para mim: liberdade, igualdade e fraternidade".

O primeiro retorno à Europa foi para Moreno uma experiência muito comovente. Pôde fazer contatos duradouros com grupos de psicoterapeutas na França, e até construir pontes com psicanalistas. Juliette Favez-Boutonier foi útil nesse sentido, apresentando-o a muitas figuras de proa. Em 1955, com a ajuda de Anne Ancelin Schützenberger, presidiu a criação do Groupe Français d'Etudes de Sociométrie, Dynamique des Groupes et Psychodrame (Grupo Francês de Estudos de Sociometria, Dinâmica de Grupos e Psicodrama). Moreno também fez contato com outros psicanalistas e psiquiatras, como Leon Michaux e Serge Lebovici, tendo-os incluído no Comitê Internacional de Psicoterapia de Grupo em 1951. Fez-se amigo de George Gurvitch, que expandiu a sociometria na Europa, editando *Sociometry in France and in the United States* (*Sociometria na França e nos Estados Unidos*), em 1950, e colaborou em *Sociometry and the Science of Man* (*Sociometria e a ciência do homem*), em 1956.

Moreno voltou muitas vezes à França e entregou-se a diversos projetos, incluindo um filme, *Psychodrama of Marriage* (*Psicodrama do casamento*), feito pelo Centro de Estudos de Rádio e Televisão, em 1969. Em 1954, dirigiu uma sessão de psicodrama no Hospital de Salpétrière, orgulhoso de seguir as pegadas de Philippe Pinel, que produziu a primeira revolução psiquiátrica em 1793, e também as de Freud, a quem deve ser creditada a segunda revolução. Moreno reivindicava para si o ter feito a terceira, mediante a introdução da psicoterapia de grupo.[3] Os laços de Moreno com a França haveriam de se manter vivos através do incessante trabalho de Anne Ancelin Schützenberger, uma pioneira da expansão, na Europa, das idéias de Moreno. À medida que a reputação de Moreno se expandia pelo Exterior, ele ia abrindo novas oportunidades para psicoterapeutas americanos formarem pessoas em outros países. Na verdade, muitos dos que pertenciam à sua faculdade "núcleo" foram à França, entre eles James Enneis, Leon Fine, Hannah Weiner, Antony Brunse e Dean Elefthery. Essa corrente iria continuar em outros países e chegar finalmente a todos os continentes.

De 1950 em diante, Moreno viajou amplamente pelo mundo inteiro. Em 1951, foi à Inglaterra e fez apresentações na Sociedade Médica Real, no Hospital Maudsley e no Colégio Bedford para Mulheres. Fez seus primeiros contatos com terapeutas ingleses no começo dos anos 40, por meio de J. Sutherland e George Fitzpatrick, que na época trabalhavam no exército inglês. Moreno estabeleceu laços com a Clínica Tavistock e iria colaborar intimamente no cenário internacional com S. H. Foulkes, que tinha ido visitá-lo no Instituto de Nova York na década de 40.[4]

Uma outra ocasião memorável foi sua viagem à Rússia, em 1959, importante para Moreno por várias razões. Quando estava para deixar Viena em 1925, hesitara em ir para a Rússia, como o haviam feito alguns de seus amigos. Era um país em que seus métodos poderiam ser facilmente implantados, dados sua forte tradição teatral e a ideologia comunista. Ele também tinha se tornado cada vez mais preocupado com a paz e os assuntos mundiais, procurando um meio de se engajar em âmbito internacional.

Moreno visitou o Instituto Psicológico e a Academia de Ciência Médica de Moscou e os Institutos Bechterev e Pavlov, em Leningrado. Teve encontros com os professores Smirnov, Luria, Bykov e Guilyarovky. Descobriu que um de seus livros, *Sociometry, Experimental Methods and the Science of Society* (*Sociometria, métodos experimentais e a ciência da sociedade*), tinha sido traduzido para o russo e publicado meses antes, sendo-lhe possível receber por seus direitos autorais em pessoa. Enquanto estava em Moscou, sugeriu que para o advento da paz os líderes russo e americano, respectivamente Khruchev e Eisenhower, deveriam inverter papéis. Fez esta sugestão em muitas ocasiões: seus alunos em Beacon se lembram da noite em que tentou entrar em contato com o líder chinês, Mao-Tse-Tung, para oferecer seus préstimos para discutir problemas de fronteira com a Rússia. Durante a guerra do Vietnã, também ofereceu ajuda ao presidente Lyndon Johnson. Estava convencido de que a inversão de papéis por parte dos líderes mundiais aumentaria as probabilidades de paz. Tentou também esta abordagem em outras ocasiões, como por exemplo, no julgamento simulado de Eichmann, em 1961, e no julgamento de Oswald e Ruby, após o assassinato de Kennedy. Mais velho, Moreno buscava uma solução para os problemas universais, dando maior importância ao sociodrama. Acreditava que através da inversão de papéis as pessoas poderiam adquirir uma perspectiva que lhes proporcionaria compreensão e paz, e pela dramatização em que se reproduzissem conflitos sociais e políticos seria possível criar uma nova ordem social.

Moreno desejava construir pontes entre Leste e Oeste. Após a viagem à União Soviética escreveu:

> Nós, os psiquiatras, deveríamos ser os primeiros a abrir amplamente nossos braços no caminho da cooperação científica internacional. Cooperação científica internacional significa o intercâmbio das melhores concepções elaboradas no Ocidente ou no Leste europeu, tanto quanto possível livres de interferências ideológicas e convicções nacionalistas, com espírito de autêntica apreciação recíproca. Através do conhecimento pessoal de uns com os outros, deveríamos compartilhar nossas experiências e aprender os elementos básicos das línguas uns dos outros. Deveríamos tentar compreender e respeitar semelhanças bem como diferenças nos fundamentos da psiquiatria americana e soviética... Se eu considerar minha viagem como um encontro simbólico entre a psiquiatria americana e a soviética, então a sinceridade, o calor, a cordialidade e a dignidade com que fomos tratados serão um convite para cada psiquiatra americano visitar a URSS.
>
> (''Psychiatric Encounter in Soviet Union'', no *International Journal of Sociometry and Sociatry*, 2, 1960)

É interessante reler essa declaração no contexto das relações Ocidente-Leste europeu no final dos anos 80. Moreno teve muitos encontros com pessoas do bloco do Leste, tendo ido a Praga e Belgrado. Algumas vezes teve problemas, por se impacientar com as reformas e com a liberdade individual, mas suas viagens eram um desafio direto à ordem política vigente e serviam como um lembrete da necessidade de conservar abertos os canais de comunicação.[5]

Moreno também foi à Áustria novamente. Em 1954, voltou à clínica neuropsiquiátrica em Viena, com seu amigo Hans Hoff, que tinha substituído Pötzl na chefia da clínica. Moreno e Zerka fizeram algumas apresentações de psicodrama e Hoff ficou tão impressionado, que mandou construir um palco no jardim do hospital. Mas o momento mais emocionante para ele foi sem dúvida seu retorno à Universidade, a 14 de maio de 1969, para receber um diploma honorário. O mesmo se diga de seu retorno a Bad Vöslau, para descerrar uma placa no dia seguinte. É de interesse notar que Moreno, ao receber o diploma das mãos de Mainex, o deão da Medicina, rendeu homenagem a outros gigantes como ''Freud e Adler, que nunca receberam tal honra de sua Alma Mater''. Isso dá uma idéia do quanto a idade o tornou mais brando. Raoul Schindler, que iniciou e liderou o movimento de terapia de grupo e psicodrama na Áustria, estava presente à cerimônia, bem como colegas europeus como Ramon Sarró, da Espanha, e Anne Ancelin Schüzenberger, da França.

No dia seguinte, o grupo se encontrou em Bad Vöslau, e uma placa foi descerrada na rua Maithal nº 4, em honra de Jacob Levy Moreno, fundador da sociometria, psicoterapia de grupo e psicodrama. Esse momento histórico levou Moreno de volta cinqüenta anos atrás, quando aceitou a posição de funcionário de saúde pública da cidade e médico da fábrica de tecidos. Seus soluços na cerimônia foram indícios dos sentimentos que o inundaram neste dia, quando os oradores reconheceram a importância desse pequeno lugar na Áustria, berço de *As palavras do pai* e *O teatro da espontaneidade*.

Enquanto recordava com a gente do lugar suas lembranças e o empenho desenvolvido em Bad Vöslau, sabemos agora que Marianne, ainda viva, decidira permanecer afastada, por respeito à esposa de Moreno, Zerka, presente na ocasião. Em vista de não haver possibilidade de acesso à parte inferior da casa, o romance que se desenrolou ali anos atrás e a energia de Marianne, que sustentou Moreno por anos a fio, foram mantidos intactos. Mas é bem certo que houve sentimentos muito intensos nesse 15 de março de 1969 em Bad Vöslau.[6]

Um ano antes, Moreno recebeu outro reconhecimento, desta vez proveniente da Espanha: a Universidade de Barcelona concedera-lhe o título de Doutor Honoris Causa. A honraria tinha significado pessoal, mas também político: Moreno tinha se dedicado tanto à ciência, que a honraria era evidentemente merecida, mas Ramon Sarró, diretor do Departamento de Medicina da Universidade de Barcelona, também frisou o fato de que Moreno, judeu sefardim, tinha raízes espanholas. Seus pais falavam a língua que se manteve viva durante séculos de separação de sua terra de origem. Conceder uma honraria a Moreno era uma forma de compensação pelos sofrimentos suportados por milhares de judeus e simbolicamente reconectar os exilados com sua amada terra. A cerimônia, que se realizou na Universidade de Barcelona em 1968, foi uma ocasião comovente, cheia de emoção. No fim da vida, Moreno recebeu muitas homenagens e condecorações dos Estados Unidos e do Exterior. As comunidades terapêuticas e científicas estavam finalmente reconhecendo suas contribuições.[7]

Os últimos vinte anos da vida de Moreno foram anos de expansão e consolidação. Esta era a finalidade de suas viagens. Durante esse período trabalhou para estabelecer duas importantes associações: a Associação Internacional de Psicoterapia de Grupo e a Associação Internacinal de Psicodrama.

Moreno estabeleceu um Comitê Internacional para Psicoterapia de Grupo no curso de sua viagem a Paris e Londres em 1951. Incluía, entre outros, os representantes mais importantes da Inglaterra e da França, Joschua Bierer, Juliette Favez-Boutonier, Jean Delay, S. H. Foulkes, George Heuyer e Serge Lebovici. Nos Estados Unidos, depois de muitas discussões, efetuou a reaproximação com seu rival S. R. Slavson. O Primeiro Congresso Internacional de Psicoterapia de Grupo teve lugar em Toronto, em 1954, onde, em 1931, Moreno pela primeira vez usou a palavra psicoterapia de grupo. Este comitê se tornou um abrigo para federações nacionais de psicoterapia de grupo. Por fim, criou a Associação

Internacional de Psicoterapia de Grupo. Os encontros seguintes ocorreram em Zurique, Milão e Viena. O aspecto interessante dessa associação, do ponto de vista da biografia de Moreno, foi sua decisão, afinal tomada, de abri-la a outros grupos e considerá-los iguais em parceria. Moreno foi o primeiro presidente da associação, com S. H. Foulkes e Serge Lebovici como vice-presidentes. Ele próprio manteve ativamente o papel de liderança, designando como colaboradores imediatos pessoas que não representassem uma ameaça direta para si.[8]

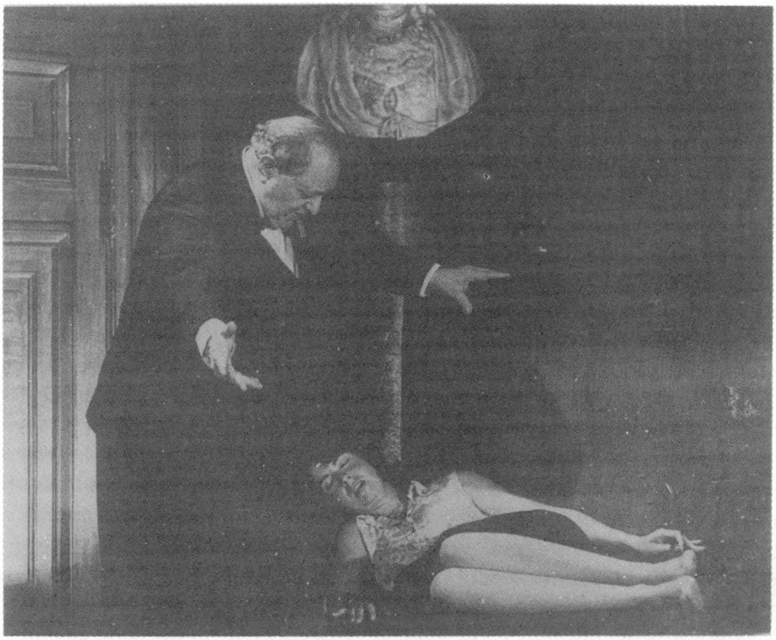

*Figura 19.* Primeiro Congresso Internacional de Psicodrama, Paris, 1964 (Coleção particular de Anne Ancelin Schützenberger. Reprodução fotográfica de Claude Demers).

À medida que o psicodrama foi-se tornando cada vez mais popular, surgiu a necessidade de encontros internacionais de caráter mais formal. Em 1961, Moreno criou a Academia Mundial de Psicodrama e Psicoterapia de Grupo. Foi seu primeiro presidente. Essa associação tinha o mandato para integrar e credenciar institutos fora dos Estados Unidos e para coordenar congressos internacionais. O Primeiro Congresso Internacional de Psicodrama ocorreu em Paris, em 1964, e atraiu mais de 1.000 participantes, provenientes de trinta e cinco países. Conforme o folheto de divulgação, a finalidade do encontro consistia em "reunir especialistas formados e profissionais de todas as partes do globo, para que possam compartilhar suas experiências e estimular a pesquisa''. A organização do Congresso em Paris foi comandada por Anne Ancelin Schützenberger, enquanto Zerka Moreno cuidava da organização prática nos Estados Unidos.[9]

Após este primeiro congresso, os psicodramatistas se reuniram regularmente, em encontros internacionais: em Barcelona (1966); em Baden (em vez de Praga), em 1968, onde também teve lugar o Primeiro Congresso de Sociometria; em Buenos Aires (1969); em São Paulo (1970); em Amsterdã (1971); em Tóquio (1972) e em Zurique (1974). Durante a vida, Moreno presenciou a difusão de suas idéias e métodos por todos os continentes.

Seria possível gastar mais tempo para escrever sobre os anos em que Moreno passou viajando — podíamos falar de sua viagem a Israel ou de seu encontro com Fritz Perls, na reunião anual da Associação Psicológica Americana, em São Francisco, ou sobre a comovedora comemoração de seus 80 anos —, mas não há aqui espaço para tanto. Até o fim de sua jornada, Moreno foi ativo, dedicado e imprevisível. Ninguém sabia o que haveria de fazer ou dizer, já que nem ele mesmo o sabia: a espontaneidade e a criatividade permaneceram seu ponto-chave.[10]

Capítulo 10

# A MORTE E O LEGADO

O último projeto intelectual de Moreno foi escrever sua autobiografia. Depois da reunião internacional de psicodrama em Amsterdã, em 1971, iniciou a monumental tarefa de pôr sua memória a trabalhar uma última vez. Já tinha publicado um "Prelude to the Sociometric Movement" (Prelúdio do movimento sociométrico) na edição de 1953 de *Quem sobreviverá?* e, num volume separado, *Preludes to my Autobiography* (*Prelúdios a minha Autobiografia*) em 1955, mas sua vida foi tão cheia de acontecimentos, que valia a pena para ele tomar a iniciativa de deixar para alunos e historiadores algo de suas memórias. Trabalhou meses nesse projeto, escrevendo principalmente fatos que ocorreram nos seus primeiros anos. O livro inacabado e não publicado está escrito no autêntico estilo moreniano, uma estória para ser contada sob uma árvore num jardim. É uma colagem de estórias, pensamentos e anedotas, mas sobretudo um testemunho irretorquível da vida ativa e produtiva de Moreno.[1]

Moreno ficou paulatinamente menos ativo e mais deprimido, à medida que via sua força física diminuir. Não teve suficiente disposição para completar a autobiografia, que se interrompe no período próximo à década de 50. Em 1974, teve uma série de pequenos derrames, que o deixaram parcialmente paralisado e o fizeram decidir-se a pôr um fim a seus dias, por saber que jamais seria totalmente criativo de novo. Desde então recusou-se a comer e só bebia água.

Este foi o último psicodrama público. Espalhou-se a notícia que Moreno estava à morte, e por isso pessoas de todo o mundo vieram ter com ele pela última vez: Gretel Leutz, sua filha espiritual, veio da Alemanha e fazia leituras do *As palavras do pai*. Anne Ancelin Schützenberger, outra "filha", achava-se ali para lembrá-lo das ligações com a Revolução Francesa e dos encontros na Rússia; Ada Abraham, psicodramatista romena, já então vivendo em Israel, a quem ele pediu que cantasse o acalanto "Ce te Legeni", de Eminescu. Durante esse tempo, sua parceira e musa Zerka, ao mesmo tempo que compartilhava sua profunda afeição com ele, continuava a formar jovens promissores psicodramatistas no vizinho teatro de Beacon. Durante três semanas, a família e os alunos fizeram rodízio de vigílias. Moreno usou esse tempo para despedir-se de sua família biológica e psicodramática. Levou três semanas para aquecer-se para seus derradeiros momentos.

Fez seu longo percurso desde a profecia que a velha cigana fizera à sua mãe em Bucareste: "Chegará o dia em que ele será um grande homem. Pessoas de todo o mundo virão vê-lo". Agora, a profecia se cumprira. Moreno não somente deixava atrás de si a imagem de criador, mas podia se sentir confortado pelo conhecimento de que suas idéias se espalhavam pelo mundo inteiro: institutos de formação estavam se estabelecendo[2] e o psicodrama era praticado na Europa, na América do Sul, na Austrália, na Nova Zelândia e no Japão. Países do bloco do Leste também se abriam às teorias de Moreno. Construíam-se pontes entre facções opostas e ele viveu o suficiente para ver a reaproximação entre a psicanálise e o psicodrama. "Moreno", o "professor", ainda que num certo sentido tivesse ficado anônimo, tinha tido êxito em espalhar sua mensagem. Seus livros foram traduzidos em mais de vinte línguas.

Em maio de 1974, Jacob Levy Moreno morreu; estavam com ele no quarto um de seus alunos, John Nolte, e sua enfermeira, Ann Quinn. Morreu calma e suavemente.[3]

Com freqüência, Moreno referiu-se ao ano 2000, proclamando que, embora suas idéias pudessem ser prematuras para o século XX, o século seguinte seria seu. O legado de Moreno para o mundo foi significativo. Foi importante em seu tempo e poderá se tornar ainda mais importante no futuro: a sociometria, a psicoterapia de grupo e o psicodrama, todos eles desenvolveram-se como ciências independentes. Praticantes de seus métodos encontram-se por toda a parte, e a pesquisa com pequenos e grandes grupos causou significativos impactos. Os alunos de Moreno conservaram vivas a fé e a chama, contando com o apoio permanente de Zerka T. Moreno, sua querida parceira.

O futuro das concepções morenianas será realçado pela redescoberta de Moreno "como um todo", como um filósofo que fincou sua filosofia na existência concreta de cada ser humano. O grande desafio vindouro, parece-me, é epistemológico: construir e reconstruir sobre as bases de Moreno, de uma forma coerente, sistemática e que tudo abarque. Entretanto, é ainda difícil compreender todas as facetas e contradições do homem em si mesmo, especialmente sua facilidade para tornar-se íntimo das pessoas, permanecendo contudo essencialmente centrado em si mesmo. De fato, Moreno foi seu mais severo crítico. Num certo momento, admitiu para Pierre Weil, psicodramatista francês que vive no Brasil, ter fracassado na sua pretensão de transformar o mundo.[4] Se fracassou, só pode ser no sentido em que todo o ser humano fracassa, ao descobrir seus limites. E este aspecto de sua estória pode ser a parte mais preciosa de seu legado. Moreno não era um super-homem, um super-Deus, era um ser humano, um deus para quem o desafio era permanecer criador, deixando para o restante de nós a responsabilidade de sermos co-criadores do universo.

*Figura 20.* J. L. Moreno e Zerka T. Moreno (1972) (Zerka Moreno, coleção particular).

# GLOSSÁRIO DE TERMOS MORENIANOS

As principais fontes para as definições ou explicações deste glossário são as seguintes: Anne Ancelin Schützenberger: *Précis de Psychodrame*; Adam Blatner: *Psychodrama*; René F. Marineau: *Ainsi parle Jacob Levy Moreno*; J. L. Moreno: *Psychodrama,* Volume 3.

**Átomo social**: representação ou configuração de todas as relações significativas na vida de uma pessoa. Por exemplo, o átomo social de uma pessoa pode incluir a esposa, família, amigos, companheiros de trabalho, possivelmente até um animal de estimação ou um parente morto que ainda é significativo para ela. O átomo social pode ser representado em termos gráficos, identificando relações significativas passadas ou presentes, em termos de intensidade e/ou distância. A elaboração do genograma foi grandemente influenciada pelo conceito moreniano de átomo social.

**Axiodrama**: dramatização baseada na exploração de valores ético-sociais e elaborados por Moreno como uma maneira de desfazer-se das *conservas culturais*. Moreno publicou artigos axiodramáticos para ilustrar este conceito: o mais conhecido é aquele em que um espectador num teatro confrontou um ator que desempenhava o papel de Zaratustra. A finalidade última do axiodrama é forçar cada um, ator, diretor, escritor e mesmo o espectador, a deixar aparecer sua verdadeira "personalidade", ao invés de escondê-la sob uma máscara ou um papel. Outro artigo axiodramático descreve o confronto com um padre que é forçado a fazer seu sermão na rua, em vez de fazê-lo numa igreja. Moreno encarou o axiodrama como o primeiro passo na elaboração do *sociodrama* e do *psicodrama*.

**Co-inconsciente**: ver *tele*.

**Compartilhamento**: a terceira parte da sessão de psicodrama ou sociodrama, quando, desde o protagonista até os membros do público, cada um é convidado a compartilhar a experiência da recém-terminada *dramatização*. O que se compartilha são os sentimentos e pensamentos de cada um, não as interpretações e explicações. Através do compartilhamento, as pessoas podem reconhecer sua identificação com certos papéis e outras pessoas dentro do grupo. Com freqüência conduz ao *insight* ou à representação do psicodrama próprio de um outro membro do grupo. O compartilhamento por parte dos *egos auxiliares* é de capital importância, porque às vezes foram moldados em papéis bons, calorosos, defensores, e às vezes como vilões da cena. O fenômeno *tele* é um fator importante no processo de escolher alguém para um papel, e é preciso que seja reconhecido.

**Conserva cultural**: produto acabado de um esforço criativo. Por exemplo: um livro, uma peça de teatro, uma sinfonia. Moreno dedicou grande esforço em livrar-se das conservas culturais, especialmente no campo do teatro. Via as conservas culturais como barreiras para a criatividade, e esperava substituí-las por novas e espontâneas formas de comportamento.

**Coro**: o público ou o subgrupo são instruídos a repetir certas frases ou a amplificar certos sentimentos, como equivalente moderno do antigo coro grego. A repetição das críticas reiteradas, dúvidas ou outras palavras e formas de provocar ansiedade podem aprofundar a experiência do *protagonista*. Podem-se usar declarações de apoio ou de oposição, dependendo do estado psicológico atual ou do processo, ou ainda das necessidades terapêuticas do protagonista.

**Diretor**: no *psicodrama* e no *sociodrama*, o líder ou terapeuta é denominado diretor. Ao elaborar a técnica psicodramática, Moreno usou vocabulário de teatro. A técnica dá indicações do papel ou da função que cria e garante para o grupo um lugar seguro para explorar uma situação de vida. O diretor se encarrega do grupo, conduz a sessão psicoterápica de acordo com regras e técnicas de psicodrama e tem a responsabilidade de assegurar um adequado acompanhamento. O diretor tem um papel mais ativo e diretivo do que, por exemplo, na psicanálise, ao passo que atenua o processo de transferência.

**Dramatização ou representação**: parte do psicodrama em que a situação ou conflito é representado efetivamente no *palco*, em seguida a uma discussão. As pessoas são estimuladas a apresentar suas situações vitais sob a forma dramática, a representar fisicamente encontros e conflitos que existem somente em suas lembranças e fantasias. Assim, a pessoa cuja situação é o foco do grupo, *o protagonista*, é ajudado a experimentar a realização e a atuação através de atitudes e sentimentos envolvidos na situação, encontrem-se elas no passado, no presente ou no futuro. A representação só tem lugar após um adequado aquecimento e é seguido de uma pós-ação ou período de *compartilhamento*. Para Moreno, reviver uma situação como, por exemplo, a perda de um ente amado, não apenas permite a compreensão, mas propicia também uma distância de um evento, que pode ser olhado de maneira menos dramática ou patética quando experimentado numa segunda vez.

**Duplo**: pessoa que desempenha um papel ou um aspecto do papel do *protagonista*. O protagonista às vezes necessita de uma pessoa que o substitua, que desempenhe por ele, que "duble" por ele. Essa pessoa, ego auxiliar, pode ser tanto um terapeuta treinado, quanto um participante do grupo. Exemplo do uso de duplo seria o seguinte: um adolescente inibido não consegue soltar a agressividade em seguida a uma cena humilhante com seu pai. Um *duplo*, em contato com a agressividade reprimida, é chamado para ficar no lugar do adolescente. À medida que o duplo desempenha seu papel, o adolescente, aquecido em sua irritação, adere a situação, tornando-se desnecessária a partir daí a atuação do duplo.

**Ego Auxiliar**: uma pessoa do grupo, co-terapeuta ou participante, que desempenha o papel no *psicodrama* de alguém. Essa pessoa contribui para a *representação* de uma cena, desempenhando um papel ativo. Por exemplo, numa cena em que é necessária a mãe do protagonista, alguém sob a direção do *protagonista* e do *diretor* irá desempenhar o papel dela. O ego auxiliar tem que seguir as indicações do diretor, uma vez que por meio delas é que será desempenhado um papel a serviço das necessidades terapêuticas do protagonista. O fenômeno *tele* com freqüência tem um papel importante na escolha do ego auxiliar por parte do protagonista.

**Espelho**: o protagonista pode ser incapaz de representar a si próprio, ou o *diretor* pode querer que o protagonista consiga alguma distância ou compreensão. Nesse caso, o diretor poderá usar a técnica do espelho, que consiste essencialmente em o protagonista ser solicitado a ficar sentado e a observar um ego auxiliar representá-lo por meio de palavras e de dramatização. O ego auxiliar repete a cena do protagonista, copiando seu comportamento, e tenta expressar seus sentimentos em palavras e movimentos mostrando o protagonista "como que num espelho". O ego auxiliar visa uma representação o mais próxima possível do protagonista, um tipo de *video playback*. Entretanto, pode haver situações em que o espelho seja conscientemente exagerado, utilizando-se a técnica da distorção deliberada, para despertar o protagonista, de tal forma que ele se transforme de um espectador passivo em participante ativo, um ator, corrigindo a dramatização e a interpretação.

**Espontaneidade**: capacidade do indivíduo de dar uma resposta adequada a situações novas ou uma nova resposta a uma situação antiga. Em outras palavras, a resposta do indivíduo é baseada no que se requer *agora* e não no que aprendeu no passado e aplicou quase que cegamente o tempo todo em cada situação. Moreno atrela a capacidade de a pessoa ser criativa à capacidade de manter ou adquirir um estado de espontaneidade. Crianças "não estragadas" por convenções, *conservas culturais* ou estereótipos são para Moreno modelos de espontaneidade.

**"In situ"** (na situação): Moreno propôs que o *psicodrama* deveria ser aplicado na situação e no lugar exatos em que o conflito pode estar ocorrendo, "imediatamente", por assim dizer. Isto pode acontecer em casa, no pátio de recreio de uma escola, no trabalho ou na rua. A idéia de fazer terapia familiar na casa da família é um exemplo dessa idéia, sendo provável que Moreno tivesse o costume de usar sem discriminação a cozinha e os quartos para representar cenas, tanto quanto usaria a sala de estar. Moreno achava que Freud atendia seus pacientes num "ambiente artificial". No *psicodrama*, embora a ação se desenrole no palco, boa parte do tempo é empregada para o *protagonista* reaver os elementos concretos do ambiente. Sendo assim, ele é solicitado a descrevê-los em detalhes, para permitir ao diretor chegar o mais perto possível e recriar pormenores exatos da cena, como se estivesse *in situ*.

**Inversão de papéis**: um participante de um *psicodrama* ou de um *sociodrama*, especialmente o protagonista, troca papéis com alguém para adquirir perspectiva e olhar para a situação do ponto de vista do outro. O protagonista, um filho, por exemplo, numa situação interpessoal com sua mãe, "anda nas pegadas da mãe", enquanto a mãe anda nas do filho. A mãe pode ser a mãe real, como sucede no psicodrama "*in situ*", ou pode ser representada por um *ego auxiliar*. Na inversão de papéis, o filho está agora representando a mãe, a mãe representando o filho. Podem vir à tona distorções nas percepções interpessoais e serem assim exploradas e corrigidas na dramatização. O filho, que ainda é ele mesmo, deve agora aquecer-se para ser como sua mãe o sente e o percebe. A mãe, então no lugar do filho, passa pelo mesmo processo. A inversão de papéis é a mais importante técnica do psicodrama e do sociodrama, aquela que permite a cada um entender o mundo interno do outro. Requer para isso capacidade de empatia, mas vai um passo além ao dramatizar o mundo da outra pessoa.

**Palco**: lugar designado e reservado para sessões de psicodrama. Já que cada um na sessão é um participante, como membro do público ou como *protagonista*, o palco pode ser visto, como no primeiro modelo de Moreno, como o teatro na sua totalidade. Num sentido mais restrito, o palco é a porção do teatro em que o protagonista fica e dramatiza uma situação particular. Houve diferentes modelos de palco, mas os que foram usados por Moreno tinham normalmente níveis diferentes, representando vários graus de envolvimento. Tinham também um balcão. No psicodrama "*in situ*", o lugar real da dramatização se transforma em palco.

**Protagonista**: pessoa cuja vida, ou aspectos dela, está sendo investigada através de uma sessão de *psicodrama*. A pessoa está, no caso, desempenhando o principal papel, do ponto de vista psicoterápico, numa dramatização, mesmo se o papel desempenhado pela pessoa foi secundário em relação aos outros participantes da cena. O protagonista é com freqüência selecionado durante o aquecimento, do qual faz parte, na sessão de psicodrama que está se realizando.

**Psicodrama**: método terapêutico elaborado por Moreno, consistente em investigar situações e conflitos vitais, mais através da dramatização do que pelo relato falado. O psicodrama visa descobrir a "verdade" da vida de cada pessoa em relação com outras pessoas e com seu ambiente. A "sessão" de psicodrama é dividida em três partes: *aquecimento*, *dramatização* ou *representação* e *compartilhamento*, e demanda o uso de numerosas técnicas como *duplo*, *inversão de papéis*, *espelho*, *coro* e *solilóquio*. Moreno elaborou diversos tipos de psicodrama, incluindo o psicodrama espontâneo, o psicodrama planejado e o psicodrama repetido. Apesar de o psicodrama ser normalmente feito com um grupo de participantes, faz-se também psicodrama individual para casos de doença mental grave.

**Realidade suplementar**: o âmbito da ação dramática no qual as idéias que estão na mente podem encontrar expressão adequada. Assim, fatos de ficção científica, da fantasia e do suceder emocional que tememos ou dos quais temos saudades podem ser vividamente experimentados num terreno imaginário criado como espaço para sua manifestação. Em outras palavras, a realidade suplementar é a realidade modificada, amplificada ou atenuada pela imaginação de alguém. No psicodrama, como na realidade, solicita-se às pessoas que contribuam à vida, para torná-la melhor ou "mais ampla", uma vez que o processo pode auxiliá-las a mudar sua perspectiva da realidade. Este "suplemento" de realidade pode ser usado na "vida real", já que não cria ou representa perda de contato com a realidade.

**Representação**: ver *dramatização*.

**Sociodrama**: tratamento psicodramático de problemas sociais, elaborado por Moreno e subdividido, da mesma maneira que o *psicodrama*, em: espontâneo, planejado e repetido. É diferente de um "drama social", produzido por um escritor de peças individualmente, apenas vaga ou indiretamente relacionado com o público e o próprio autor. *West Side Story* é um bom exemplo da representação de um drama social. A diferença entre *psicodrama* e *sociodrama* é tanto estrutural como de finalidade. O psicodrama lida com um problema em que um indivíduo em particular ou um grupo de indivíduos (psicodrama de família) estão engajados de forma *privada*. O sociodrama lida com problemas em que o aspecto coletivo da questão é posto no primeiro plano, e a relação particular fica num pano de fundo. Um bom exemplo de sociodrama é a exploração de problemas raciais com um grupo de pessoas brancas e negras. No sociodrama, os subgrupos são os "protagonistas". A sessão inclui *aquecimento*, *dramatização* e *compartilhamento*.

**Solilóquio**: um *protagonista* compartilha pensamentos ou sentimentos que ele normalmente guarda em seu interior ou então suprime fazendo um aparte. Por exemplo, o *diretor* pode propor a um protagonista ir ao encontro de sua mãe, que está morrendo, no curso da dramatização. "Antes de entrar no quarto, vamos dar uma pequena caminhada e você irá me dizer o que vai ocorrendo em seu íntimo, enquanto está prestes a entrar no quarto de sua mãe." O protagonista então diz alto o que pensa ou sente. Isso pode propiciar tanto ao protagonista como ao diretor uma nova compreensão da situação, ser útil como aquecimento para um futuro encontro real entre o protagonista e sua mãe moribunda etc.

**Sociometria**: método científico cuja finalidade é medir as relações interpessoais de um grupo. Envolve o estudo das propriedades psicológicas, através do uso de métodos experimentais e a representação dos resultados por meio de fórmulas matemáticas e/ou gráficos. Através disso, podem-se deduzir regras e leis das relações interpessoais numa dada situação.

**Tele**: de acordo com Moreno, tele é o fator responsável pelo grau de realidade das configurações sociais, na medida em que se desviam das probabilidades. Gordon Allport define tele como visão no interior, capacidade de apreciar e sentir a construção factual de outra pessoa. Em termos operacionais, tele pode ser visto como comunicação imediata, não verbal (por exemplo, os fatores não verbalizados que aproximam dois estranhos numa multidão); ou laços inconscientes de natureza recíproca (por exemplo, num psicodrama, um homem escolher outro participante para desempenhar o papel de sua mãe e esta "saber" que ele iria escolhê-la). Tele é um fator essencial no trabalho de grupo, pois em última instância permite às pessoas se darem conta da dinâmica de sua identificação e transferência.

# CRONOLOGIA

| ANO | ARTES, CIÊNCIAS MÉDICAS E SOCIAIS | MORENO |
|---|---|---|
| 1801 | *Traité sur l'aliénation*, P. Pinel (1745-1801) promotor da primeira revolução psiquiátrica. | |
| 1824 | Nona Sinfonia de L. Beethoven (1770-1827). | |
| 1825 | Nascimento de Jean Martin Charcot (ob.* 1893) conhecido por sua pesquisa sobre a histeria. | |
| 1856 | Nascimento de Sigmund Freud (ob. 1939) fundador da psicanálise e promotor da segunda revolução psiquiátrica. | Nascimento do pai de Moreno, Nissim Moreno Levy. |
| 1859 | Nascimento de Edmund Husserl (ob. 1938) conhecido por seu trabalho em fenomenologia. | |
| 1870 | Nascimento de Alfred Adler (ob. 1937) fundador da Psicologia Individual. | |
| 1873 | Nascimento de Sandor Ferenczi (ob. 1933) discípulo de Freud. | Nascimento da mãe de Moreno, Paulina Iancu (Volf, Wolf ou Stern). |
| 1875 | Nascimento de Carl Gustav Jung (ob. 1956) fundador da Psicologia Analítica. | |
| 1876 | *A origem das espécies*, Charles Darwin (1809-1882). | |

* Obiit: morreu.

| | | |
|---|---|---|
| 1877 | Nascimento de Karl Abraham (ob. 1925), discípulo de Freud. | |
| 1878 | Nascimento de Isadora Duncan (ob. 1927), (criadora da dança moderna; conheceu Moreno no Stegreiftheater, em Viena. | |
| 1879 | Primeiro laboratório de psicologia experimental de W. Wundt (1832-1920), em Heidelberg. Nascimento de Ernest Jones (ob. 1958), fundador da Associação Inglesa de Psicanálise. Nascimento de Alma Schindler, depois conhecida como Alma Mahler (ob. 1964), futura esposa de Franz Werfel; estreitamente ligada ao círculo do *Daimon*. | |
| 1881 | Nascimento de Ludwig Biswanger (ob. 1956), figura principal da psicanálise existencial. | |
| 1882 | Nascimento de Melanie Klein (ob. 1964), renomada psicanalista infantil e fundadora da escola kleiniana de psicanálise. | |
| 1883 | *Assim Falou Zaratustra*, de F. Nietzsche (1844-1900). | |
| 1884 | Nascimento de Otto Rank (ob. 1939), discípulo de Freud, conhecido pela elaboração do conceito de trauma de nascimento. | |
| 1885 | Nascimento de Karen Horney (ob. 1952), psicanalista ligada à escola "cultural" de psicanálise. | |
| 1888 | | Casamento dos pais de Moreno. |
| 1889 | Nascimento de Martin Heidegger (ob. 1976), filósofo. *L'automatisme psychologique*, Pierre Janet (1859-1947) | Nascimento de Jacob Levy (Moreno) em Bucareste, Romênia. |
| 1890 | Nascimento de Kurt Lewin (ob. 1947), psicólogo ligado à escola da Gestalt e ao movimento de "dinâmica de grupo". Nascimento do arquiteto Friederich Kiesler (ob. 1956), autor do | Nascimento de Vitória, sua irmã. |

| | | |
|---|---|---|
| | "Teatro sobre trilhos". Nascimento de Fritz Perls (ob. 1970), pertencente ao movimento da terapia da Gestalt. Nascimento do pintor expressionista Egon Schiele (ob. 1918). *Principles of Psychology*, William James (1842-1910). | |
| 1892 | | Nascimento do irmão William. |
| 1893 | | Nascimento da irmã Charlotte. |
| 1895 | *Estudos sobre a Histeria*, J. Breuer e S. Freud. Nascimento de Anna Freud (ob. 1985) psicanalista dedicada à psicanálise de crianças. | (?) A família de Moreno transfere-se para Viena. |
| 1896 | Freud cria o termo "psicanálise". | |
| 1897 | Criação do movimento Secessão em Viena, pelo pintor Gustav Klimt (1862-1918) e seus amigos. Nascimento de Wilhelm Reich (ob. 1957), psicanalista heterodoxo, que se dedicou à terapia corporal, à revolução sexual e à pesquisa do "orgone". | |
| 1898 | K. S. Stanislavski (1863-1938) cria o Teatro das Artes, em Moscou, e revoluciona a representação teatral. Nascimento de S. H. Foulkes (ob. 1976), fundador do Grupo de Análise, Londres. | Nascimento da irmã Clara. |
| 1899 | | Nascimento do irmão Norbert. |
| 1900 | *A interpretação dos sonhos*, S. Freud. | |
| 1901 | Nascimento de Jacques Lacan (ob. 1981), psicanalista freudiano da École Freudiènne de Paris. Primeiro uso do "reflexo condicionado" por Ivan Pavlov (1849-1936) | |
| 1904 | | (?) A família de Moreno transfere-se para Berlim. |

| | | |
|---|---|---|
| 1905 | *Três ensaios sobre a teoria sexual*, S. Freud. | (?) A família de Moreno transfere-se para Chemnitz. |
| 1907 | Freud encontra-se com C. G. Jung e L. Biswanger. | |
| 1908 | "Criança Sonhando", pintado por Oscar Kokoschka (1886-1980). | |
| 1909 | Freud vai aos Estados Unidos com C. G. Jung e S. Ferenczi. | Moreno entra na Universidade de Viena, primeiro como estudante de filosofia, depois de medicina. |
| 1912 | *Pierrot Lunaire*, composto por Arnold Schoenberg (1874-1951), que elaborou a teoria e prática da música dodecafônica. | (?) Moreno encontra Freud (ou em 1914). |
| 1913 | *Psychology as the Behaviorist Views*, H. J. B. Watson (1878-1958) | |
| 1914 | | *Einladung zu einer Begegnung* (*Convite a um encontro).* |
| 1917 | *Metapsicologia*, S. Freud. | Recebe o título de médico, 5 de fevereiro. |
| | | Nascimento de Celine Zerka Toeman. |
| 1918 | | Publica o *Daimon*, periódico ligado ao movimento expressionista. |
| 1919 | | Transfere-se para Bad Vöslau e vai viver com Marianne Lörnitzo. |
| 1920 | | *Das testament des Vaters* (*As palavras do pai*). |
| 1921 | *Seis personagens à procura de um autor*, L. Pirandello (1867-1936), autor teatral italiano.<br>*Basic Principles of Psychoanalisis*, A. A. Brill (1884-1948). | |
| 1923 | *I and Thou* (Eu e tu), Martin Buber (1878-1958), filósofo e teólogo judeu. | |
| 1924 | | *Das Stegreiftheater* (*O teatro da espontaneidade*) |

| | | |
|---|---|---|
| 1925 | *Mentality of Apes*, Köhler (1887-1967), fundador da Escola de Psicologia da Gestalt de Berlim.<br>*O processo*, Franz Kafka (1883-1924), autor, amigo íntimo de Max Brod e do círculo do *Daimon*. | Emigração para os Estados Unidos. |
| 1926 | | Patentes da "Radio Film" com Franz Lörnitzo, em Viena. |
| 1927 | *The Social Basis of Conciousness*, T. Burrow (1875-1951), primeiro a usar o termo "análise de grupo" | Certificado para praticar medicina no Estado de Nova York. |
| 1928 | | Casa-se com Beatrice Beecher. |
| 1931 | | Inaugura o Teatro do improviso e a revista *Impromptu* (Improviso).<br>Pesquisa sociométrica na Prisão de Sing Sing.<br>Primeira participação na Reunião da Associação Psiquiátrica Americana. |
| 1932 | | *Application of the Group Method to Classification* (Aplicação do método grupal na classificação).<br>Diretor de Pesquisa na Escola Hudson para Moças. |
| 1933 | *Análise do Caráter*, W. Reich. | |
| 1934 | | *Who Shall Survive*? (*Quem sobreviverá?*). |
| 1935 | *A Dynamic Theory of Personality*, Lewin. | Cria filmes terapêuticos. |
| 1936 | | Inaugura o Sanatório de Beacon Hill e o teatro de psicodrama. |
| 1937 | | Funda *Sociometry* (Sociometria). |
| 1938 | *Psychiatry: Introduction to the study of Interpersonal Relations*, Harry S. Sullivan (1886-1949). | Casa-se com Florence Bridge. |
| 1939 | *The Organism*, Kurt Goldstein (1870-1958). | Nascimento da filha Regina. |

| | | |
|---|---|---|
| 1941 | *A canção de Bernadette,* Franz Werfel (1890-1945), autor, amigo de Moreno, marido de Alma Mahler-Werfel. | Aparece a tradução *The Words of the Father* (*As palavras do pai*). |
| 1942 | *Aconselhamento e psicoterapia*, Carl R. Rogers (1903-1986). *Studies Psychology of sex,* Haveloch Ellis (1859-1939). | Encontro com Zerka Toeman; cria o Instituto Sociométrico e o Teatro de Psicodrama, em Nova York. Funda a Sociedade de Psicodrama e Psicoterapia de Grupo, rebatizada de Sociedade Americana de Psicoterapia de Grupo e Psicodrama, em 1951. |
| 1943 | *An Introduction to Group Therapy*, S. R. Slavson (1890-1919). | |
| 1945 | *Productive Thinking*, Max Wertheimer (1886-1943), co-fundador da Escola da Gestalt de Berlim. K. Lewin cria o Centro de Pesquisa para Dinâmica de Grupo, Instituto de Tecnologia de Massachusetts. | Funda a Associação Americana de Sociometria. |
| 1946 | | Membro da Associação Psiquiátrica Americana; *Psychodrama, Volume I* |
| 1947 | *Play Therapy*, V. Axline. | Cria *Sociatry: Journal of Group and inter-Group Therapy*, rebatizado três vezes e atualmente chamado *Journal of Group Psychotherapy, Psychodrama and Sociometry*. |
| 1948 | *Introduction to Group Analytic Psychotherapy*, S. H. Foulkes. *Sexual Behaviour in the Human Male* (e em 1953 *In the Human Female*), Alfred C. Kinsey *et al.* Clubes Terapêuticos Sociais, J. Bierer. *Cybernetics*, N. Wiener (1894-1964). | |
| 1949 | | Casa-se com Zerka Toeman. Dedica-se ao Teatro de Psicodrama, Harvard. |

| | | |
|---|---|---|
| 1950 | *The Meaning of Anxiety*, Rollo May (1909). | Participa do 1º Congresso Mundial de Psiquiatria, Paris. |
| 1951 | *Gestalt Therapy*, Fritz Perls *et al.*<br>*Psychoanalysis; Man and Society*, Paul Schilder. | Organiza o 1º Comitê Internacional de Psicoterapia de Grupo.<br>*Sociometry, Experimental Method and the Science of Society.* |
| 1952 | Criação do Instituto de Pesquisa Mental, Palo Alto, Califórnia, por Gregory Bateson e Don Jackson (1920-1968). | |
| 1953 | Therapeutic Community, Maxwel Jones.<br>*Science and Human Behavior*. B. F. Skinner (1904). | |
| 1954 | *Motivation and Personality*, Abraham Maslow (1908-1970). | 1º Congresso Internacional de Psicoterapia de Grupo, Toronto, Canadá. |
| 1955 | *Becoming*, Gordon Allport (1897-1967) | |
| 1956 | *Le Psychodrame analytique chez l'enfant*. Didier Auzieu (1923). | Cria o *International Journal of Sociometry and Sociatry.*<br>*Sociometry and the Science of Man.* |
| 1957 | | Participa da criação do Conselho Internacional de Psicoterapia de Grupo, sendo o primeiro presidente, tendo como vice-presidentes S. H. Foulkes e S. Lebovici.<br>Funda a Academia de Psicodrama e Psicoterapia de Grupo. |
| 1959 | *The Divided Self*, R. D. Laing (1927)<br>*Experiences in Groups*, W. R. Bion (1897-1979). | Conferências em Moscou e Leningrado.<br>*Pychodrama*, Volume 2. |
| 1961 | *Asylums*, E. Goofman.<br>*Transactional Analysis in Psychoterapy*, Eric Berne (1910-1920). | |
| 1964 | *Sanity, Madness and the Family*, R. D. Laing and A. Esterson.<br>*The Transparent Self*, Sidney Jourard.<br>*Conjoint Family Therapy*, Virginia Satir. | 1º Congresso Internacional de Psicodrama, Paris.<br>*The First Psychodramatic Family.* |

| | | |
|---|---|---|
| 1965 | *Reality Therapy*, William Glasser. | |
| 1966 | | Edita *The International Handbook of Group Psychotherapy*, em co-autoria com A. Friedmann, R. Battegay e Zerka T. Moreno. |
| 1968 | *General System Theory*, Ludwig von Bertalanffy. | Doutor Honoris Causa, Universidade de Barcelona. |
| 1969 | *In and Out of the Garbage Pail*, Fritz Perls. | *Psychodrama*, Volume 3. Golden Doctorate, Universidade de Viena.<br>Placa comemorativa em Bad Vöslau, Áustria. |
| 1970 | *The Manufacture of Madness*, Thomas S. Szasz.<br>*The Primal Scream*, Arthur Janov. | |
| 1973 | | Está entre os fundadores da International Association of Group Psychotherapy. |
| 1974 | | Morre em sua casa, em Beacon, Nova York, a 14 de maio. |
| 1985 | | Os direitos autorais de "Autobiography" são registrados nos nomes de Zerka T. Moreno e Jonathan D. Moreno. |

# NOTAS*

## Capítulo 1. Os ancestrais e a família: o nascimento de um mito

1. Ver Alfredo Gomez (1987) "Spain to give sephardic Jews Special place in Columbus Rites", no *Los Angeles Times*, Parte II, 25 de julho de 1987. É também interessante notar que em 1982 a comunidade sefardim de Bucareste comemorou a expulsão dos judeus e a descoberta da América por Colombo. O ensinamento do Rabino Bejarano era bem explícito no caso, podendo-se encontrar ainda hoje traços de sua influência, quase 100 anos depois, na comunidade sefardim de Bucareste. O significado para Moreno da data de 1892 e sua relação com a Espanha foi enaltecida quando recebeu, com intensa emoção, um título honorífico da Universidade de Barcelona em 1968 (material de arquivo).

Para uma leitura mais alentada sobre a história dos judeus na época ver William L. Longer (1948), *An Encyclopedia of World History*, Boston: Houghton Mifflin Company, especialmente, "The Expulsion of Jews", 282, e "The First Voyage of Columbus", 366; Jacob R. Marcus (1938), *The Jew in the Medieval World: a Source Book 1315-1781*, Nova York: Atheneum, especialmente "The expulsion from Spain", 51-5; Max L. Margolis e Alexander Marx (1927), *A History of the Jewish People*, Nova York: Atheneum, especialmente "The Expulsion from Spain and Portugal", 470-76.

2. J. L. Moreno (1985) "The Autobiography of J. L. Moreno, M. D." Boston: Harvard University Archives, The Francis A. Countway Library of Medicine, cap. 1: 27-31.

A "Autobiografia" de Moreno, à qual me refiro com freqüência, é a versão que foi preparada após a morte de Moreno por Zerka e Jonathan Moreno (1985) e apresentada para publicação para editoras americanas. Parte dessa autobiografia foi publicada em *Group Psychoterapy, Psychodrama and Sociometry*, para o centenário em 1989. O texto final contém fragmentos escritos por Moreno alguns meses antes de sua morte e material escrito na remota década de 20, reunido em ordem cronológica. O texto foi reescrito muitas vezes, com mudanças aqui e ali (de nomes, para resguardar o aspecto confidencial, e por questões

---

* Nessas notas as obras mais importantes de Moreno freqüentemente citadas no texto são mencionadas só pelo título e data. A referência completa será encontrada em seguida, na Bibliografia.

de estilo e conteúdo). A autobiografia deve ser usada com cuidado especial: as diferentes versões devem ser comparadas e submetidas a confirmação cruzada com outros materiais de arquivo e testemunhas. Tentei verificar cada estória da "Autobiography", com considerável êxito. Entretanto, os pesquisadores deveriam notar que ela ainda contém aspectos mitológicos e uma representação subjetiva do papel de seu autor na história mundial.

3. O nome do avô aparece na certidão de óbito de seu filho Moreno Nissim Levy (Registro de Defuntos, 1925, Escritório Municipal de Bucareste). A informação sobre Plevna pode ser encontrada no Israelitische Kultus Gemeinde, em Viena, sob a declaração de nascimento de Clara e Norbert Levy, em Geburtsbush — Turken B II, frontispício 74 e 101.

4. O nome e idade de Moreno Nissim Levy pode ser achado na certidão de nascimento de seu filho Jacob, n.º 2464, no Registro de Nascimentos de Bucareste do ano de 1889. Este certificado foi recuperado por George Bratescu em 1975. Não foi possível até aqui obter a certidão de nascimento do próprio Moreno Nissim Levy, mas todas as provas paralelas confirmam 1856 como o ano, e Plevna como lugar de nascimento. Nissim é algumas vezes grafado Nisim, e Moreno, Morenu. Morenu significa "professor" em hebraico. Sigmund Freud nasceu a 6 de maio de 1856. (Para a aquisição da cidadania romena pelo povo judeu, ver Max L. Margolis e Alexander Marx, *op. cit.* 683-90.)

5. O verdadeiro nome e idade de Paulina Iancu são difíceis de confirmar. Na certidão de nascimento de seu filho Jacob, em 1889, ela diz que seu nome é Paulina Iancu e tem 18 anos. Nas certidões de nascimento de seus filhos sucessivos, descreve-se a si própria cada vez de uma forma diferente: para Rahel-Vittoria (1891), tornou-se Paulina Volf, com 20 anos; para Volf Valerian-William (1892), ela é Paulina Stern, com 24 anos; para Scharloti (1893), é novamente Paulina Volf, com 23 anos; para Clara (1898), é Paulina Wolf, com 25 anos; para Norbert (1899), é novamente Paulina Wolf, com 26 anos. Sua própria declaração, que foi impossível confirmar, já que falta sua certidão de nascimento, dá como data de nascimento 14 de novembro de 1873. Não era incomum entre os judeus fazer inúmeras mudanças de nome, pois tinham que mentir para serem aceitos como imigrantes ou refugiados. Nesse caso, o quadro é complicado pelo fato de que os nascimentos parecem muitas vezes terem sido registrados por amigos da família ou pelo pai. O nome Volf/Wolf aparece com freqüência, indicando que deve ter sido este o nome de família antes de "Iancu". Quanto à idade, faz-se mais velha para o nascimento de seus primeiros filhos, mas retorna à sua idade real posteriormente. Jacob Moreno disse com freqüência que sua mãe tinha de fato 15 anos quando ele nasceu; parece estar certo, se tomarmos o ano de 1873 como o de seu nascimento. Ver os arquivos municipais de Bucareste, Registros de Nascimento, 1889, número 2464; 1891, n.º 2017; 1892, n.º 6266; 1893, n.º 6777; Wien Israelitische Kultus Gemeinde, Geburtsbuch B II, frontispícios 74 e 101.

6. Foi impossível até aqui obter confirmação da data de casamento. Não está claro também onde o casal se casou: Bucareste, Calarasi ou Cacomeanca. Nesses dois últimos lugares, a maior parte dos arquivos judeus foram destruídos durante a guerra. Os arquivos remanescentes não se encontram facilmente disponíveis.

7. Os vários endereços podem ser encontrados nas certidões de nascimento dos diversos filhos. Ver nota 4.

8. A certidão de nascimento original está em Bucareste, nos arquivos municipais, Registros de Nascimento, 1889, nº 2464. A tradução é a seguinte:

*Escritório de Registro de Nascimentos*

| | |
|---|---|
| Mos (aico) Rom (eno) | nº 2464 |
| JACOB | ano de mil oitocentos e |
| MORENO | oitenta e nove, Maio, dia |
| LEVY | 6, 11:30 da manhã |
| Comerciante | |

Registro de nascimento da criança Jacob, sexo masculino, nascido no dia 6 do mês corrente, às 4 horas da tarde, em Bucareste, na casa de seus pais, 50 Strada Serban Voda, filho de Moreno Levi, de 32 anos, comerciante, e de Paulina nascida Iancu, de 18 anos, dona de casa; declarado por Avram Mitran, de 38 anos, funcionário, que vive na mesma rua e que nos trouxe a criança. As testemunhas foram Solomon Asek, de 48 anos, 22 Strada Leon Voda, conhecido de seus pais, e Salomon Athias, de 52 anos, comerciante, 10 Strada Labirint, conhecido de seus pais, que assinou esse registro depois que foi lido por eles junto conosco e o declarante. Confirmado, conforme a lei, por Nicolae Hagi Stoica Jr., conselheiro da comuna de Bucareste e escrivão.

Seguem-se assinaturas do declarante, das testemunhas e do escrivão. Contrariamente aos costumes, a criança não foi registrada pelo pai, mas por um amigo, o funcionário Avram Mitran, que juntamente com as duas testemunhas era um respeitado membro da comunidade sefardim de Bucareste. Salomon Athias assinou seu nome em caracteres hebraicos.

Pode-se pensar que Moreno Levi, pai da criança, não estava em Bucareste na época. É provável que estivesse em Viena, nos escritórios da companhia que ele representava como vendedor viajante. A certidão declara que era de religião judaica e cidadão romeno.

Na certidão, a grafia do nome de família é oscilante: às vezes Levy, às vezes Levi.

A data de nascimento é 6 de maio (no antigo calendário — 18 de maio, no novo) de 1889; para os interessados em horóscopo, o nascimento ocorreu às 4 horas da tarde.

Através de buscas nos arquivos do Museu de História de Bucareste, e com uma comparação de mapas topográficos de 1900-1911, parece que a casa em que Moreno nasceu foi demolida não muito tempo após seu nascimento.

9. O uso da verdade por parte de Moreno era a base do psicodrama e da psicoterapia. Mas é importante entender o que para ele quer dizer a verdade: é evidente que Moreno estava mais interessado na interpretação subjetiva da realidade, inclusive embelezada, do que na realidade pura e simples. Moreno elaborou um novo conceito, *realidade suplementar*, creditando a esse suplemento o que cada um pode acrescentar à vida para fazê-la melhor, mais aceitável para cada um. A *realidade suplementar* envolve o adequado uso da imaginação, espontaneidade e criatividade. Quanto ao uso da verdade psicodramática e poética, em contraposição à verdade histórica, somos gratos a Moreno por ter feito uma distinção muito clara na sua nota explicativa a *A primeira família psicodramática* (1964), antes de utilizá-la. O que surpreende é que ninguém o questionasse sobre os fatos históricos.

10. Ver I. Semo (1944) *Bejarano*, Bucareste: Institutul de Arte Grafice.

11. O prof. George Bratescu, que conheceu pessoalmente Charlotte, irmã de Moreno, em Bucareste, foi alertado por ela de que seu irmão poderia não

ter nascido em 1892. Quando após muita procura descobriu a certidão de nascimento, publicou um artigo muito interessante em *Group Psychotherapy and Psychodrama* (1975) 28: 2-3. Em breve, alunos e historiadores se tornaram cientes das discrepâncias entre a data e lugar reivindicados por Moreno, com os fatos apresentados por Bratescu. Muitas pessoas não conseguiam entender porque Moreno mentiu, enquanto outras não viam razão para fazer disso um problema.

## Capítulo 2. Uma criança valente e um adolescente rebelde

1. Ver *Autobiography* (1985) cap. 1: 9, 21, 22.
2. Ver *Autobiography* (1985) cap. 1: 7, 8.
3. Ver *Autobiography* (1985) cap. 1: 24, 40
4. Ver *Autobiography* (1985) cap. 1: 10.
5. As influências religiosas sobre Moreno podem ser mais bem compreendidas se se fizer referência à biografia do Rabino Bejarano: este homem teve considerável influência em Bucareste e nos países bálticos em geral. Ver I. Semo (1944), *Bejarano*, Bucareste: Institutul da Arte Grafice e *Autobiography* (1985) cap. 1: 13-14. Quanto à influência de Jesus, ver em particular *Autobiography* (1985) cap. 1: 1-7.
6. Quanto ao aspecto repetitivo de representar Deus, ver *Autobiography* (1985) cap. 1: 14-16. Essa informação foi também confirmada pelo autor numa entrevista pessoal com Ada Alistar, em Bucareste, filha de Charlotte, irmã de Moreno.
7. Ver *Autobiography* (1985) cap. 5: 13.
8. Há na verdade duas maneiras complementares de encarar as influências atuantes na primeira infância de Moreno. Num nível mais "secular", fica-se impressionado pela identificação imediata com o pai, identificação tão primária, que Jacob não é "como o pai", mas torna-se "o pai". A ausência de seu pai, quando nasceu e suas posteriores ausências, as relações especiais com a mãe e os irmãos, tudo isto certamente contribuiu para firmá-lo no papel de criador de uma nova dinastia, incluindo a posterior mudança do sobrenome Levy pelo nome de seu pai Moreno. Pode-se dizer também que Moreno preencheu o vácuo criado com a ausência do pai, tornando-se ele próprio pai, simbolicamente. Numa perspectiva "religiosa", o pequeno Moreno teve muitos exemplos a imitar: em particular, o próprio Jeová, a história de Jesus e Maria, a história de Buda. Ver *Autobiography* (1985) cap. 1: 4, 39.
9. G. Bratescu, comunicação pessoal.
10. Ver *Autobiography* (1985) cap. 1: 37. Essa estória foi confirmada pelo autor numa entrevista pessoal com Ada Alistar.
11. Ver *Autobiography* (1985) cap. 1: 19-20.
12. Ver *Autobiography* (1985) cap. 1: 27-31, confirmado numa entrevista pessoal por Ada Alistar. Em nenhum outro lugar é a identificação de Jacob com o pai tão claramente expressa e evidente como no decorrer dessas duas viagens: podemos ver o jovem adolescente descobrir o mundo através dos olhos de seu pai experiente, ficando totalmente impressionado pelo homem mais velho que era seu pai.
13. Ver *Autobiography* (1985) cap. 1: 40, confirmado numa entrevista pessoal por Ada Alistar. A data exata da transferência para Berlim fica difícil de

precisar. Contudo, devemos nos lembrar que Jacob Moreno escreveu sua autobiografia como se tivesse nascido em 1892. De muitas maneiras, todas as coisas devem retroagir 3 anos atrás. Desde que sabemos por outra fonte que Charlotte entrou no ginásio em Berlim, torna-se altamente provável que a família tenha se transferido para Berlim por volta de 1905 e para Chemnitz cerca de 1906.

14. Ver *Autobiography* (1985) cap. 1: 31-4. Mais tarde, o papel de musa foi feito por Marianne Lörnitzo, depois por Zerka Toelman Moreno. Moreno precisava deste tipo de relação com as mulheres para ajudá-lo na produção intelectual. Ficou muito impressionado com o papel das mulheres como musas nas vidas de Plutarco e Dante. É também interessante a experiência estética que Moreno teve com a cidade de Florença, misturada com seu amor platônico por Pia. Mais tarde, nos Estados Unidos, iria desposar uma "Florença" na pessoa de Florence Bridge.

15. Ver Giovanni Boria (1983) *Tele, Manuale di Psichodramma Classico*, Milão, Franco Angelo Editore.

16. Ver *Autobiography* cap. 2: 1-6.

17. Podemos ver a influência de Nietzsche aqui. Em "de três metamorfoses" em *Ainsi Parlait Zarathustra* (1971), Paris: Gallimard, 37, Nietzsche diz: "Inocência da criança, um experimento, um novo começo, um jogo, uma roda que se move livremente, um primeiro movimento, um sim sacrossanto. Sim, criar requer um sacrossanto Sim...". Na *Autobiography* (1985) cap. 2: 22-3, Moreno diz: "Quando olho para uma criança vejo 'sim, sim, sim, sim'. Elas não precisam aprender a dizer sim, já que nasceram sim. Vê-se espontaneidade na sua forma de viver. Isso está inscrito na criança toda, na sua fome de atos, quando olha para as coisas, quando as ouve, quando corre pelo tempo, quando se move no espaço, quando agarra objetos, quando sorri e chora...".

Essa estória foi apresentada de diversas maneiras, incluindo um "encontro" mais direto com Jesus por um "movimento" da estátua. Provavelmente, a visão ocorreu quando Jacob tinha 16 ou 17 anos. Moreno era realmente fascinado pela pessoa de Jesus, até o ponto de identificar-se com ele, e em certos momentos até "personificou" o Messias: os episódios de aparecer nu na rua ou pular de uma árvore devem bem ter funcionado com testes para a hipótese de que ele, Moreno, fosse de fato Jesus. Esses episódios fazem pensar às vezes no estado mental de Moreno. Parece claro que ele deve ter sido fronteiriço em certas situações, mas também parece que estes episódios estivessem mais no reino do "como se", sendo afinal acompanhados por um distanciamento psicológico e com senso de humor. Moreno encontrou por fim um público perante o qual pôde atuar sua "megalomania". *Autobiography* (1985) cap. 2: 3, 19-22; cap. 3: 8-10 e "Preludes to the Sociometric Movement" em *Who Shall Survive?* (1953) Beacon House XIX.

**Capítulo 3. O período universitário**

1. Ver *Autobiography* (1985) cap. 2: 9.
2. Ver *Autobiography* (1985) cap. 2: 1.
3. Ver *Autobiography* (1985) cap. 2: 1. É interessante comparar a visão de Swedenborg com a de Moreno. Os dois cientistas se tornaram "instrumentos de Deus".

4. Ver Jacob L. Moreno (1987) *Psychothérapie de groupe et psychodrame*, Paris: Press Universitaires de France, 25.

5. Muitos grupos defendiam o anonimato neste período. Por exemplo, um grupo de pesquisa em matemática na Universidade de Viena compartilhava um trabalho que visava descobrir novas fórmulas matemáticas, abstendo-se sempre de usar seus nomes: pensavam, como Moreno, que ninguém tinha direito a reivindicações no campo do conhecimento — as descobertas deviam não ter nomes. Andras Petö, companheiro de Moreno, e que mais tarde ficaria famoso por sua técnica de "educação conduzida" com várias crianças severamente afetadas, na clínica que fundara em Budapeste, na mesma época trabalhava anonimamente ou sob pseudônimo. A educação conduzida funciona, sob muitos aspectos, baseada nos mesmos princípios que o psicodrama. (Entrevista particular com Maria Hari em Budapeste, que foi aluna e íntima colaboradora de Petö, de 1945 a 1967).

6. Chaim Kellmer nasceu em 1887. Foi estudante de filosofia. Contrariamente à reinvindicação de Moreno, Kellmer não terminou os estudos de filosofia e não conseguiu o doutoramento. Morreu a 16 de maio de 1916, supostamente enquanto trabalhava como enfermeiro no exército. Ver Registro de Defuntos, Israelitische Kultus Gemeinde, Viena.

7. Ver *Autobiography* (1985) cap. 5: 1-12; material de arquivo, Institut für Geschichte der Medizin der Universität Wien.

8. Ver *Autobiography* (1985) cap. 5: 2-10. A relação de Moreno com Wagner von Jauregg é muito interessante, se comparada com seu encontro com Freud. A despeito de não gostar de von Jauregg, Moreno nunca polemizou com ele. Manteve uma atitude educada e uma distância protetora. Deve ter sentido certa ambivalência para com um homem que também se opunha à psicanálise. Como no caso de Pötzl, não há prova em seu arquivo de que tinha trabalhos com Moreno. Ao passo que numerosos colaboradores aparecem na lista de quase duzentas publicações, em nenhuma delas, até agora, o nome de Moreno foi achado. Este fato não indica que Moreno tenha inventado a estória de sua associação com Pötzl, mas a não publicação pode ser encontrada na longa lista da bibliografia de Pötzl. Pötzl pode ter reconhecido verbalmente o trabalho de seus alunos e assistentes (correspondência particular entre o autor com o filho de Pötzl, Hans Pötzl).

9. Ver também *Autobiography* (1985) cap 5: 12-15.

10. A questão dos sonhos telepáticos e do deslocamento de pensamento era um quebra-cabeças para Freud. Sentia-se incomodado com o assunto. Sabemos que sua filha Anna e Sandor Ferenczi realizaram pesquisa "pessoal" nesse campo. O próprio Freud escreveu um ensaio sobre isso em 1922 e fez comentários sobre esse tópico no seu "Novas Conferências Introdutórias". Ver S. Freud, *Dreams and Telepathy*, na Standard edition 223. Ver também Peter Gay (1988), *A life for our Time*, N. York, Norton Press (traduzido recentemente para o português com o título de *Freud, uma vida para o nosso tempo*, 1989, Ed. Companhia das Letras); Paul Roazen, 1984, *Freud and his Followers*, Nova York: New York University Press.

11. Moreno e Theodor Reik foram apresentados um ao outro por um amigo mútuo, Hans Brauchbar (membro do grupo da Casa do Encontro). Reik saía com a irmã de Brauchbar. Durante o período de 1922-1925, Reik iria algumas vezes ao Stegreiftheater. Depois que Moreno publicou sua obra *The Theatre*

*of Spontaneity* (no Brasil, editado pela Summus, *Teatro da espontaneidade*), em 1924, Reik mostrou-o a Freud. De acordo com Moreno, Reik não se lembrava dos comentários de Freud porque este não tinha nenhum comentário favorável nem mesmo sobre o próprio livro de Reik, publicado à mesma época. Na verdade, os comentários de Freud sobre o livro de Reik eram, ao contrário, elogiosos: "Li seu ponderado e extremamente importante livro com grande interesse... Embora de acordo com meu costume eu esteja evitando proferir um julgamento final sobre uma obra que mal acabo de ler, ainda assim arriscaria dizer que tive a impressão de que no caso o sr. produziu algo particularmente valioso. O manuscrito já se encontra à sua disposição" — 13 de janeiro de 1925, citado por Theodor Reik (1956) *The Search Within*, Nova York: Farrar 643. Aqui também deve haver um caso de rivalidade entre irmãos. Ver também *Autobiography* (1985) cap. 6: 34.

12. Em 1918, Alfred Adler se tornou membro do comitê editorial do *Daimon*, o periódico literário criado por Moreno. Ele foi útil para encontrar editores. Contudo, também essa relação era ambivalente e Moreno acabou achando Adler por demais analista para seu gosto. Ver *Autobiography* (1958), Cap. 6: 34 e material de arquivo pessoal.

13. Ver nota 5.

14. Para referências sobre Elisabeth Bergner, ver Eloesser (1927) *Elisabeth Bergner*, Berlim: William and Co., Verlag, 23-5; Elisabeth Bergner (1978), *Bewundert Viel und Viel Gescholten*, Munique: Bertelsmann Verlag, parcialmente traduzido por Zerka Moreno, em "Escape me never" em *Group Psychotherapy, Psychodrama and sociometry* (1979) XXXII: 5-11. Para uma aferição do talento de Elisabeth Bergner, ver Joseph Sachs (1937) *Beauty and the Jew*, Londres: Goldston, especialmente o cap. "The Jew on the stage", 200: "A personalidade de Elisabeth Bergner respira sublimação do instinto, um refinamento e uma espiritualização das paixões que é nova, num palco onde o sexo não tinha tanta importância se comparado à purificação estética, esta duvidosa catarse herdada da atuação teatral. Seu ar infantil exclui vulgaridade, e a graça e o humor de um diabrete dão encanto à sua feminilidade oculta. Seu desempenho de Santa Joana irá desarmar os céticos e os cínicos, que modificaram seu caminho desde Voltaire. Ela empresta realidade ao mito pela etérea pureza de seu ser de sílfide. Seria errado supor que esta graça de fada e essa liberdade de encobrir um tema seja pura natureza: ao contrário, é o resultado de uma arte consumada, a arte que esconde a arte. Infantil na aparência, Elisabeth Bergner é na verdade extremamente intelectual; sua arte está permanentemente sujeita à capacidade crítica e é sutilmente analítica, ainda que pareça despreocupadamente ingênua".

15. Para as relações de Elisabeth Bergner com Adler e Freud, ver Bergner (1978) *op. cit.*, 143, 146, o que é confirmado também por uma entrevista pessoal com Elisabeth Bergner.

16. Ver *Who Shall Survive?* (1953) XIX e *Autobiography* (1985) cap. 2: 2-35.

17. Moreno publicou *Der Königsroman* (1923) anonimamente, livro que contém exemplos de jogos que fazia com as crianças. Ver também *Autobiography* (1985) cap. 2: 25-34.

18. Levantaram-se dúvidas a respeito da precisão da estória referente ao teatro para crianças de Moreno. Havia um teatro real ou apenas eventuais grupos improvisados no parque? Parece que pelo menos algumas vezes havia um pequeno grupo que atuava. Elisabeth Bergner faz referência ao desempenho do papel de Toinette para Moreno. Também Henry A. Phillips se refere à primeira

experiência de Bergner no palco em Viena, com 12 anos de idade. O próprio Moreno diz que a certa altura o grupo se encontrou no prédio que era alugado por Trotsky para reuniões, e que lhe foi emprestado para o teatro infantil. Posteriormente, Moreno publicou algumas das peças que representaram, incluindo *Assim falava Zaratustra*. Ver Elisabeth Bergner (1978), *op. cit.*, 15; Henry Albert Phillips, "Greater than Bernhardt?" em *The stage* (1935), reimpresso em Elisabeth Bergner (1978), *op. cit.*, 286. Para a referência a Trotsky, ver a *Autobiography* (1985) cap. 4: 4.

19. Moreno viu-se envolvido em complicações, muitíssimas vezes na vida. É possível que tenha se envolvido com a polícia por causa do papel que desempenhava nos parques, estimulando as crianças a resistir a seus pais e aos professores. Pode ser que o verdadeiro motivo para abandonar o "reino das crianças" tenha sido a pressão da polícia. Ver *Autobiography* (1985) cap. 2: 34.

20. A. Alistar, comunicação pessoal.

21. Essa estória é apresentada de novo em diversos lugares. A versão é de *Who Shall Survive?* (1953) XXVIII-XXX; mas aparece também na *Autobiography* (1985) cap. 4: 7-11.

22. Conquanto não haja dúvida de que Moreno realmente tenha trabalhado nesses campos, é difícil fazer a comprovação do fato. Em decorrência das mudanças de fronteira e do status político da Áustria depois da Primeira Guerra Mundial, os arquivos do Ministério do Interior estão espalhados em lugares diversos. Parte do material referente aos campos de refugiados está também em arquivos do exército. Os pormenores dados aqui sobre a experiência de Moreno nos campos de refugiados são tirados da *Autobiography* (1985), cap. 5: 17-37. É difícil determinar com certeza a exata situação de Moreno nesses campos. Pode ser também que tenha sido recrutado para servir no quadro de médicos. Contudo, parece mais provável que tenha se apresentado voluntariamente para o trabalho (Zerka T. Moreno, comunicação pessoal).

23. Ver *Who Shall Survive?* (1953) XXVI. Moreno assinala que elaborou primeiro o axiodrama (1918), depois o sociodrama (1921) e enfim o psicodrama. O psicodrama pode ser rastreado até seu trabalho com Bárbara e Georg no grupo de teatro espontâneo, no período de 1922-1924.

24. O artigo "Godhead as Orator or Preacher" está relacionado com a filosofia do aqui e agora e ao movimento existencial. Ver *Who Shall Survive?* (1953) XXII-XXIII. Está também ligado a Kierkegaard, ver a *Autobiography* (1985), cap. 4: 22.

25. Para a influência de Sócrates, ver a *Autobiography* (1985), cap. 4: 19-23.

26. Para o encontro de Moreno com Freud, ver *Who Shall Survive?* (1953), XXVII, e a *Autobiography* (1985), cap. 5: 12-16.

27. Moreno acha que a posição de Bergson está centrada no produto final, a criação. Afirma que o *élan* vital deveria ser encarado através da *evolução do criador*. Ver *Who Shall Survive?* (1953) 8.

28. As semelhanças entre Moreno e Buber dariam matéria para um livro inteiro. Por exemplo, o conceito de *encontro*, de Buber:

"A palavra primária Eu-Tu, que estabelece o mundo da relação, encontra eco em Moreno quando diz que 'encontro' significa mais que uma vaga relação interpessoal. Significa que dois ou mais atores se encontram, não apenas um diante do outro, mas também para viver e fazer a experiência do outro, cada um deles em sua especificidade." Ver Will Herberg (1956), *The Writings of Martin Buber*. Nova York: Meridian Books, 45 e *Who Shall Survive?* (1953) 65; Paul

E. Johnson, "Interpersonal Pychology and Religion: Moreno and Buber" em *Group Psychotherapy*, setembro 1959 (3) 211-17; também Maurice Friedman (1988) *Martin Buber's Life and Work*, Detroit: Wayne State University Press.

**Capítulo 4. Marianne, Bad Vöslau e as primeiras promessas**

1. Há muitos livros que tratam de Viena dos anos que vão de 1880 a 1938. Uma pequena lista de livros recomendados inclui: Jean Clair (1986), *Vienne 1880-1938, L'apocalipse Joyeuse*, Paris: Editions du Centre Pompidou; Françoise Géroud (1988), *Alma Mahler ou l'art d'être aimée*, Paris: Laffont; William M. Johnston (1972), *The Austrian Mind*, Berkeley: The Regents of the University of California; Yves Kobry *et al.* (1985), "Vienne 1880-1938", em *Revue d'Esthétique*, (9); Malcolm MacDonald (1987), *Schoenberg*, Londres: J. M. Dent and Sons Ltd; Alma Mahler (1985), *Ma Vie*, Paris: Hachette; Michael Pollak (1984) *Vienne 1900*, Paris: Editions Gallimard/Julliard; Arthur Schnitzler (1987), *Une Jeunesse Viennoise*, Paris: Hachette; Carl E. Schorske (1985), *Fin-de-Siècle Vienna*, Cambridge: Cambridge University Press; Klaus Wagenbach (1968), *Kafka*, Paris: Seuil; Stefan Zweig (1964), *The World of Yesterday*, Londres: University of Nebraska Press.

2. Para a situação dos judeus em Viena ver: Marsha L. Rosenblit (1983), *The Jews of Vienna 1867-1914*, Albany: State University of New York Press.

3. Ver em especial Carl E. Schorske, *op. cit.*, 212 *et seq.*

4. Ver Wolf-Dieter Dube (1972), *The expressionists*, Londres Thames and Hudson.

5. Para as relações de Moreno com a psiquiatria, ver a *Autobiography* (1985), cap. 5: 2-9. Comentários sobre este item também se encontram em Franz G. Alexander (1966), *The History of Psychiatry*, Nova York: Harper and Row.

6. Para a criação do *Daimon*, *Der Neue Daimon* e *Die Gefährten*, ver Murray Hall (1985) *Osterreichische Verlagsgeschichte 1918-1938*. Viena: Böhlau, 2 volumes. Quanto aos que escreveram nesses periódicos, a maioria é registrada por Paul Raabe (1985) em *Die Autoren and Bücher des literarischen Expressionismus*, Stuttgart: J. B. Metzlersche Verlagsbuchhandlung.

7. Ver *Autobiography* (1985).

8. Ver *Autobiography* (1985), cap. 7: 9.

9. A estória sobre o confronto com o pregador é difícil de colocar numa seqüência lógica. Em *Who Shall Survive?*, Moreno diz que o incidente teve lugar em Bad Vöslau, onde permaneceu de 1919 a 1925. Deve tê-lo repetido em diversos lugares ou quem sabe pode primeiro ter escrito sobre o assunto e posteriormente tê-lo posto em prática. Acredito que a estória tenha uma base histórica, independente do momento em que tenha ocorrido.

Ver *Who Shall Survive?* (1953) XXIV. *Der Neue Daimon* (1919), janeiro (1-2); *Autobiography*, (1985) cap. 7: 39-43.

10. Ver *Autobiography* (1985) cap. 7: 45-9.

11. Ver a revista *Time*, 24 de outubro de 1988, 19.

12. Ver *Autobiography* (1985) cap. 6: 22-3.

13. Ver *Autobiography* (1985) cap. 7: 28 sobre carisma e 178 e 7: 23 sobre boataria.

14. Na cidade, as pessoas ficavam curiosas a respeito do homem que tinha visitas como as de Elisabeth Bergner ou Peter Altenberg, visitantes que se comportavam e se vestiam com certa originalidade. Bem pode ser que fosse Altenberg quem definiu a diferença entre psicanálise e psicodrama da seguinte maneira: "Moreno, concordo com você, se tivesse que morrer preferia que fosse de diarréia em vez de constipação. É assim que eu vejo a diferença entre você e Freud", em *Who Shall Survive?* (1953) XXVIII.

15. Ver *Who Shall Survive?* (1953) XXVI 87-9 e a *Autobiography* (1985) cap. 6:10-12.

16. Os dois homens aqui envolvidos são Georg (Georg Kulka) e Robert (Robert Müller). Kulka nasceu em 1897 e morreu em 1929. Müller nasceu em 1887 e morreu em 1924. Moreno fala da personalidade frágil e sensível de Georg. Quando a Robert Müller, Moreno admite que foi "totalmente tomado de surpresa". Em ambos os casos, é interessante notar que Moreno usou a mulher como protagonista na maior parte do tempo, negligenciando, possivelmente, a personalidade dos dois homens. Ver a *Autobiography* (1985) cap. 6: 30-1. Os dois homens eram relativamente bem conhecidos de Moreno, já que ambos tinham escrito no *Daimon* e George Kulka trabalhou com o editor de Moreno, Kiepenheuer; George Kulka entrou numa polêmica sobre plágio com Karl Kraus. Parece que também ele tinha uma personalidade com a qual não era fácil lidar. Anna Höllering (Bárbara) deve ter tido boas razões para abandoná-lo, razões que "um envolvidíssimo" Moreno deve ter desprezado (De uma entrevista pessoal com a irmã de Anna Höllering, Lana Sutton). Ver Brigitte Marshall (1988), *Ich bin der Mithe*, Viena: Böhlau, 49.

17. Sobre catarse, ver em especial *Psychodrama*, Volume I (1946) 12-20. É interessante comparar a definição de catarse com a de Freud e Breuer: "Porque achamos, para grande surpresa nossa de início, que cada sintoma individual histérico desaparecia imediata e permanentemente, quando conseguíamos trazer à luz, claramente, a lembrança do fato que o tinha provocado, ao mesmo tempo que fazendo surgir o afeto que o acompanhava, e quando o paciente conseguia descrever aquele fato o mais pormenorizado possível e conseguia verbalizar o afeto. A recapitulação sem afeto quase invariavelmente não surte efeito. O processo físico que ocorreu originariamente deve ser repetido o mais vividamente possível. Deve retroagir a seu '*status nascendi*' e ter então uma expressão verbal". De Sigmund Freud e Joseph Breuer (1983), *Studies in Hysteria*, Nova York: Penguim Books, 57. Isso está muito próximo do que Moreno iria descobrir por sua conta. Freud iria abandonar o sistema catártico, enquanto Moreno iria usá-lo como *método de dramatização*, como base do psicodrama.

18. Ver *The Theatre of Spontaneity* (1947) e também "The Philosophy of the Creator", em *The Words of the Father* (1971), 163.

19. Ver *Das Stegreiftheater* (1924) quadro 1 e também *Psychodrama Volume 1* (1946), fotografias do palco.

20. Ver *The First Psychodramatic Family* (1964). Para a controvérsia com Kiesler, ver Barbara Lesak (1988), *Die Kullisse explodiert Friedrich Kiesler Theaterexperimente und Architekturprojekte 1923-25*, Viena: Löcker.

21. Ver *Autobiography* (1985), cap. 8: 1-5. Também confirmado numa entrevista pessoal com Gertrude e Veronika Selb, irmã e sobrinha, respectivamente, de Marianne e Franz Lörnitzo.

## Capítulo 5. Emigração para os Estados Unidos: uma viagem tempestuosa

1. Ver *Autobiography* (1985), cap. 6: 45; cap. 9: 1; também *Who Shall Survive?* (1953), Beacon: Beacon House.

2. De acordo com a família Lörnitzo, Moreno e Franz partiram em navios distintos, o *Aquitania* e o *Bremem*, Moreno a 21 de dezembro de 1925 e Franz, alguns meses mais tarde. Franz foi "convidado" a ir aos Estados Unidos por ser a única pessoa capaz de usar o "Radio Film" adequadamente. A recordação de Moreno era de ter chegado a Nova York em outubro de 1925 a bordo do *Mauretania*, navio de seu sonho, mas também à época da morte de seu pai. Ver *Autobiography* (1985), cap. 8: 1-3. No meu fichário pessoal, tenho uma cópia das cartas escritas por Moreno a Marianne e a correspondência pessoal com Gertrude e Veronika Selb, irmã e sobrinha de Marianne, respectivamente. Elas generosamente me forneceram outro material de arquivo, inclusive fotos de Marianne, Franz e Moreno por volta de 1922-1925.

3. O nome da invenção segundo a patente austríaca é *Selbsttätige magnetelektrische Lautsprechvorrichtung* e explica o processo básico no aparelho. O nome inglês "Radio Film" dado à invenção por Moreno refere-se a seu sonho. Pesquisei a afirmação de Moreno de que a Companhia General Phonograph empregou Franz e ele em Elyria, tendo produzido o "Radio Film" industrialmente. Moreno contou essa estória numa carta a Marianne (28 de janeiro de 1926). Eis um excerto de uma carta que recebi do vice-presidente da companhia, em resposta à minha: "Caro prof. Marineau: com relação à sua carta de 19 de janeiro e nossa primeira conversa por telefone, informo que tenho pesquisado pessoalmente nossos registros de empregados que remontam a 1904. Tenho um sumário pormenorizado de todos os números de patentes emitidos à nossa companhia desde 31 de janeiro de 1911 até 20 de dezembro de 1932. Em nenhum lugar desses registros encontro os nomes de J. L. Moreno Levy e Lörnitzo. Posso assegurar-lhe que não foram empregados de forma regular por nossa companhia, o que não exclui a possibilidade de um acerto especial temporário..." (Carta ao autor, 11 de fevereiro de 1988, de J. M. Callihan, The General Industries Company, anteriormente General Phonograph). Segundo o sr. Callihan, é mais do que provável que o "Radio Film" nunca tivesse sido patenteado nos Estados Unidos. Para desestimular a "competição", às vezes dava-se uma pequena soma em dinheiro ao inventor, em troca da promessa de afastar seu engajamento num projeto.

4. Ver *Autobiography* (1985), cap. 8: 6. A certidão de casamento de Beatrice Beecher com J. L. Moreno pode ser encontrada no Departamento de Saúde do Estado de Nova York, Albany, Nova York, Registro n.º 311-377, ano de 1928. Nele, Moreno declara que Bucareste é o lugar de seu nascimento, sendo a data 20 de maio de 1890. Beatrice Beecher nasceu nos Estados Unidos, em 1892.

"Um projeto conjunto: J. L. Moreno e Beatrice B. Beecher" pode ser encontrado nos arquivos de Moreno, na The Francis Countway Library of Medicine, Boston. Este projeto (sem data) seria apresentado aos editores Robert MacBride, e está relacionado com a publicação do "Impromptu Book".

5. Um estudo da relação de Moreno com Marianne revela muito de sua personalidade na época. Mostra como encarava uma relação "íntima", o lugar dos filhos na vida e o papel das mulheres como musas, parceiras e amantes. Não há dúvida de que Marianne teve um papel fundamental no desenvolvimento pes-

soal e profissional de Moreno, e a maneira pela qual terminou essa relação é bem pouco lisonjeira para ele. Ver *Autobiography* (1985), cap. 7: 52-3, e as cartas dele a Marianne, mostradas ao autor por Gertrude e Veronika Selb (ver nota 2). Parece que as cartas de Marianne para Moreno não foram preservadas. Entretanto, a família dela, através da irmã Gertrude e da sobrinha Veronika, conservaram muitas lembranças e documentos que testemunham sua dedicação a Moreno.

6. Ver *Autobiography* (1985) cap. 8: 31.

7. Para a estória e os nomes associados com o trabalho de improviso, ver *Autobiography* (1985), cap. 8: 35-42.

**Capítulo 6. Em busca de uma nova musa**

1. Ver *Autobiography* (1985), cap. 10: 1-12, e a dedicatória do *Psychodrama Volume 1*: "Dedicado a meu irmão William L. Moreno, patrono do primeiro teatro terapêutico em Viena, 1922, e fundador do teatro de Nova York para psicodrama, 1942".

2. Ver *Autobiography* (1985), cap. 8: 6-8.

3. Ver *Autobiography* (1985), cap. 8: 32; cap. 9: 15.

4. Ver *Autobiography* (1985), cap. 9: 14-19. Essa informação foi também confirmada pelo autor numa entrevista pessoal com Florence Bridge.

5. Para o papel de Gretel Leutz, ver *Autobiography* (1985), cap. 9: 18-19. Tive muitos encontros com Gretel Leutz e Regina Moreno enquanto escrevia esta biografia. Regina Moreno fez-se professora, tendo feito um pouco de psicodrama e também canto. É casada, tendo dois filhos. Gretel Leutz levou a obra de Moreno para a Alemanha e depois pelo mundo afora. Ela é atualmente presidente da Associação Internacional de Psicoterapia de Grupo. Como mostra de sua confiança, Moreno autorizou Gretel Leutz a usar o nome dele no instituto de formação que ela fundou na Alemanha.

6. Jonathan Moreno é professor de ética, e tem também atuado na Associação de Psicoterapia de Grupo e Psicodrama. Dirige grupos de psicodrama. É parte do que Moreno chamou de Dinastia Moreno, uma dinastia que será continuada por seu filho Jarret. Escreveu *The First Psychodramatic Family* junto com os pais e foi o protagonista principal em artigos escritos por Zerka, como "Psychodrama in the Crib", em *Group Psychoterapy* (1954), VII: 291-302. Ver também *Autobiography* (1985), cap. 10: 10-15.

7. Ver *Autobiography* (1985), cap. 10: 4-37. Devo admitir que um dos mais sérios problemas que encontrei ao trabalhar nessa biografia foi o de desenredar as contribuições de Moreno e Zerka. Depois de 1941, a vida e a obra dos dois ficaram tão entrelaçadas, que às vezes é impossível precisar quem fez o quê. Parece claro que as contribuições de Zerka têm sido com freqüência subestimadas. Por outro lado, raramente encontramos na história da psiquiatria e da psicologia um exemplo tal de longa vida (mais de 35 anos) de um casal que trabalhasse tão produtivamente como uma unidade. Seria um plano de pesquisa interessante investigar a psicologia dessas relações masculino-feminino, bem como as condições que as promoveram. Outros "casais" cooperadores foram William H. Masters e Virginia E. Johnson, Fritz e Laura P. Perls, S. H. Foulkes e Elisabeth Foulkes, mas a relação dos Moreno foi excepcional no sentido de que trabalharam juntos tão intimamente no plano pessoal e profissional.

**Capítulo 7. A elaboração da psicoterapia de grupo e da sociometria**

1. Moreno afirma a importância de *The Words of the Father* na *Autobiography* (1985), cap. 9: 7; para a filosofia de vida de Moreno, ver Zerka T. Moreno (1969) "Moreneans, the Heretics of Yesterday are the Orthodoxy of Today", em *Group Psychotherapy, Psychodrama and Sociometry*, XXII (1-2):2.

2. Da Monografia sobre Psicodrama nº 21, de J. L. Moreno, *The Future of Man's World*, Nova York: Beacon House, 13. Um dos problemas em ler Moreno é a dificuldade de se conseguir ter uma perspectiva filosófica global e inclusiva, desde os fundamentos teóricos até as aplicações práticas. Um livro publicado em 1987 tentou apresentar uma visão de conjunto dos escritos de Moreno: ver Jonathan Fox (1987), *The Essential Moreno*, Nova York: Springer Publishing Company.

3. Quando foi convidado para o primeiro congresso de psiquiatria em Paris, em 1930, Moreno, muito tipicamente, ofereceu voluntariamente dois ensaios distintos, um sobre sociometria, outro sobre psicodrama. Informação confirmada numa entrevista com a profª Juliette Favez-Boutonier.

4. Sobre sociatria, ver J. L. Moreno (1947), Monografia de Psicodrama nº 23, *Open Letter to Group Psychoterapists: An Introduction to Sociatry*, Nova York: Beacon House.

5. Para mais informações sobre o trabalho em Sing Sing e Hudson, ver *Autobiography* (1985), cap. 8: 11, 15-29; *Who Shall Survive?* (1934); J. L. Moreno, ed. (1945) *Group Psychotherapy: a simposium*, Beacon: Beacon House.

6. Ver J. L. Moreno, em colaboração com E. Stagg Whitin (1932) *Application of the Group Method to Classification*, Nova York: National Committee on Prisons and Prison Labor. Para essa última obra em Hudson, ver *Autobiography* (1985), cap. 8: 23-9, e J. L. Moreno (1934) *op. cit.*

Gardner Murphy (1947) faz uma boa apreciação da obra de Moreno nesta área em *Personality: A Biosocial Approach to Origins and Structure*, Nova York: Hasper and Brothers, no capítulo "Creativity, Self enhancement and Situationism".

7. Quando Moreno chegou aos Estados Unidos com sua invenção "Radio Film" não conseguiu vendê-la. Contudo, foi pioneiro no uso da nova tecnologia ao promover seu ensino, pesquisa e prática em Hudson. Em 1935, criou uma empresa "Therapeutic Motion Pictures", para distribuir filmes que fez ali e posteriormente em Beacon. Vistos hoje, esses filmes permitem uma boa compreensão de seus métodos de "reeducação" e do psicodrama no início dos anos 40. Para mais informações, ver *Psychodrama Volume 1* (1946), 385-419 e *Psychodrama, Volume 3* (1969) 251-4.

Os filmes feitos em Hudson em 1933, quando Moreno era Diretor de Pesquisa na Escola de Educação para Moças do Estado de Nova York, foram apresentados, primeiro no Departamento de Psicologia da Universidade de Colúmbia a Gardner Murphy e a Kurt Lewin, depois na reunião anual da Associação Psiquiátrica Americana em maio de 1935, em Washington DC. Ver J. L. Moreno (1944), *Spontaneity Test and Spontaneity Training*, Monografia de Psicodrama nº 4, Beacon: Beacon House.

8. Ver *Who Shall Survive?* (1953), lxviii — lxxxv.

9. A primeira edição de *Who Shall Survive? A new approach to the Problem of Human Interrelations* foi publicada pela primeira vez em 1934, com uma introdução de William A. White, tendo sido dedicada a Fannie French Morse.

A edição revisada publicada em 1953 tem um subtítulo diferente: *Foundations of Sociometry, Group Psychotherapy and Sociodrama*, e foi dedicada a Zerka Toeman Moreno. "Preludes of the Sociometric Movement" aparece apenas na edição revisada, o que explica por que me refiro a essa edição quando lido com o material histórico.

10. Ver *Autobiography* (1985), cap. 8: 43 e também muitos artigos de jornais em todo o país: esse artigos são guardados em livros de recortes nos Arquivos da Universidade de Harvard. Ver também *Psychodrama, Volume 3* (1969), 257.

11. Ver *Autobiography* (1985), cap. 11: 13-14. Para o trabalho no Hospital Santa Elisabeth, ver Frances Herriot e M. Hagan (1941) "The Theatre of Psychodrama at St. Elizabeths Hospital", em *Sociometry*, 4: 168-76; Margaret Hagan e A. M. Duval (1943) "A Practical Red Cross Program for the Social Rehabilitation of Psychiatric Casualties in The United States Navy", em *American Journal of Psychiatric*, 100: 105-08; Winfred C. Overholser e J. M. Enneis (1959) "The years of Psychodrama at Saint Elizabeths Hospital", em *Group Psychotherapy* 12: 283-92; Dale Richard Buchanan (1981) "Forty-one Years of Psychodrama at St. Elizabeths Hospital", em *Journal of Group Psychotherapy, Psychodrama and Sociometry*, 34: 134-46.

12. *Autobiography* (1985), cap. 11: 17-33.

13. Para a estória de Lewin, ver *Who Shall Survive?* (1953), XCIX-CVI. Essa é uma polêmica que precisaria de mais pesquisa para que se avaliasse corretamente a contribuição dos principais protagonistas. Na minha opinião, Moreno e Lewin contribuíram ambos de forma significativa e de maneira muito independente para o campo da psicologia social. As acusações de Moreno são dirigidas principalmente a alguns discípulos de Lewin, especialmente Ronald Lippitt, um antigo aluno cuja esposa, Rosemary, permaneceu muito atuante nos círculos morenianos, mesmo durante a polêmica entre Moreno e seu marido.

**Capítulo 8. Psicoterapia de grupo e psicodrama**

1. Ver *Impromptu*, janeiro, 1931 (1) e (2); também o programa da apresentação pública inaugural do Teatro do Improviso, a 5 de abril de 1931. (Cópia nos arquivos de Moreno, Universidade de Harvard.)

2. Muitos relatos da controvérsia com Brill podem ser encontrados em jornais de 6 de junho de 1931, por exemplo: *The New York Times*, *The Washington Post*, *The Chicago Daily Tribune*, *The Los Angeles Times*, *The Toronto Evening Telegram*, *The Canadian Star*, *The Times* e *Le Matin*. Ver também *Who Shall Survive?* (1953), XLIV, e *Autobiography* (1985), cap. 8: 12-14.

3. A controvérsia com S. R. Slavson ardeu durante anos e é um outro bom exemplo da dificuldade de Moreno em lidar com outros pioneiros. Em 1940, Slavson mandou uma cópia de seu livro *Character Education in a Democracy* a Moreno e escreveu: "Para o dr. J. L. Moreno, com meu profundo apreço por sua obra pioneira".

Para os comentários de Moreno, ver *The First Psychodramatic Family* (1964), 18. A correspondência pessoal de Moreno é muito dura para com Slavson, e faz-nos conhecer muito do que manipulou por trás do pano com outros colegas em todo o mundo para manter Slavson fora de qualquer posição de liderança. Os dois "protagonistas" criaram suas próprias associações e seus periódicos, tendo lutado longa e duramente. No fim da vida, Moreno se tornou um pouco menos agressivo para com Slavson. Um livro inteiro poderia ser escrito sobre o assunto: para além da rivalidade profissional, emerge um lado bem mais pessoal. Ver os arquivos de Moreno em Harvard e as minutas e publicações de The American Group Psychoterapy Association, Inc.

4. A maior parte da propriedade de Beacon foi vendida, e no lugar do antigo sanatório ergue-se uma fileira de casas recém-construídas. Só foi preservada a casa de Moreno, onde ainda reside Zerka. O palco do teatro de Beacon foi preservado e reconstruído, a alguns quilômetros do Instituto Moreno, por Clare Danielson.

5. Moreno teve muitos hóspedes em seus institutos. Fritz Perls foi um deles e hesitou muito em acreditar em Moreno, ainda que seja evidente que sua própria técnica — o monodrama — continha muitas semelhanças com o psicodrama. Moreno nunca deixou passar a oportunidade de as pessoas saberem da estada de Perls no Instituto de Nova York, no final da década de 40, e polemizou com o fundador do movimento de gestalt-terapia diretamente, diante de um público de mais de mil pessoas, durante uma reunião da Associação Psicológica Americana em 1964, em São Francisco (material de arquivo pessoal; entrevista com Leon Fine). Eric Berne, fundador da análise transacional e aluno de Brill, não hesitou em reconhecer seu débito para com Moreno. Ver Eric Berne (1947), *The Mind in Action*, Nova York: Simon e Schuster.

S. H. Foulkes, o fundador da análise de grupo, visitou Moreno em Nova York e estabeleceu sua relação pessoal e profissional com ele. Ambos iriam cooperar na criação de uma associação internacional de psicoterapeutas de grupo.

6. Para o desenvolvimento histórico do psicodrama no Hospital St. Elizabeth, ver Frances Herriot e M. Hagan (1941), "The Theatre of Psychodrama at St. Elizabeths Hospital", em *Sociometry*, 4: 168-76; Winsfred Overholser e J. M. Enneis (1959), "Twenty years of Psychodrama at St. Elizabeths Hospital", em *Group Psychotherapy*, 12: 283-92; Dale Richard Buchanan (1981), "Forty-one Years of psychodrama at St. Elizabeths Hospital", em *Journal of Psychotherapy, Psychodrama and Sociometry*, 34: 134-46.

7. "Diante de uma multidão de alunos de graduação e de professores que superlotavam a recém-terminada e moderna sala, J. L. Moreno concordou em apresentar, na última segunda-feira, seu último 'filho' — o Teatro de Psicodrama de Harvard. Tendo Harvard como mãe orgulhosa, esse acréscimo à família da psicologia clínica, bem como assinalou Henry Murray na sua apresentação, não suscita questão sobre paternidade, pois as técnicas psicodramáticas são a grande contribuição do dr. Moreno à ciência das relações sociais." (*The Radcliffe News*, 7 de outubro de 1949, citado no *The First Psychodramatic Family* (1964) 32).

8. Lista das primeiras monografias editadas pela Beacon House, no início dos anos 40:

Monografia sobre Psicodrama.

Nº 1 *Sociodrama, a Method for the Analysis of Social Conflits*, J. L. Moreno; Nº 2 *Psychodramatic Treatment of Performance Neurosis*, J. L. Moreno; Nº 3 *The Theatre for Spontaneity*, J. L. Moreno; Nº 4 *Spontaneity Test and Training*, J. L. Moreno, em colaboração com Helen H. Jennings; Nº 5 *Psychotherapy Shock Therapy*, J. L. Moreno.

Monografias sobre Sociometria.

Nº 1 *Developments in Social Psychology*, 1930-1940, Leonard S. Cottrell Jr. e Ruth Gallagher; Nº 2 *Sociometry and the Cultural Order*, J. L. Moreno;

Nº 3 *Sociometric Statistics of Social Configurations*, J. L. Moreno e Helen H. Jennings; Nº 4 *Foundations of Sociometry*, J. L. Moreno; Nº 5 *Group Method and Group Therapy*, J. L. Moreno.

9. Conquanto os drs. Moreno e Masserman cooperassem por muitos anos, sua relação se deteriorou depois de 1960, atingindo um ponto muito baixo. Ver a correspondência de Masserman com Moreno, em seu livro *A psychiatric Odyssey* (1965) e o título "Masserman File", nos arquivos de Moreno, Universidade de Harvard.

**Capítulo 9. O Peregrino.**

1. *Who Shall Survive?* (1953) LXXXVII
2. *Who Shall Survive?* (1953), XC e *Autobiography* (1985), cap. 8: 15.
3. Esta estória me foi contada por Juliette Favez-Boutonier, secretária do Congresso. Para o papel de Moreno e o desenvolvimento do psicodrama da França, ver Anne Ancelin Schützenberger (1970), *Précis de psychodrame*, Paris: P.U.F., 213-24; ver também *Psychodrama, Volume 3* (1969), 252-3.
4. Ver *Who Shall Survive?* (1953), XCI e, para o envolvimento inicial, J. L. Moreno (1945) *Group Psychotherapy: A Symposium*, Beacon: Beacon House.
5. Para os pormenores da jornada de Moreno na Rússia, ver *International Journal of Sociometry and Sociatry* (1960) II, (2). Para a correspondência entre Moreno e o Estado de Israel, ver *The First Psychodramatic Family* (1964), 108-12. Numa carta enviada ao Presidente Lyndon B. Johnson a 3 de janeiro de 1967, Moreno declara:

Caro Sr. Presidente

> Sinto que é meu dever passar-lhe uma idéia que pode ser útil na presente crise, no que diz respeito a seu passo seguinte, relativo a seus interesses no Vietnã. Sei que deve estar preocupado. Isto, e mais a reportagem do *The New York Times*, na qual se relata que o senhor recentemente empregou um método que eu elaborei chamado role-playing, em conexão com o encontro com o primeiro Ministro Harold Wilson, da Grã-Bretanha, é o motivo de eu estar lhe escrevendo nesta situação.
>
> Minha opinião é que o senhor deve dar um passo além e providenciar um encontro pessoal com Ho Chi Min, Presidente do Vietnã do Norte. A idéia é simples em si mesma e faz apelo ao bom senso. Mas pô-la em prática requer, além de intuição, troca de idéias. Ninguém está tão qualificado para julgar a situação como o senhor, porque se trata da sua situação. Mas eu sou um psiquiatra, profissional maduro, membro vitalício da Associação Psiquiátrica Americana, geralmente reconhecido por meu trabalho em relações humanas. Se achar que pode dispor de minha ajuda, ficarei feliz de servi-lo e ao país. Posso ser encontrado por meio de carta ou telefone, e teria prazer em ir a seu encontro em Washington ou no Texas, onde possa estar...

Pode-se encontrar a correspondência entre a Casa Branca e Moreno nos arquivos de Moreno, na Universidade de Harvard. Não ocorreu nenhum encontro entre Moreno e Johnson.

6. Uma edição especial de *Group Psychotherapy, Psychodrama and Sociometry*. J. L. Moreno: University of Viena e Bad Vöslau saiu em 1969, XXII (1-2).
7. Além disso, Moreno foi agraciado em especial pela Associação Psiquiátrica Americana, pela Associação Psicológica Americana e pela Associação Médica do Estado de Nova York.

8. A correspondência relativa à criação da Associação pode ser encontrada nos Arquivos de Moreno em Harvard. Ver também *Group Psychoteraphy* (1954), 7 (1 e 2).

9. Ver os Arquivos de Moreno, Universidade de Harvard, no item Reuniões Internacionais de Psicodrama.

10. Por exemplo, na reunião da UNESCO ergueu-se nas pontas dos pés para falar, hesitou enquanto crescia o mal-estar entre os delegados e acabou por dizer:

"Não quero lhes falar de coisas que já disse a outros".

**Capítulo 10. A morte e o legado**

1. As diferentes versões da autobiografia podem ser achadas nos Arquivos de Moreno, na Universidade de Harvard, ver nota 2, capítulo 1.

2. Entre outros, pelos seguidores: Carl Hollander, Lewis Yablonski, Martin R. Haskell, James M. Enneis, os Siroka, Marcia Karp, Jonathan Moreno, Anne Ancelin Schützenberger, Ella Mae, James Sachs, Adam Biatner, David Kipper, Heida Straul, Leon Fine, Gretel Leutz.

3. Entrevistas com Gretel Leutz, Anne Ancelin Schützenberger, Zerka Toeman Moreno, John Nolte e Ann Quinn.

4. Entrevista pessoal com Pierre Weil.

# BIBLIOGRAFIA


Alexander, Franz G. (1966) *The History of Psychiatry*, Nova York: Harper and Row.

Ancelin-Schützenberger, Anne (1970) *Précis de Psychodrame*, Paris: Presses Universitaires de France.

Bergner, Elisabeth (1978) *Bewundert und Viel Gescholten*, Munique: Bertelsmann Verlag.

Berne, Eric (1947) *The Mind in Action*, Nova York: Simon and Schuster.

Boria, Giovani (1983) *Tele, Manuale di Psichodramma Classico*, Milão: Franco Angeli Editore.

Bratescu, George (1975) "The Date and Birthplace of J. L. Moreno", em *Group Psychotherapy and Psychodrama*, 28: 2-3.

Buchanan, Dale Richard (1981) "Forty-one Years of Psychodrama at St. Elizabeths Hospital", em *Journal of Group Psychotherapy, Psychodrama and Sociometry*, 34: 134-46.

Clair, Jean (1986) *Vienne 1880-1938: L'apocalypse Joyeuse*, Paris: Editions du Centre Pompidou.

Dube, Wolf-Dieter (1972) *The Expressionists*, Londres: Thames & Hudson.

Eloesser, Arthur (1927) *Elisabeth Bergner*, Berlim: William and Co. Verlag.

Fox, Jonathan (1987) *The Essential Moreno*, Nova York: Springer Publishing Company.

Freud, Sigmund (1922) *Dreams and Telepathy*, in Standard Editon, 18, Londres : Hogarth Press.

Freud, Sigmund (1933) *New Introductory Lectures on Psychoanalysis*, in Standard Edition, 22, Londres: Hogarth Press.

Friedman, Maurice (1988) *Martin Buber's Life and Work*, Detroit: Wayne State University Press.

Gay, Peter (1988) *A Life for our Time*, Nova York: Norton Press. Em português, *Freud: uma vida para nosso tempo*, São Paulo: Cia. das Letras, 1989.

Giroud, Françoise (1988) *Alma Mahler ou L'art d'être aimée*, Paris: Laffont.

Gomez, Alfredo (1987) "Spain to Give Sephardic Jews Special Place in Columbus Rites", em *Los Angeles Times*, Part II, 25 de julho, p. 4.

Greenberg, Ira H. (1974) *Psychodrama: Theory and Therapy*, Nova York: Behavioral Publications.

Gurvitch, George (ed.) (1950) *Sociometry in France and in the United States*.

Hagan, Margaret and Duval, A. M. (1943) "A Practical Red Cross Program for the Social Rehabilitation of Psychiatric Casualties in the United States Navy, em *American Journal of Psychiatry*, 100: 105-108.
Hall, Murray (1985) *Österreichische Verlagsgeschichte 1918-1938* (2 vols.), Viena: Böhlau.
Herberg, Will (1956) *The Writings of Martin Buber*, Nova York: Meridian Books.
Herriot, Frances and Hagan, M. (1941) "The Theatre of Psycodrama at St. Elizabeths Hospital", em *Sociometry*, 4: 168-76.
Johnson, Paul E. (1959) "Interpersonal Psychology and Religion: Moreno and Buber", em *Group Psychotherapy*, XII (3): 211-17.
Johnston, William M. (1972) *The Austrian Mind*, Berkeley: The Regents of the University of California.
Kobry, Yves *et al.* (1985) "Vienne 1880-1938", em *Revue D'Esthétique*, (9).
Langer, William L. (1948) *An Encyclopedia of World History*, Boston: Houghton Mifflin Co.
Lesak, Barbara (1988) *Die Kulisse Explodiert: Friedrich Kiesler Theaterexperimente und Architekturprojekte 1923-25*, Viena: Löcker.
MacDonald, Malcom (1987) *Schoenberg*, Londres: J. M. Dent and Sons Ltd.
Marcus, Jacob R. (1938) *The Jew in the Medieval World: a Source Book*, Nova York: Atheneum.
Mahler, Alma (1985) *Ma Vie*, Paris: Hachette.
Margolis, Max L. and Alexander Marx (1927) *A History of the Jewish People*, Nova York: Atheneum.
Marschall, Brigitte (1988) *Ich bin der Mythe*, Viena: Böhlau Verlag.
Masserman, Jules (1965) *A Psychiatric Odyssey.*
Moreno, J. L. (1931) *Impromptu*, 1 e 2.
Moreno, J. L. (1932), em colaboração com E. Stagg Whitim, *Application of the Group Method to Classification*, Nova York: National Committee on Prison and Prison Labor.
Moreno, J. L. (1944) *Spontaneity Test and Spontaneity Training*, Psychodrama Monograph 4, Beacon: Beacon House.
Moreno, J. L. (1945) *Group Psychoterapy: a symposium*, Beacon: Beacon House.
Moreno, J. L. (1947) *The Future of Man's World*, Psychodrama Monograph 21, Nova York: Beacon House.
Moreno, J. L. (1947) *Open Letter to Group Psychotherapists: An Introduction to Sociatry*, Psychodrama Monograph 23, Nova York: Beacon House.
Moreno, J. L. (1960) "Psychiatric Encounter in Soviet Russia", em *International Journal of Sociometry and Sociatry.*
Moreno, J. L., Friedmann A., Battegay, R., e Moreno, Zerka T. (eds.) (1966) *The International Handbook of Group Psychotherapy.*
Moreno, Zerka T. (1954) "Psychodrama in the Crib", em *Group Psychotherapy*, VII: 291-302.
Moreno, Zerka T. (1969) "Moreneans. The Heretics of Yesterday are the Orthodoxy of Today", em *Group Psychotherapy, Psychodrama and Sociometry*, XXII: (1-2).
Moreno, Zerka T. (1979) "Escape me never", em *Group Psychotherapy, Psychodrama and Sociometry*, XXXIII: 5-11.
Murphy, Gardner (1947) *Personality: A Biosocial Approach to Origins and Structure*, Nova York: Harper and Brothers.

Nietzsche, Friedrich (1968) *Ainsi parlait Zarathustra*, Paris: Gallimard.
Overhoser, Winifred O. and Enneis, J. M. (1959) "Twenty years of Psychodrama at Saint Elizabeths Hospital", em *Group Psychotherapy* 12: 283-92.
Pollak, Michael (1984) *Vienne 1900*, Paris: Editions Gallimard/Juillard.
Raabe, Paul (1985) *Die Autoren und Bücher des Literarischen Expressionismus*, Stuttgart: J. B. Metzlersche Verlagsbuchhandlung.
Reik, Theodor (1956) *The Search Within*, Nova York: Farra.
Roazen, Paul (1984) *Freud and his Followers*, Nova York: New York University Press.
Rosenblit, Marsha L. (1983) *The Jews of Vienna 1867-1914*, Albany: State University of New York Press.
Sachs, Joseph (1937) *Beauty and the Jew*, Londres: Golston Ltd.
Schnitzler, Arthur (1987) *Une jeunesse viennoise*, Paris: Hachette.
Schorske, Carl E. (1985) *Fin-du-siècle Vienna*, Cambridge: Cambridge University Press (em português *Viena, fin-de-siècle*, Cia das Letras).
Semo, I. (1944) *Bejarano*, Bucareste: Institutul de Arte Grafice.
Slavson, S. R. (1940) *Character Education in a Democracy*, Nova York: Association Press.
Wagenbach, Klaus (1968) *Kafka*, Paris: Seuil.
Zweig, Stefan (1964) *The World of Yesterday*, Londres: University of Nebraska Press.

# Uma seleção bibliográfica de J. L. Moreno

Moreno escreveu cerca de trezentos livros e artigos, muitos deles repetições. Uma bibliografia quase completa pode ser encontrada em A. Paul Hare (1986), "Bibliography of Work of J. L. Moreno", *Journal of Group Psychotherapy, Psychodrama and Sociometry*, 39 (3): 95-128. Moreno publicou suas obras anonimamente e com seu nome sob várias formas: por exemplo, Jakob Levy, Jakob Moreno Levy ou J. L. Moreno. As obras aqui relacionadas são as mais importantes, com freqüência citadas no texto. Obras citadas menos importantes são incluídas devidamente nas referências.

J. Levy (1914) *Einladung zu einer Begegnung. Heft 1* (*Convite a um encontro*, 1ª parte), Viena/Leipzig: Anzengruber/Verlag Brüder Suschitzky.
Jakob Levy (1915) *Einladung zu einer Begegnung, Heft 2* (*Convite a um encontro*, 2ª parte), Viena/Leipzig: Anzengruber/Verlag Brüder Suschitzky.
Jakob Levy (1915) *Einladung zu einer Begegnung. Heft 3 (Convite a um encontro*, 3ª parte), Viena/Leipzig: Anzengruber/Verlag Brüder Suschitzky.
Jakob Levy Moreno (1918) 'Die Gottheit als Autor' ("A divindade como autor"), *in Daimon* 1, Fevereiro, 3-31.
Jakob Moreno Levy (1919) 'Die Gottheit als Redner' ("A divindade como orador ou pregador"), *in Der Neue Daimon* Janeiro, 3-18.
Jakob Moreno Levy (1919) 'Die Gottheit als Komödiant' ("A divindade como comediante ou ator") *in Der Neue Daimon* Janeiro, 48-63.
(anônimo) (1920) *Das Testament des Vaters* (As palavras do pai) *in Die Gefährten*, 3: 1-33. Berlim/Potsdam: Kiepenheuer Verlag.
[illegible]mo) (1923) *Der Königsroman* (*O romance do rei*), Berlim/Potsdam: Kie[illegible]euer Verlag.

(anônimo) (1924) *Das Stegreiftheater* (*O teatro da espontaneidade*) — Berlim/Potsdam: Kiepenheur Verlag.

(anônimo) (1924) "Theather ohne Zuschauer" ("Teatro sem espectadores"), no Catalog Programm Almanach, preparado para a mostra Internacional de Novas Técnicas Teatrais, Viena: Wurthle und Sohn Verlag. Esse projeto de palco de teatro foi preparado pelo arquiteto Rudolf Hönigfeld sob a supervisão de Moreno.

J. L. Moreno (1932), em colaboração com E. S. Whitin, *Applicattion of the Group Method to Classification*, Nova York: National Commitee on Prisons and Prison Labor. Reimpressa e ampliada em 1957, com o título de *The First Book on Group Psychotherapy*, Beacon: Beacon House.

J. L. Moreno (1934) *Who Shall Survive? A New Approach to the Problem of Human Interrelations,* Washington, DC: Nervous and Mental Disease Publishing, Co.; 1953, publicada numa edição revista e ampliada, incluindo "A prelude to the sociometric movement", pela Beacon House.

(anônimo) (1941) com prefácio de J. L. Moreno, *The Words of the Father*, Beacon: Beacon House. Esse livro é mais do que uma tradução do *Das Testament des Vaters*, já que incluiu acréscimos e longas explicações filosóficas e teológicas.

J. L. Moreno (1946) *Psychodrama Volume 1*, Beacon: Beacon House. Em português, *Psicodrama*, Cultrix.

J. L. Moreno (1947) *The Theatre of Spontaneity*, Beacon: Beacon House. Em português, *O Teatro da Espontaneidade*, Summus Editorial, 1978.

J. L. Moreno (1950) *Sociometry and the Science of Man*, Beacon: Beacon House.

J. L. Moreno (1951) *Sociometry. Experimental Method and the Science of Society*: *An Approach to a New Political Orientation*, Beacon: Beacon House.

J. L. Moreno (1955) *Preludes to my Autobiography*, Beacon: Beacon House.

J. L. Moreno (1959) *Psychodrama Volume 2: Foundations of Psychotherapy*, Beacon: Beacon House. Em português, *Fundamentos do Psicodrama*, Summus Editorial, 1983.

J. L. Moreno (1964), em colaboração com Zerka T. Moreno e Jonathan Moreno, *The First Psychodramatic Family*, Beacon: Beacon House.

J. L. Moreno (1969), colaboração com Zerka T. Moreno, *Psychodrama Volume 3*: *Action Therapy and Principles of Practice*, Beacon: Beacon House. Em português, *Psicoterapia de Grupo e Psicodrama*, Mestre Jou, esgotado.

J. L. Moreno (1985) (direitos autorais de Zerka T. Moreno e Jonathan D. Moreno) "The Autobiography of J. L. Moreno, M.D.", Arquivos de Moreno, Universidade de Harvard, Boston, Estados Unidos.